Les banques
face à leur avenir proche

Groupe Eyrolles
61, bd Saint-Germain
75240 Paris Cedex 05
www.editions-eyrolles.com

© Groupe Eyrolles, 2018
ISBN : 978-2-212-56999-5

Cercle Turgot

Sous la direction de
Jean-Bernard Mateu

Bertrand Annette
Pierre Blanc
Étienne Bouet
Dominique Chesneau
Jean Coumaros
Renaud Dumora

Philippe Herlin
Seddik Jamaï
François Meunier
Frédéric Monssu
Joël Nadjar
Jean-Jacques Pluchart

Vincent Ricordeau
Olivier Sampieri
Nicolas Sekkaki
Rémi Steiner
Emmanuel Yoo

Les banques
face à leur avenir proche

Les banques,
miroirs d'un nouveau monde

Préface de Philippe Dessertine

Introduction de Jean-Louis Chambon

Conclusion d'Olivier Klein

Sommaire

Préface de Philippe Dessertine 11

Introduction
Les banques sont des miroirs
Jean-Louis Chambon 17

PREMIÈRE PARTIE

LA FINANCE FACE AUX RÉVOLUTIONS FUTURES

Chapitre 1
Les Fintech : l'anti-modèle de la banque universelle ?
Dominique Chesneau 25

Chapitre 2
**Le coût de la réglementation financière et consumériste
et l'apport des nouvelles technologies**
Bertrand Annette 53

Chapitre 3
**Le big bang des réseaux peer to peer
au service de l'économie**
Vincent Ricordeau 71

Chapitre 4
La banque au risque de l'ubérisation
Philippe Herlin 83

Chapitre 5
Les enjeux actuels de la réglementation bancaire
Rémi Steiner 93

Deuxième partie

Les disruptions sociétales et technologiques

Chapitre 6
Nous sommes tous des « *digital natives* »
Joël Nadjar 115

Chapitre 7
L'expérience client digitalisée
Olivier Sampieri 127

Chapitre 8
Banques et intelligence artificielle
Nicolas Sekkaki 143

Chapitre 9
La protection des données
Etienne Bouet 159

Chapitre 10
Vers une data-algo-banque ?
Pierre Blanc 171

Troisième partie

L'émergence de nouveaux modèles

Chapitre 11
Vers une nouvelle esthétique bancaire
Jean-Jacques Pluchart 211

Chapitre 12
L'avenir, désormais numérique, de la pure banque de dépôts
François Meunier 233

Chapitre 13
Un Telco au pays des banques
Jean-Bernard Mateu 249

Chapitre 14

Les nouveaux chemins de l'assurance

Renaud Dumora 263

Chapitre 15

**Banque et Fintech dans l'environnement DSP 2 :
quel gagnant dans la bataille de la relation client ?**

Jean Coumaros, Seddik Jamaï 287

Chapitre 16

Les derniers remparts de la banque de détail ?

Frédéric Monssu 307

Chapitre 17

Architecture informatique de la banque de demain

Emmanuel Yoo 323

Conclusion

**Les atouts des banques de réseau face au risque
d'ubérisation**

Olivier Klein 335

Biographie des auteurs 349

Préface

Le monde de la finance, en cette deuxième décennie du XXIᵉ siècle, connaît l'une des plus profondes mutations de son histoire. Les métiers de la banque de dépôt, de la banque d'investissement, des marchés, des financements désintermédiés, de la gestion d'actif, de la finance d'entreprise, de la gestion de trésorerie, semblent tous engagés dans des transformations radicales. Il ne s'agit pas seulement de changements de pratiques ou de l'arrivée de nouveaux outils techniques comme ce fut le cas à maintes reprises de par le passé, mais ce sont les principes mêmes de la finance qui connaissent une totale remise en question. Des notions aussi fondamentales que la représentation du risque, la notion de tiers de confiance, les contrôles des opérations, la régulation, par exemple, pourraient perdre leur solidité. Des acteurs apparaissent, inclassables selon les terminologies anciennes et figées depuis des décennies, voire des siècles. L'acronyme « Fintech » (pour « technologie financière ») n'est pas seulement le sacrifice à une mode de l'innovation. Il est vraiment question d'autres manières d'envisager l'ensemble des métiers du chiffre ainsi que leur rôle social, et de les agencer autant que faire se peut dans un ensemble cohérent. Quant aux retombées opérationnelles des avancées technologiques, elles dépassent souvent l'entendement. Depuis l'unité temporelle de la milliseconde pour le *flash trading* jusqu'à l'extrême sophistication des robots conseils en placements, ce ne sont que des séismes aux prolongements vertigineux. Le terme « rupture » n'est pas trop fort ; déjà, les conséquences concrètes pour les structures d'avant, celles de l'ancien monde, se font sentir violemment, avec l'apparition de plans sociaux géants à l'échelle de la planète. L'industrie financière ressemble à d'autres industries lourdes dans le passé, devant faire face à de douloureuses restructurations. Comme ces dernières, la finance est un rouage majeur de l'économie, pourvoyeur de lien social sur les territoires, de millions d'emplois dans le grand secteur des services, directement ou indirectement. La montée des exigences de la régulation après la grande crise financière des années 2010 a dans un certain sens atténué la perception du phénomène : si de nombreuses compétences sont devenues obsolètes, elles ont pu sembler numériquement remplacées par de très nombreux postes créés pour respecter la conformité (« *compliance* ») avec les exigences des autorités. Mais le processus engagé s'amplifie toujours plus, il est structurel, il s'intensifie au fur et à mesure du développement de nouvelles technologies et peut-être, surtout, en raison des attentes nouvelles des clientèles.

Alors que le chemin parcouru entre la finance de la fin du XXe siècle et celle du début du XXIe semble tellement considérable qu'il paraît logique d'imaginer une pause temporelle pour intégrer de tels changements, le plus radical reste à venir. Avec le bitcoin, ses avatars, puis le développement des cryptomonnaies, ce sont les racines mêmes de l'environnement financier qui se trouvent aujourd'hui altérées. La référence monétaire et les grands principes théoriques qui la fondent, sont remis en cause. La traduction de cette stupéfiante désagrégation potentielle du référentiel monétaire provient de la perte de confiance, sans doute encore mésestimée, des grandes politiques monétaires ayant participé à la survenance de la crise, et peut-être plus encore à celles, totalement incroyables (« non conventionnelles » selon l'expression diplomatique des banques centrales) pour surmonter la crise en question. La finance mondiale semble cheminer vers un renversement du paradigme monétaire classique. Un point d'interrogation majeur apparaît : l'éventualité d'un remplacement dudit référentiel, par exemple géré par des autorités techniques sans lien avec les États.

Quoiqu'il en soit, et sans présumer d'un élargissement des processus disruptifs, le support technique de la cryptomonnaie – cette représentation virtuelle de la valeur que l'on a longtemps pensée anecdotique –, la chaîne des blocs, en anglais *blockchain*, est l'un des champs d'application les plus prometteurs, donc des plus déstabilisants, de la finance future. Les grandes zones économiques mondiales n'ont pas la même appréciation des opportunités ou des menaces qui se trouvent ainsi engendrées ; il est probable que l'Europe, les États-Unis, l'Asie, l'Afrique puissent avoir à cet égard des politiques différentes, voire franchement divergentes. Il en résultera des territoires financiers différents, dont les comptabilités sont encore mal établies.

Lorsque des auteurs de plusieurs horizons tentent de constituer, comme dans cet ouvrage, à la fois la synthèse de ces mouvements et la revue aussi exhaustive que possible des multiples dimensions de cette finance nouvelle, il est difficile de l'inscrire dans une logique fondée sur le seul passé. Bien sûr, la crise des subprimes, la contagion des aberrations financières à l'économie réelle, voire aux socles pérennes des États démocratiques, pourraient à eux seuls expliquer cette vaste remise en question.

Pourtant, le procès généralisé, bien souvent justifié, intenté à la finance dérégulée par les autorités politiques ne peut être la clé de lecture unique ou l'explication décisive de refondation inédite. La finance, tel est le propos de ce dernier ouvrage du Cercle Turgot, est d'abord le lieu privilégié d'un phénomène qui la dépasse largement, qui dépasse également la seule sphère économique : nous parlons de la quatrième révolution industrielle.

Cette révolution vient juste de commencer. L'expression même signifie la modification pure et simple de tous les repères de consommation, de production, plus largement de mode de vie de l'humanité. Les deux premières révolutions industrielles furent d'abord celles des énergies nouvelles, la vapeur, le pétrole, l'électricité ; la troisième, de moindre ampleur, alliait l'informatique et le développement du nucléaire. La quatrième révolution industrielle se fonde sur l'avancée prodigieuse des sciences mathématiques. Aux États-Unis, une formule lapidaire permet la comparaison des époques : « *Big data is the new oil* ! ». La recherche algorithmique produira des bouleversements aussi puissants que ceux qu'ont suscités l'exploitation et l'utilisation de l'or noir. Les innovations dans le secteur du numérique sont souvent le symbole des effets des mathématiques dans le quotidien de la population. Mais les développements de la génétique, des nanotechnologies, de l'intelligence artificielle, de la robotisation, puisent à la même racine. Ce n'est qu'un début. De nouvelles technologies, à l'image de l'ordinateur quantique, permettront de donner une ampleur supplémentaire aux perspectives offertes par les avancées scientifiques.

Si la quatrième révolution industrielle n'a pas à proprement parler comme les précédentes de dimension énergétique, elle survient au moment où l'humanité prend conscience du dérèglement climatique et de la nécessité de changer de modèle en profondeur. La croissance démographique est l'autre stimulant du changement, accréditant non seulement sa nécessité, mais peut-être surtout son urgence. La transition ne devra pas, ne pourra pas être pensée dans un temps long. Cette révolution est d'une ampleur bien supérieure aux trois précédentes ; sa spécificité sera, est déjà, celle d'une accélération des temps de rupture.

La finance est doublement concernée par ce processus. D'abord, parce que cette mutation des systèmes de production, de consommation mais aussi des modes de vie dans le monde, va se traduire par des investissements d'une ampleur jamais vue ; et l'investissement suppose les financements, dans un contexte bien différent de celui des périodes précédentes. Le risque y est beaucoup plus fort, l'aléa incontournable, les rentabilités erratiques, c'est-à-dire nulles dans de nombreux cas, ou gigantesques quand les technologies innovantes se traduisent par des applications à l'échelle de la planète. Ces investissements de nature radicalement différente supposent des financements de nature comparable. Les cryptomonnaies évoquées plus haut en sont peut-être l'un des prémices.

Mais la finance est aussi, peut-être d'abord, affectée dans son fonctionnement même par la révolution industrielle. Elle en est déjà l'un des champs d'expérimentation et d'application les plus impressionnants. Les activités financières sont concernées au premier chef par la nature même de ce processus de rupture. Les mathématiques, les algorithmes, sont depuis longtemps des outils majeurs de l'activité financière. Non seulement ces disciplines y trouvent un terrain d'application, mais elles y font l'objet de recherches fondamentales utilisables ensuite dans des domaines variés. Il en résulte d'autres questionnements : qui seront, dans le futur, les principaux acteurs de la sphère financière ? Ceux qui la relie à l'économie ou ceux qui proposent ou adaptent les technologies nouvelles aux activités financières ? Le débat est loin d'être tranché, il pourrait s'amplifier quand surviendront les crises, les dysfonctionnements inhérents à toute période de bouleversements.

Ce livre coordonné par Jean-Bernard Mateu a pour ambition d'explorer l'ensemble des sujets qui viennent d'être évoqués. S'il est une bonne manière d'appréhender la finance d'aujourd'hui, il est surtout la meilleure façon d'anticiper celle de demain.

Philippe Dessertine

Les banques sont des miroirs

Jean-Louis Chambon

> *Il y a pire que d'être exploité par le capitalisme,*
> *c'est de ne pas être exploité du tout.*
> Joan Robinson

Le secteur bancaire n'en est pas à sa première alerte ; tout au long de son histoire tourmentée, les crises financières conjoncturelles, subies ou suscitées, la faillite de banques publiques avec le Crédit Lyonnais, les dérives managériales et stratégiques se sont succédé, alimentant la chronique financière et judiciaire.

Mais l'une des plus « sérieuses intellectuellement » est celle issue du rapport Nora-Minc qui, en 1978, devait durablement marquer les esprits. Celui-ci prévoyait pour les banques françaises le même triste sort, au plan social et économique, que celui de la sidérurgie confrontée à des restructurations et à un avenir très douloureux, hypothéquant même sa survie. Les comparaisons et similitudes de situations étaient en effet nombreuses : marché saturé et contraint, excédent des capacités de production, insuffisance de fonds propres (moins de 1 % à l'époque en moyenne), coût croissant de la matière ressource (baisse de la proportion des dépôts non rémunérés et hausse du coût de l'épargne), nombreux emplois non qualifiés et une très faible productivité…

Force est de constater que, près de 40 ans plus tard, ces sombres prévisions ne se sont pas réalisées. La banque française a su montrer une capacité d'adaptation à l'évolution de son marché assez remarquable. Cette résilience lui a permis à la fois de mieux traverser la crise de 2008, comparativement à ses consœurs anglo-saxonnes, alors même qu'elle devait subir d'injustes pénalités financières (2 milliards d'euros de contributions forcées au budget de l'État) et de s'inscrire durablement dans les premiers rangs internationaux en taille, profitabilité, qualité sociale, professionnalisme de la gestion, très au-dessus de ce qui pourrait lui être dévolue au regard du poids relatif de la France dans le monde.

Mais voici qu'une fois encore de lourdes menaces cumulatives obscurcissent l'horizon de la banque universelle française, suscitant deux interprétations.

La plus générale tient à considérer avec une certaine satisfaction que les rapporteurs de 1978 finissent par avoir raison : la fin des banques est proche ; leur maladie génétique va les emporter, à l'instar de ce résident permanent du cimetière du Montparnasse sur la tombe duquel est inscrit : « Je vous l'avais bien dit que je n'allais pas bien ! ».

L'autre est soutenue par des « optimistes de nature », assurément moins nombreux, qui veulent se convaincre que toutes ces Cassandre oublient par trop la résilience démontrée des banques au cours des quatre dernières décennies. Ces menaces recèleraient autant d'opportunités pour réinventer le modèle économique de la banque universelle du XXIe siècle.

Apporter à priori et dans l'état des réflexions en cours un point de vue tranché sur ces deux positions relève de la gageure, tant il est vrai que l'avis le plus général et le plus sombre en termes de perspectives est généralement le plus entendu et le plus rapporté par les médias et que rien n'est plus constant que la politique de l'autruche de la classe politique qui ne veut pas voir trop précocement les risques, notamment sur l'emploi d'un secteur économique (Alstom, par exemple).

La vague de « dégagisme » qui affecte la classe politique paraît contagieuse : l'ordre ancien est bousculé jusqu'aux fonctions régaliennes des États comme le pouvoir de battre monnaie, le consentement à l'impôt s'effrite et les aspirations d'autonomie et de sur-décentralisation sont grandissantes.

Aussi, par-delà les conséquences des disruptions qu'impliquent les révolutions technologiques et financières – du smartphone au big data en passant par la blockchain –, cette idée d'une « grande transformation inéluctable » s'alimente aussi de ce désir plus ou moins conscient d'en finir avec l'ancien monde alors même que paradoxalement, le besoin de sécurité collectif et individuel ne cesse de progresser. Dès lors, la question de savoir ce qui relève du fantasme à côté de l'analyse rationnelle, de l'avenir du secteur bancaire, est posée.

L'un des grands mérites de ce nouvel ouvrage du Cercle Turgot, dirigé par Jean-Bernard Mateu, est d'apporter précisément des éléments de réponse, partant de points de vue multiples mais complémentaires.

Il est vrai que les banques sont des miroirs. Miroir de l'âme d'une société qui paraît malade et éclatée, portée à trouver des réponses à ses interrogations existentielles dans le dénigrement ou la défiance de ses institutions les plus établies. Et l'opinion publique, dévastée par un flot d'informations additionnant réseaux sociaux, surenchères médiatiques et *fake news* ; se montre plus que jamais prompte à exprimer toutes ses rancœurs contre le capitalisme libéral, l'argent et, par évidence de culture historique, contre les banques.

Les banques sont des miroirs de la société dans laquelle elles s'insèrent en acteur central de l'économie : il n'y a pas de pays prospère sans banque forte et rentable, s'appuyant sur des fonds propres importants, générés par des profits et soutenus par des actionnaires acceptant de porter ses risques. Mais il n'y a pas d'actionnaires durables sans dividende et création de valeurs pour rémunérer le risque et l'investissement. Aussi, sans s'appuyer pour autant sur un optimisme béat, rien n'est plus contre-productif dans une stratégie de long terme que la logique du bouc émissaire. S'en prendre à son système bancaire, qui reste l'un des premiers contributeurs du fisc, au plan national, et dont la puissance reste l'un des instruments de la souveraineté des États, c'est agir contre ses intérêts bien compris.

Gardons à l'esprit que le bouc émissaire, selon la légende, était envoyé dans le désert pour expier les péchés du peuple. Mais pour traverser les terres arides et tourmentées de l'espace bancaire et financier, qui s'ouvrent avec le nouveau monde, notre liberté de choix est en réalité très contrainte : la monture devra être très résistante dans la durée, peu consommatrice d'énergie et humainement maîtrisable… C'est dire en quelque sorte la liberté de choisir entre le chameau et le dromadaire, pas de quoi changer la face du monde ! Le risque serait de se laisser tenter par « les petits lapins » sortis du chapeau des adeptes de la baguette magique dont les détracteurs des banques sont les premiers représentants.

Il n'est pas inutile d'apporter aux réflexions que proposent les auteurs contributeurs de cet ouvrage – tous économistes, chefs d'entreprise et experts reconnus de ces domaines et que je tiens à remercier – ce complément qui permet de souligner que la banque française est avant tout une industrie nécessitant des investissements particulièrement lourds et longs ; elle a su montrer par le passé sa capacité de maîtrise à la fois de ses investissements et de ses coûts, et d'intégration des innovations les plus avancées comme dans le domaine de la cryptologie avec la carte bancaire.

Ainsi, la banque française a su traverser mieux que ses concurrents mondiaux la crise financière de 2008, permettant même à certains de ses champions (BNP Paribas) de sortir renforcé de cette épreuve, au point de déclencher l'envie et les tourments de l'extraterritorialité judiciaire américaine entraînant cette extraordinaire et inique amende financière.

De même, sa vision anticipatrice lui a permis de construire collectivement, au prix de très importants investissements, un système de paiement interbancaire devenu incontournable et s'appuyant sur des performances économiques et sécuritaires que le monde entier nous envie.

Si les menaces qui pèsent sur la banque française sont une réalité, et s'il est vrai que les défis d'adaptation, face aux disruptions de tous types, et de l'explosion de la digitalisation restent « himalayens », sous-estimer sa capacité d'adaptation relève plus, à mon sens, de l'autoflagellation que d'une perspective déjà écrite : le secteur bancaire, et tout particulièrement la banque universelle, a retrouvé, sous l'aiguillon d'une réglementation parfois trop contraignante, une solidité financière qu'elle avait perdue dans le tourment des crises successives, et notamment celle de 2008.

Aussi, ce nouvel ouvrage collectif du Cercle Turgot se propose d'apporter quelques éclairages sur ces menaces et opportunités qui pèsent sur la banque universelle avec des éléments de réponse susceptibles d'ouvrir un nouveau modèle économique de la banque de détail française au XXIe siècle.

La finance
face aux révolutions futures

Chapitre 1

Les Fintech : l'anti-modèle de la banque universelle ?

Dominique Chesneau

LA BANQUE UNIVERSELLE ET SES DÉFIS

Une banque universelle est un établissement financier généraliste, opérant à la fois dans le domaine de la banque commerciale (dépôts, épargne, placements, crédit), de la gestion d'actifs, dans les opérations de marché (trading, émission d'actions, émission d'emprunt, *leveraged* finance) ou le conseil (fusions-acquisitions), dans l'assurance et dans le domaine des paiements.

On distingue généralement les banques commerciales des banques d'affaires (majoritairement tournées vers les activités de marché ou vers le conseil), ou des banques privées (majoritairement tournées vers les clients fortunés). Dans la pratique, la frontière entre ces divers types d'établissements est relativement ténue, comme le prouve l'émergence des banques universelles qui proposent leurs services dans les diverses lignes de métiers.

Axée sur les besoins des clients, la banque universelle repose sur une relation d'une grande proximité et d'une grande stabilité avec les clients, qui sont au cœur de son développement – particuliers, professionnels, PME, grandes entreprises, institutions financières, collectivités publiques, États… Sur tout le territoire, elle contribue efficacement au financement de l'économie, à des conditions très favorables.

Ce business model est cependant aujourd'hui mis à l'épreuve par des chocs règlementaires, financiers et technologiques d'une très grande ampleur. À un moment où la rentabilité du secteur bancaire, très inférieure à ce qu'elle était avant la crise, commence à inquiéter les régulateurs, les banques doivent passer du défi de la solvabilité à celui de la rentabilité, tout en se réinventant.

La déréglementation et les innovations ont conduit les banques à une réflexion stratégique ouvrant sur de nouveaux métiers. Depuis la grande crise de 2008, d'autres mutations lourdes sont nécessairement apparues.

Un choc règlementaire, défi pour la banque universelle

L'agenda règlementaire défini au lendemain de la crise de 2008 est considérable. En huit années de réformes intensives, pas moins de 42 directives européennes sur le secteur financier ont été adoptées. C'était une étape nécessaire pour garantir la solidité et la résistance du secteur bancaire. La directive CRD 4 (*Capital Requirement Directive*) et le règlement CRR 4 (*Capital Requirement Regulation*), entrés en vigueur depuis le 1er janvier 2014, ont conduit les grandes banques françaises à renforcer leurs fonds propres « durs » (+ 32 % à fin 2014, depuis 2008) pour respecter les nouvelles normes de solvabilité.

Cette révolution règlementaire inédite dans l'histoire bancaire – et dont il ne s'agit évidemment pas de contester le principe – bouleverse le modèle bancaire français.

La nouvelle réglementation prudentielle (CRD 4/CRR 4) pousse à la désintermédiation et fait évoluer le modèle de financement des entreprises, en particulier les plus grandes d'entre elles, qui ont désormais moins recours au crédit et se tournent davantage vers les marchés. La proportion du crédit bancaire par rapport au financement par le marché est de 61 %/39 % en 2016, contre 70 %/30 % fin 2009. Les banques universelles sont en première ligne pour les accompagner vers ces nouvelles sources de financement, à condition bien sûr de ne pas pénaliser leurs activités de marché par d'autres mesures comme la séparation des activités bancaires.

Figure 1.1. Part du financement bancaire dans le financement de l'économie (en pourcentage)

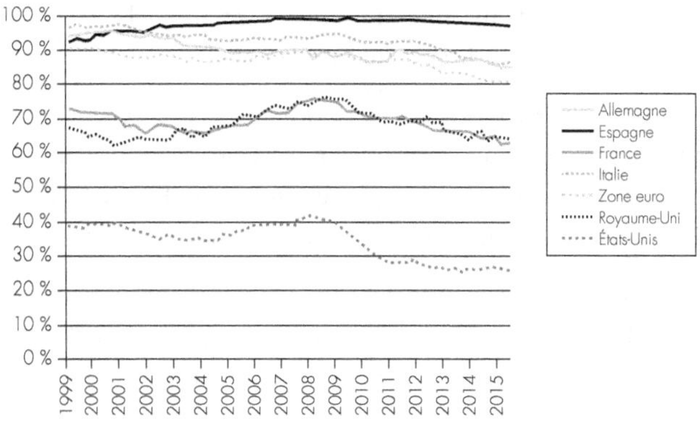

Sources : Eurostat, Banque centrale européenne et Banque de France.
Calculs : Banque de France

Note de lecture : pour l'ensemble des pays, les données de financement de marché sont en valeur nominale, sauf pour le Royaume-Uni pour lesquelles elles sont exprimées en valeur de marché.

Figure 1.2. Ensemble du secteur privé non financier : part des prêts bancaires dans la dette totale (en pourcentage)

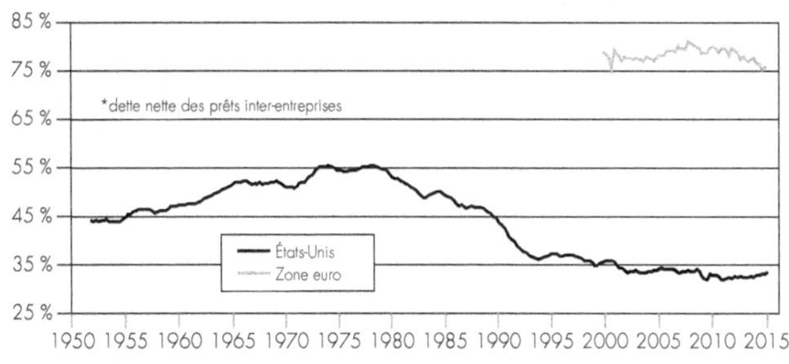

Source : BRI, BCE

L'agenda des réformes reste encore très chargé. Plusieurs projets risquent de pénaliser particulièrement les banques d'Europe continentale et de peser sur le financement de l'économie. Alors que la concurrence internationale est vive, les régulateurs, et les superviseurs, doivent garantir une égalité de concurrence entre les modèles bancaires et tenir compte des risques du développement du « shadow banking » et de la volatilité des marchés qui bénéficient de moins en moins de l'activité stabilisatrice des grands teneurs de marché que sont les BFI.

C'est un enjeu majeur pour l'Union bancaire et le nouveau superviseur de la zone euro, qui doit à la fois ajuster son action aux défis du financement et prendre toute sa place dans les travaux européens et mondiaux sur la régulation bancaire.

Il est donc légitime d'anticiper que ces tendances conduiront à une réduction nette de la part des banques dans les crédits aux entreprises qui devront se tourner davantage vers des financements désintermédiés.

En matière de stabilité financière, les grands argentiers commencent à reconnaître que l'essentiel a été fait. Le Comité de Bâle a ainsi exprimé sa satisfaction quant au niveau global de capitalisation des banques, considérant que les innombrables chantiers encore en cours ne doivent pas conduire à une augmentation « significative » des exigences règlementaires.

Parallèlement, la révolution technologique et la mise en œuvre des directives UCITS et MIF puis MIF 2 dans les métiers de la gestion d'actifs, et DSP puis DSP 2 dans les paiements, ont conduit les banques universelles à repenser leur modèle.

La directive UCITS V concerne la réglementation de la rémunération des gestionnaires, ainsi que les missions et responsabilités incombant aux dépositaires, cette chaîne de valeur pouvant être segmentée puis rassemblée en une seule offre commerciale.

Figure 1.3. Les entreprises françaises affichent un fort taux d'investissement, mais de nouveaux moyens de financement plus adaptés sont nécessaires

Le taux d'investissement en France et en Europe
(pour les sociétés non financières, en %)

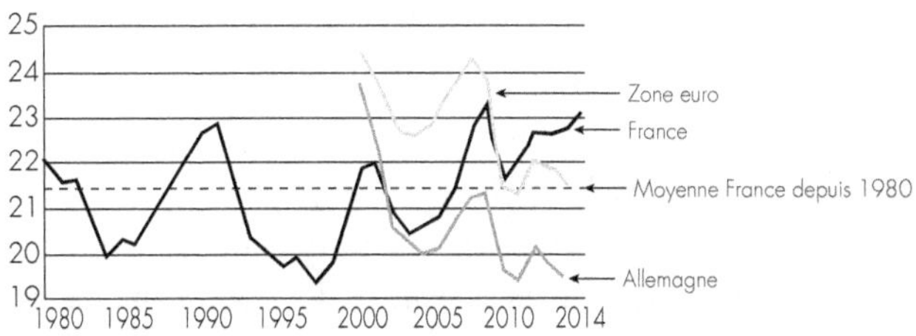

Le taux d'investissement en France par taille d'entreprise (pour les sociétés non financières, en %)

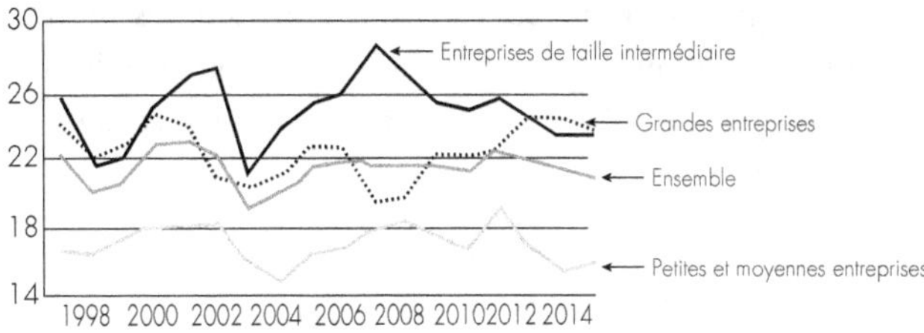

Le taux de croissance des modes de financement en France (glissement annuel brut en %)

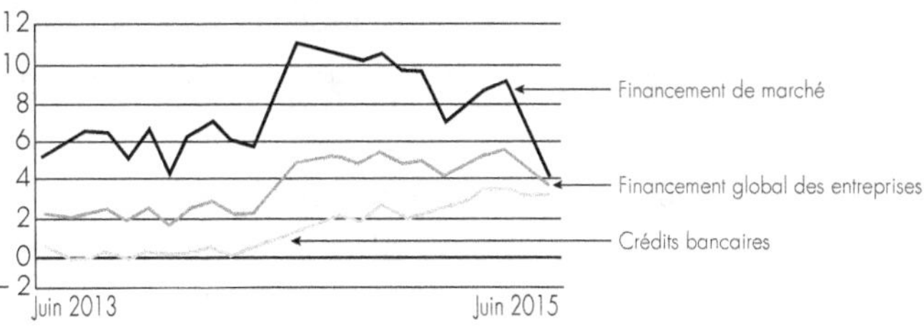

La nouvelle directive européenne MIF 2 (Marchés d'instruments financiers), qui renforce le concept de transparence, va provoquer des bouleversements majeurs pour l'ensemble des acteurs du monde de la finance. Les dispositions des directives de niveaux 1 et 2 sont entrées en application le 3 janvier 2018.

Les règlements européens s'appliquent directement depuis le 3 janvier 2018 sur trois piliers que sont la transparence, la protection des clients et l'efficience des marchés. Là aussi, la segmentation et la sous-traitance seront de mise.

Précisément, les principaux objectifs de la directive MIF 2 sont le renforcement de la protection des investisseurs, l'obligation de mise à disposition des données pré- et post-négociation, la mise en place de nouvelles règles pour les plateformes de négociations (et la création d'une nouvelle plateforme), le reporting étendu des transactions, l'encadrement du trading haute fréquence, l'amélioration de la gouvernance des produits et de leur distribution. En outre, le périmètre des instruments couverts est grandement élargi et couvre la quasi-totalité des produits financiers. De ce fait, l'ensemble des acteurs du marché sera affecté : banques de détail, opérateurs de marché, sociétés de gestion d'actifs…

Tirant les enseignements de la directive 2007/64/CE concernant les services de paiement (DSP 1), la directive (UE) 2015/2366 du 25 novembre 2015 (DSP 2) adapte le cadre règlementaire des services de paiement aux défis posés par l'apparition de services innovants, par la croissance rapide des paiements électroniques et par le rythme soutenu de l'innovation technique.

Le champ d'application de cette directive est étendu : elle ne limite plus l'application des titres III (information des utilisateurs) et IV (modalités d'exécution des opérations) aux opérations en euros ou en devises d'un autre État membre. Elle inclut désormais les opérations en toutes devises des prestataires de services de paiement (PSP) situés dans l'UE, y compris lorsqu'un seul des PSP engagés dans la transaction est situé au sein de l'UE, pour la partie de la transaction qui se déroule dans l'UE (*one-leg transactions*).

L'un des principaux apports de cette directive réside dans la création de deux nouveaux services de paiement :

- le service d'initiation de paiement consistant à émettre un ordre de paiement à la demande d'un utilisateur à partir d'un compte de paiement détenu auprès d'un autre PSP ;

- le service d'information sur les comptes consistant à fournir des informations consolidées concernant un ou plusieurs comptes de paiement détenus par l'utilisateur auprès d'un ou de plusieurs autres PSP.

Ces nouveaux services pourront être fournis par l'ensemble des PSP, mais également par de nouveaux acteurs dont l'activité sera dédiée à la fourniture de ces activités, les prestataires de services d'initiation de paiement (PSIP) et les prestataires de services d'informations sur les comptes (PSIC). Ces derniers ne détenant pas de fonds pour le compte des utilisateurs, ils seront soumis à une procédure d'agrément et à des exigences prudentielles allégées.

La création de ces nouveaux services a conduit le législateur européen à créer pour les utilisateurs un droit d'accès aux comptes de paiement tenus par les PSP gestionnaires de comptes lorsque ces comptes sont accessibles par voie électronique. Ce droit d'accès concerne les PSIP et les PSIC, mais également les PSP émetteurs d'instruments de paiement liés à une carte. La répartition des responsabilités entre les PSP en cas d'opérations de paiement non autorisées ou de non-exécution, de mauvaise exécution ou d'exécution tardive d'opérations de paiement est bien entendu ajustée pour tenir compte de ce droit d'accès, même si le PSP gestionnaire du compte reste le point d'entrée pour l'utilisateur en cas de problème

Les banques au cœur de la révolution numérique

Le numérique est avant tout une opportunité pour les banques universelles de régénérer leur modèle, via l'innovation technique et celle dans la relation client, et dans le développement de nouveaux partenariats et activités avec les Fintech.

Les banques ont depuis longtemps placé l'innovation au cœur de leur stratégie de développement. La proximité avec le client, qui est leur marque de fabrique, a conduit les banques à développer une offre multicanal. La sécurité des fonds et des données est à la base du service offert. Sous l'effet de la demande sociale d'économie collaborative, mais aussi de la réglementation européenne, sont apparus de nouveaux acteurs dans le domaine du financement (crowdfunding, crowdlending) de l'épargne et des paiements. Aujourd'hui, tous les métiers de la banque sont concernés, que ce soit pour les particuliers, les PME ou les grandes entreprises.

Les banques sont de plain-pied dans l'ère du numérique, conduites par la demande de leurs clients. Elles ont investi dans les canaux de communication à distance pour accompagner de manière sécurisée, leurs nouveaux usages de consommation et d'utilisation. Ces investissements sont d'ailleurs reconnus : 87 % des clients déclarent faire davantage confiance à leur banque qu'aux opérateurs Internet.[1] Elles ont mis en place des accélérateurs de Fintech permettant de connecter les développeurs de ces technologies aux métiers de la banque, des structures dédiées réunissant plusieurs start-up… La relation entre la banque et les Fintech prend aussi la forme de partenariats, voire de rapprochements capitalistiques en vue de développer de nouveaux services dans une logique d'intégration de nouvelles activités très typiques des banques universelles à la française. Forte de ses

---

1. Baromètre BVA de l'image des banques, juillet 2015.

grands acteurs bancaires et d'un tissu de Fintech innovantes et agiles, la finance française est l'une des filières les plus prometteuses de l'économie numérique.

Cette rupture conduit les banques à se transformer profondément face à un rythme de visites en agences moins soutenu (21 % des Français déclarent fréquenter plusieurs fois par mois leur agence en 2015, contre 62 % en 2007), les banques investissent et innovent dans leur réseau pour trouver un nouveau modèle économique, tout en améliorant la relation physique avec le client. Le nombre des agences s'adapte (37 621 en 2016 contre 38 727 en 2010, source FBF), mais la densité du réseau reste sensiblement plus élevée que dans d'autres pays européens (57 agences pour 100 000 habitants en France en 2014, contre 44 en Allemagne et 18 au Royaume-Uni).

Le numérique, évidemment, fait aussi apparaître de nouveaux risques qui ne sont pas encore pleinement mesurés. L'enthousiasme né de l'innovation ne doit pas occulter deux sujets majeurs pour nos sociétés : la protection des données clients et la préservation de l'intégrité du système financier. Concernant les données et les paiements, les banques investissent en permanence dans la sécurité de leurs systèmes et la prévention des fraudes.

Qu'est ce que les Fintech ?

Pour certains, il s'agit de la technologie utilisée par les middle office et back office des institutions financières. Pour d'autres, il s'agit du service lui-même, voire de toute initiative visant à la « disruption bancaire ».

Dans son acception large, nous retiendrons que la Fintech est une technologie qui fournit un service financier ou permet de le délivrer, et possède déjà son écosystème.

Attention à ne pas confondre « uberisation » et « digitalisation ». « Uberiser consiste à mettre en relation via une plateforme d'intermédiation des fournisseurs de biens et services avec des consommateurs. Digitaliser, en revanche, correspond à une automatisation accrue de tâches répétitives et manuelles. Depuis quelques années, l'automatisation touche un spectre plus large d'activités incluant les services et les emplois à plus forte valeur ajoutée via (i) celle de tâches impliquant une réflexion plus complexe grâce à l'informatique avancée et à l'intelligence artificielle et (ii) celle de tâches manuelles non répétitives ou demandant un degré plus élevé d'adaptation.

À contrario, les activités préservées de l'automatisation sont celles de perception et de manipulation, de créativité, d'intelligence sociale, de persuasion, de négociation. Les innovations digitales en devenir concernent les technologies cognitives, l'Internet des objets, la réalité augmentée. D'autres sont d'ores et déjà en plein essor : le e-commerce, le CRM mobile, les simulations numériques sur prototype, le cloud, le big data et les produits digitaux dont certains services d'investissement en dette et en capital, d'assurances, d'analyse de crédit, de distribution de produits financiers et bancaires et de services de paiement.

En l'espace de quelques années, les Fintech ont rebattu les cartes du jeu bancaire traditionnel et suscité un engouement grandissant. En 2016, KPMG recensait plus de 1 076 opérations d'investissement pour un montant total s'élevant à 25 milliards de dollars.

Les domaines d'intervention des Fintech sont regroupés ci-après.

L'ensemble des acteurs financiers doit donc aujourd'hui répondre aux enjeux de la rupture digitale, à ses conséquences potentielles sur leurs modèles d'affaires, leurs revenus et leurs risques.

Figure 1.4. Les domaines d'intervention des Fintech

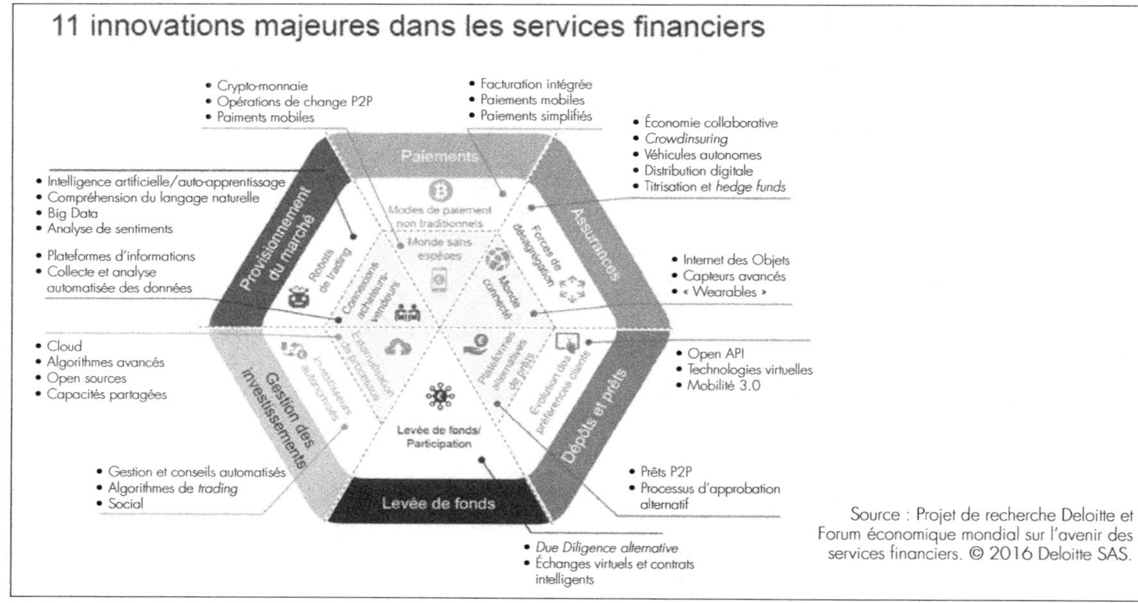

Source : Projet de recherche Deloitte et Forum économique mondial sur l'avenir des services financiers. © 2016 Deloitte SAS.

Si les nouveaux acteurs innovants dits « Fintech » se spécialisent souvent, dans une logique de niche, sur des métiers spécifiques (voir supra), ils représentent pour l'instant des parts de marché encore limitées.

Cette rupture digitale est une tendance de fond plus large qui affectera durablement les écosystèmes bancaires et assurantiels : les nouveaux usages se diffusent en effet plus rapidement que par le passé et traversent toujours plus facilement les frontières ; l'abaissement des barrières technologiques et les nouveaux usages des données, dont le champ s'est considérablement élargi, suscitent de nouvelles concurrences ; les évolutions règlementaires facilitent enfin l'arrivée de nouveaux acteurs.

Ces évolutions profondes auront des conséquences inévitables sur la nature et le degré des risques, notamment en termes de protection de la clientèle, de sécurité des transactions ou de lutte contre le blanchiment.

Face aux défis de la rupture digitale, les nouvelles technologies comme le big data, l'intelligence artificielle ou la blockchain seront aussi certainement de nouveaux sujets d'investigation et de réflexion pour les autorités de supervision.

Les évolutions attendues

Les évolutions stratégiques

Les technologies de l'information ont perturbé les secteurs du divertissement, des médias, du commerce de détail et, plus récemment, de l'hôtellerie et des taxis. En sera-t-il de même pour la finance ? Oui. Comme l'a dit Bill Gates : « Nous surestimons toujours les changements des deux prochaines années et nous sous-estimons ceux qui se produiront dans les dix prochaines. Ne vous laissez pas bercer par le statu quo. »

La finance est un secteur nourri par l'information dans ces trois fonctions essentielles : paiement, intermédiation entre épargne et investissement, et assurances. Les clients doivent savoir que les factures ont été réglées. Ils ont besoin de comprendre comment leurs avoirs sont utilisés, et de savoir comment leurs risques sont couverts, quelles garanties sont apportées par les intervenants.

Pourquoi pourrait-on espérer que la nouvelle technologie financière transformera ces secteurs ? La réponse, en particulier pour les services bancaires, est qu'ils sont actuellement perfectibles dans leurs offres et les tarifs appliqués.

Dans une récente publication, la Banque d'Angleterre relève que le coût unitaire de l'intermédiation financière américaine reste étonnamment inchangé depuis un siècle. Par ailleurs, les revenus de la finance grimpent et baissent simplement avec la valeur des actifs. Cela indique une quantité énorme d'appropriation des rentes. En outre, 10 millions de ménages américains et 1,5 million d'adultes britanniques n'ont toujours pas de comptes bancaires. Dans le monde entier, les banques génèrent 1,7 trillion de dollars de revenus, dont 40 % proviennent d'opérations des paiements.

Parmi les possibilités d'amélioration des services de paiement, le règlement en temps réel par l'intermédiaire des registres distribués (blockchain). Les avantages des paiements instantanés sont évidents.

Si cette technologie paraît banaliser la notion de « tiers de confiance », le rôle d'entreprises fortement capitalisées (banques, assureurs, Telco, etc.) restera nécessaire, ne serait-ce que pour « garantir » le premier et le derniers maillon du registre : à l'entrée et à la sortie en quelque sorte !

Une deuxième transformation pourrait se faire par le biais des prêts entre particuliers, pour lesquels de nouvelles plateformes remplaceraient les officines traditionnelles qui rapprocheraient épargnants et investisseurs.

Les optimistes imaginent un avenir dans lequel les paiements, la création de monnaie (incontestablement des actifs liquides et sûrs), et l'intermédiation seraient séparés. Dans ce cas, les risques liés aux filets de sécurité proposés par les État aux institutions privées seraient réduits.

Il est cependant beaucoup trop tôt pour avoir la certitude que ces avantages seront avérés. En effet, il est facile de voir que les nouveaux systèmes de tenue des registres et de paiements créeraient d'énormes problèmes de sécurité. De même, les possibilités de malversations existent également sur les plateformes de prêts entre particuliers.

Une autre source de transformation possible est le « big data ». Dans le domaine de l'assurance, avec de nouveaux outils de surveillance, les assureurs pourraient être directement informés de la manière de conduire de leurs clients ou de leur état de santé. Ces informations pourraient être utilisées pour les pousser à améliorer leurs comportements. Mais il est également possible d'imaginer des améliorations en matière d'information si profondes que le principe de mutualisation de risques – composantes de base des métiers de l'assurance – disparaîtrait. Si, par exemple, l'assureur sait que certains clients présentent des risques élevés de contracter certaines maladies, ceux-ci pourraient ne plus être assurés. La manière dont l'information est obtenue et utilisée pourrait soulever d'énormes questions de société.

Ces évolutions sont devenues pour une grande partie réalité pour les différents métiers, bancaires, assurantiels, règlementaire et du conseil ainsi que Bpifrance les a classifiés :

- Services de paiement :
    - transfert d'argent (ex. : Paytop, Afrimarket) ;

- paiement mobile (ex. : Lydia Solutions, TagPay) ;
- gestionnaires de flux de paiement (ex. : Lemonway, Limonetik) ;
- terminaux de paiement (ex. : Famoco, Smile & Pay) ;
- paiement peer-to-peer (ex. : Payname, Monexion) ;
- cagnottes en ligne (ex. : Leetchi, Lepotcommun.fr).

• Services centrés sur le big data :
- outils de scoring et d'aide à la décision (ex. : Scaled Risk, QuantCube Technology) ;
- gestion de la relation client (ex. : Data Publica, Tellmeplus) ;
- cybersécurité (ex. : TwinPeek, Prim'X Technologies).

• Services bancaires 2.0 :
- néobanques (ex. : Compte Nickel, TAG PAY) ;
- agrégateurs de comptes (ex. : Bankin', Linxo).

• Services de financement et d'investissement :
- financement participatif et mezzanine (ex. : Lendix, Unilend, SmartAngels) ;
- robo-advisors (ex. : Advize, Yomoni);
- affacturage (ex. : Finexkap, Creancio, URICA).

• Services aux entreprises pour le secteur financier :
- blocktech (ex. : Cellbaz, Stratumn) ;
- conformité (ex. : Fortia, Actimize).

• Services aux entreprises pour le conseil :
- gestion de trésorerie, postes clients et fournisseurs, stocks (ex. : Kyriba, Aston iTrade Finance) ;
- outils d'optimisation des performances financières (ex. : Tsar 66).

Figure 1.5. Réduction de la durée de vie des innovations Internet

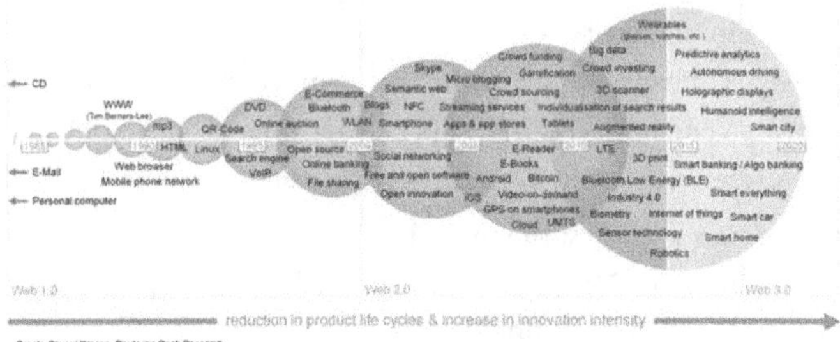

Service notarié avec les blockchains

L'usage des blockchains sera le fait de nombreux secteurs en répondant à des besoins différents : internes et productivité d'une part, tiers de confiance à caractère externe, d'autre part, dont les opérations de moyens de paiement.

Dans l'ensemble, les possibilités qu'offrent les technologies de l'information à notre système financier semblent immenses. La difficulté est plutôt de veiller à ce que les avantages profitent cette fois à tous plutôt qu'à un petit nombre. La finance – notamment les banques – a besoin d'une révolution. Dans ce domaine, les responsables ne peuvent pas simplement supposer que les choses se passeront bien. C'est parce que la finance est essentielle qu'une révolution est nécessaire. C'est pour cette même raison qu'elle doit se faire sous étroite surveillance. Les banques universelles le resteront-elles ou seront-elles totalement disruptées pour être sauvées ? L'émergence des Fintech annonce-t-elle un nouveau modèle d'anti-banque universelle ?

Les GAFA sont à l'affût

Les GAFA continuent leur implantation dans la finance avec des avantages certains que la nouvelle banque doit intégrer. Avec les plateformes financières digitales, les GAFA envisagent de :

- proposer des choix physiques et numériques faciles d'accès et d'utilisation ;

- développer des plateformes qui répondent aux besoins quotidiens des clients en s'associant avec d'autres entreprises ;

- explorer de nouveaux territoires comme les services et la monétisation de données par le biais de la blockchain.

Les GAFA sont même les plus dangereux concurrents des banques, devant les start-up de la Fintech. Les GAFA ont une vision totalement inversée de celles des banques traditionnelles. Le site web par les banques a à peu près toujours la même structure déclinée par produits : le compte courant, les cartes de paiement, le crédit immobilier, etc.

Les GAFA ont un avantage déterminant : ils n'ont pas besoin de trouver un modèle économique direct dans les services financiers. Google veut acquérir toujours plus de données et d'informations, Facebook veut inciter ses utilisateurs à rester sur ses plateformes, Amazon veut alimenter son modèle de e-commerçant, etc.

Les Telcos se positionnent

Près de deux ans après la déclaration d'intention de l'opérateur télécom, Orange Bank a finalement vu le jour, le 2 novembre 2017. Quel sera son effet sur le marché bancaire français ? Orange est-il capable de faire bouger les lignes ? Difficile à dire, tant cette diversification d'un opérateur télécom est sans précédent en France. L'offre en tant que telle ne devrait pas révolutionner les contenus, mais des fonctionnalités mobiles avancées seront mises à disposition gratuitement.

C'est surtout la force de frappe marketing d'Orange qui inquiète le secteur bancaire. L'opérateur peut démarcher directement 40 millions de Français, clients mobile et fixe. Il présentera également Orange Bank dans 140 de ses agences, parfaitement situées dans les centres commerciaux et les centres-villes et a annoncé le lancement national et international d'une offre de crédit à la consommation. Bilan : Orange Bank espère à terme convaincre 2 millions de Français.[1]

Figure 1.6. La Orange Bank

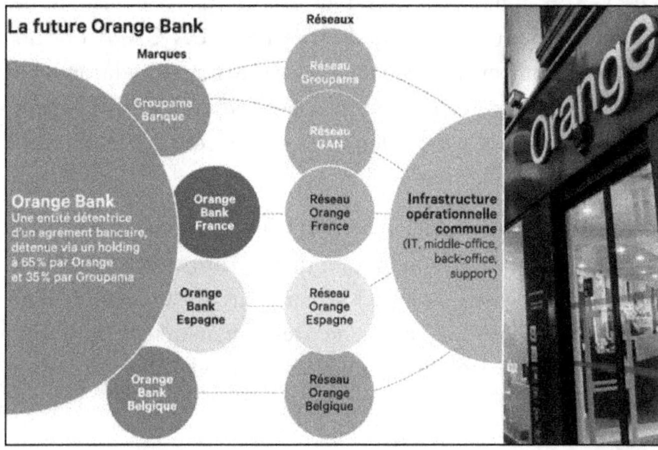

Source : Les Échos

Altice, qui envisage de lancer une activité bancaire en 2019, n'a pas cherché à faire une acquisition, préférant s'appuyer sur ses ressources internes. L'opérateur a déjà déployé une offre à

---

1. www.cbanque.com/actu/61220/banque-les-5-petites-revolutions-de-2017#aWlEkEgwRv5yMvcE.99

l'étranger, développé des services bancaires en outre-mer où ses clients peuvent ouvrir un compte, retirer des espèces et régler leurs achats par carte bancaire. En France, les opérateurs font du micropaiement et des virements par SMS.

Pour l'instant, les intentions d'Altice Bank restent incertaines, mais si l'opérateur a pris le soin de demander un agrément bancaire auprès de la BCE, cela signifie qu'il veut faire davantage que fournir de simples cartes de paiement à ses clients. Car seuls les établissements de crédit à part entière doivent s'adresser à la BCE, via le régulateur français (l'autorité de contrôle prudentiel et de résolution), pour pouvoir proposer des services financiers.

Moins contraignants, les simples statuts d'établissements de paiement ou d'établissement de monnaie électronique peuvent être avalisés par le seul régulateur français.[1]

La grande distribution et les pétroliers

Walmart, le géant américain de la grande distribution, s'est lancé en 2014 dans la banque. Le groupe a noué un partenariat pour développer une offre avec Go-bank, une offre bancaire low-cost. Dans le viseur du distributeur, les ménages modestes qui n'ont pour l'instant aucune banque et qui pourront désormais ouvrir un compte à un prix imbattable.

En France, la barrière d'entrée sur le marché a baissé au point que les nouveaux concurrents accourent. Cette barrière reste néanmoins réelle, ne serait-ce qu'en termes règlementaires et de supervision. Cela explique probablement en partie le mouvement d'alliance de sociétés non financières avec des

---

1. www.lesechos.fr/finance-marches/banque-assurances/0304457 66988-sfr-veut-a-son-tour-lancer-une-banque-2101978.php#Y-bL1AFhQFUHZfAIP.99 et www.cbanque.com/actu/61220/banque-les-5-petites-revolutions-de-2017#aWlEkEgwRv5yMvcE.99

banques et des prestataires de service de paiement (voir infra, « Co-innovation ou combats à mort »).

Le 18 avril 2017, Carrefour a débuté la vente d'un coffret baptisé C-zam, disponible pour cinq euros dans ses 3 000 magasins et sur Internet, qui permet l'activation en quelques minutes d'un compte en ligne sans découvert autorisé et d'une carte bancaire internationale.

En Afrique, pionnière en matière de banque nouvelle génération, Total et Worldline ont annoncé le 24 juillet 2017 avoir signé des accords commerciaux de financement et de coopération technologique avec la Fintech africaine InTouch afin de proposer l'offre « Guichet unique ». Cet accord poursuit le déploiement de la solution déjà opérationnelle dans plus de 170 stations-service Total et plus de 600 points de ventes indépendants au Sénégal.

Le "Guichet Unique" met à disposition des réseaux de distribution un terminal unique permettant l'acceptation d'une offre très large de moyens de paiement, sécurisés et pratiques (monnaie électronique, cartes privatives et cash) et des offres de prestations de service proposées par des tiers (abonnements multimédia, paiement de factures, transfert d'argent, rechargement de cartes, et services bancaires et assurance).

L'ANTI-BANQUE UNIVERSELLE ?

Disrupter la banque pour la « sauver »

Pour pénétrer le secteur financier, les Fintech ont tout misé sur le client en s'appropriant les nouveaux usages de consommation induits par le numérique (implication du consommateur, instantanéité, simplicité d'usage, quasi-gratuité des services, etc.). Les positions des banques sont concurrencées par ces nouveaux entrants numériques à tous niveaux : à chaque activité bancaire, sa Fintech. Des services de paiement au financement des entreprises en passant par le compte courant et la gestion d'actifs, rares sont les métiers financiers qui n'ont pas été réinventés par les Fintech.

Face aux nouveaux entrants, le danger majeur pour les banques est de perdre la maîtrise de la relation client. Elles pourraient risquer d'être cantonnées à un rôle de gestionnaire à faible valeur ajoutée.

Entre compétition et coopération, les Fintech poussent les banques à se transformer par la « coopétition » ! Elles imposent de nouveaux standards bancaires en offrant à leurs clients des solutions alternatives moins coûteuses et plus personnalisées. Pour rester dans la course, les banques doivent s'adapter et tout miser sur l'expérience client.

Malgré les apparences, les « nouveaux entrants » ne sont pas nécessairement des « concurrents ». Certaines Fintech proposent également des services à destination des banques (B2Bank) pour les accompagner dans leur processus de transformation digitale.

Bpifrance, dans son étude « Disrupter la banque pour la sauver », met à mal certaines idées reçues, parmi lesquelles :

- Le secteur bancaire est une forteresse impénétrable.

  Les barrières à l'entrée de l'industrie bancaire restent certes efficaces contre la concurrence frontale de nouveaux entrants, mais les Fintech ont pénétré ce secteur en ciblant des interstices de marché. Elles ont contourné les barrières à l'entrée en s'appuyant sur le numérique qui abaisse leur degré de protection par sa capacité à transformer les usages et à accélérer l'adoption de nouvelles solutions.

- Les Fintech se sont avant tout imposées par une révolution technologique.

Ces entreprises se sont distinguées par des innovations d'usage : utilisation du smartphone (paiements, néobanques), sollicitation de la fibre collaborative (financement participatif), etc. Elles réinventent la relation client à travers des offres centrées sur le consommateur, qu'il soit un particulier, une entreprise ou… une banque.

- Les activités des Fintech se soustraient à la réglementation financière.

Elles sont encadrées par les régulateurs, mais elles bénéficient de statuts plus souples car leurs activités ne couvrent pas la totalité des services bancaires. Un impératif demeure néanmoins : la sécurité des paiements et des transactions.

Co-innovation ou combats à mort

Un flux massif d'innovations – inédit par son ampleur – s'apprête à irriguer les sociétés et les économies dans les prochaines années. Ces innovations vont transformer notre vie quotidienne et notre manière de travailler. Elles vont susciter l'émergence de nouveaux modèles économiques et permettre à de nouvelles entreprises de venir remettre en cause, sur de nombreux marchés, l'ordre établi.

Les Fintech supportent pour l'instant des coûts relativement faibles : les dépenses de « Lending club » représentent moins de 2 % de son encours de prêts contre 5 à 7 % pour un prêteur classique, car force est de constater que la moitié des transactions sont réalisées en dehors des heures d'ouverture normales et que le poids règlementaire est moindre que pour une institution traditionnelle.

Par ailleurs, ces Fintech ont une approche nouvelle du risque fondée sur l'exploitation intensive des données collectées et plus seulement sur un scoring probabiliste nécessairement en retard sur la réalité du moment.

Quelles classes d'actifs, quels opérateurs gagneront la compétition engagée ? Les vainqueurs seront-ils rachetés ou bien des accords avec les établissements financiers classiques seront-ils signés ?

Dans un nombre significatif de cas (dossier trop petit pour être rentable, choix de stratégie commerciale ou financière, etc.), la banque aura intérêt à orienter son client vers un acteur alternatif qui sera devenu un intervenant complémentaire et non plus seulement alternatif !

Il est réaliste d'avancer que les plateformes apporteraient leur savoir-faire en marketing digital et un excellent niveau de traçabilité des actifs à financer et des investisseurs. De son côté, la finance participative pourrait trouver auprès des banques une culture de maîtrise du risque et de la réglementation et des légions d'épargnants investisseurs, y compris ceux des pays émergents, qui ne trouvent pas de projets à la taille de leurs encours disponibles.

Aussi, sans craindre la concurrence, les institutions financières réfléchissent-elles à l'évolution du modèle de leurs activités par de l'investissement interne, de l'open innovation ou de la co-innovation :

- 43 % participent à des programmes d'incubateurs;

- 20 % financent des fonds de venture capital specialisés dans les Fintechs;

- 20 % ont créé des partenariats avec des Fintechs;

- 10 % vont acquérir des Fintechs existantes;

- 7 % lanceront des filiales du type Fintech.

Ces initiatives ne remettront pas en cause le modèle économique des institutions financières, ne les « disrupteront » pas totalement. Toutefois, à la demande des clients, certaines activités commerciales ou administratives répétitives (distribution de certains produits, opérations de paiement) seront affectées et les nouveaux entrants trouveront une place utile au service des agents économiques.

C'est très largement la vitesse de diffusion de ces technologies parmi les acteurs économiques qui déterminera quels États et quelles entreprises s'octroiront la plus large part des bénéfices tirés de la transformation numérique du secteur financier. Et, sur ce point, les entreprises françaises devraient se montrer davantage pionnières : entreprendre au sens de Joseph Schumpeter, c'est-à-dire sans hésiter à « changer l'ordre existant ». Le potentiel de création de valeur et les atouts dont elles disposent pour réussir leur transformation, devraient les inciter à se mobiliser, et parfois à unir leurs efforts avec le concours des pouvoirs publics, des institutions éducatives et des partenaires sociaux.

La banque universelle s'enrichira avec l'adjonction de modèles simples et réactifs

La chasse aux Fintech est plus ouverte que jamais. En février 2017, BPCE, qui a acheté en 2016 Fidor Bank, une start-up allemande, a annoncé le lancement d'une offre de banque en ligne en France en 2017.

Le même mois, la Banque Postale a confirmé son intention de lancer en 2018 une offre 100 % en ligne et mobile, construite en partenariat avec des Fintech.

Le 4 avril 2017, BNP Paribas a annoncé le rachat de Compte Nickel, une start-up créée en 2012 et qui compte aujourd'hui plus de 500 000 clients. Le service permet d'ouvrir un compte courant en cinq minutes sur une borne chez un buraliste. Une offre à l'origine destinée aux exclus du système bancaire, mais qui touche en réalité un public beaucoup plus large, et qui devrait atteindre la rentabilité en 2018.

Crédit Mutuel Arkéa tire désormais tous les fruits de l'écosystème qu'il a construit autour de lui pour imaginer de nouvelles offres. Le groupe a ainsi annoncé en juillet 2017 l'acquisition, pour un montant non communiqué, de 80 % du capital de Pumpkin, Fintech à l'origine d'une solution de transfert d'argent de personne à personne. Sur la base de cette application mobile, le groupe bancaire mutualiste a lancé début 2018 une néobanque pensée pour les jeunes de 16 à 28 ans.

Elle permet dans un premier temps de faire les comptes entre amis, pour un voyage par exemple, et de se rembourser mutuellement une fois toutes les dépenses effectuées, puis offrira un compte courant, toujours communautaire, courant 2018 (carte de paiement, IBAN…).

Déjà présente en Belgique, en raison de la proximité avec son siège, la start-up envisage d'ouvrir dans deux à trois villes européennes au deuxième semestre 2018.

Pumpkin compte aussi trouver des synergies avec l'assurtech Fluo pour optimiser la couverture d'assurance de ses clients, avec l'aggrégateur de comptes Linxo ou même l'assistant personnel Max, créé en interne par la banque.[1]

Par ailleurs, on notera qu'un nombre croissant de Fintech demande un agrément bancaire. Créée en janvier 2015, Number 26 n'était pas une banque en tant que telle mais juste une start-up offrant une carte bancaire gérée par Wirecard Bank, entreprise basée en Allemagne qui possède une licence bancaire. Elle propose ses services à de nombreuses start-up et on y retrouve par exemple Curve, Orange Cash, Revolut,

---

1. Pour en savoir plus, voir : www.lesechos.fr/finance-marches/banque-assurances/030444246363-credit-mutuel-arkea-acquiert-la-fintech-pumpkin-pour-en-faire-une-neobanque-2101730.php#qq8Mhi9O8iSJs2Mu.99

Mondo et bien d'autres. C'est donc une solution relativement simple pour lancer une activité !

En septembre 2016, N26 a annoncé son ambition de conquérir le marché bancaire européen avec son compte bancaire mobile innovant. N26 a déjà lancé son application bancaire en Allemagne, Autriche, Irlande, Espagne, Grèce et Slovaquie. Pour proposer une offre bancaire inédite et entièrement gratuite, la Fintech berlinoise a obtenu sa licence bancaire en Allemagne en juillet 2016 et donc couverte sur les fonds de protection des dépôts allemands et européens. Ainsi, en devenant une vraie banque, Number 26 ne dépend plus d'un tiers et peut aller plus loin dans l'expérience bancaire.

La cybercriminalité est un défi majeur. Alors que la lutte contre le financement du terrorisme et contre le blanchiment est une priorité absolue, les banques sont engagées de longue date et sans réserve à maintenir l'intégrité du système financier et la confiance sans lesquelles il n'existe pas d'économie viable. Dans le contexte de la directive sur les services de paiement, l'arrivée de nouveaux acteurs ne doit pas engendrer une baisse de l'exigence de sécurité. Tous les acteurs de la chaîne des paiements doivent obéir aux mêmes exigences de solidité et de vigilance vis-à-vis des circuits criminels, tous doivent être contrôlés et rendre compte de leur action. Des Fintech spécialisées (les regtech) sont apparues dans ce domaine réglementaire.

Les régulateurs et superviseurs, sans tuer la poule aux œufs d'or, deviennent prudents. Fin novembre 2016, François Villeroy de Galhau a fermé la porte à la mise en place, en France, d'un « bac à sable » pour les Fintech françaises, soit l'autorisation de tester certaines innovations dans un cadre règlementaire allégé. « Nous tenons à ce qu'il n'y ait pas de distorsion structurelle de concurrence par la réglementation entre les acteurs existants et les nouveaux entrants : oui à la proportionnalité des règles, mais non à leur iniquité. »

Les consolidations en Europe confortent l'intermédiation bancaire. Grâce aux nouveaux métiers qu'elles développent et réinventent, les banques demeureront l'élément central des systèmes financiers modernes. La convergence entre les modèles anglo-saxons et européens n'est pas certaine, de même que l'implosion liée à l'arrivée des Fintech. L'internationalisation des métiers, des marchés et des services liés impose l'adoption de méthodes de travail, de règles prudentielles et comptables ainsi qu'un savoir-faire qui s'insèrent dans une culture internationale et multimétier commune de la banque, de la finance et de la Fintech.[1]

Le modèle bancaire universel sait se réinventer, à condition de bien gérer les enjeux sociaux qui sont en soi une condition de la réussite. Dans les enjeux technologiques, il trouve une nouvelle jeunesse et de nouvelles opportunités de développement. Les start-up d'aujourd'hui sont et seront les grands clients de demain et les investisseurs d'après-demain. Les banques ne s'y trompent pas, qui les accueillent dans leurs incubateurs et se battent pour nouer des partenariats avec les meilleures Fintech.

---

1. Pour en savoir plus, voir : www.cbanque.com/actu/61220/banque-les-5-petites-revolutions-de-2017#pLc1ZZArmxMIrJZA.99

Le coût de la réglementation financière et consumériste et l'apport des nouvelles technologies

Bertrand Annette,
avec la collaboration d'Abdelfattah Lachguer, consultant.

UNE RÉGLEMENTATION DE PLUS EN PLUS DENSE AUX CONSÉQUENCES STRUCTURELLES DIVERGENTES

Une réglementation largement renforcée depuis 2008

Après la crise de 2008, qui a secoué le secteur financier américain et par la suite l'économie mondiale, plusieurs voix se sont levées pour demander une régulation plus stricte des banques et de leur fonctionnement. Le comité de Bâle (Basel Committee on Banking Supervision – BCBS) regroupant les représentants des banques centrales et des autorités prudentielles des pays les plus avancés, a lancé des travaux conséquents, en vue d'aboutir à un nouveau dispositif permettant de renforcer la solidité du système financier mondial, ainsi que l'efficacité du contrôle prudentiel et la coopération entre régulateurs bancaires. Ce nouveau dispositif avait pour but de faire évoluer l'ensemble des réglementations appliquées jusqu'à maintenant aux banques mondiales. Deux grandes orientations/conséquences se sont dessinées :

- doublement des exigences en termes de fonds propres et de liquidité : en effet, la crise a démontré incontestablement que la plupart des banques mondiales, et notamment les plus importantes (G-SIB – Global Systemically Important Banks), étaient sous-capitalisées pour affronter des événements extrêmes. De nouvelles mesures comme les coussins supplémentaires contra-cycliques et systémiques (MREL-TLAC), la révision des modèles internes, les ratios de liquidité (LCR, NSFR), les approches introduisant le mécanisme de bail-in afin de préserver les déposants (BRDD) et bien d'autres réformes ont été ou sont en cours de déploiement. Elles convergent toutes vers l'objectif d'une plus grande solidité financière pour absorber les pertes et assurer le financement de l'économie, même en temps de crise ;

• renforcement de la supervision des banques : des comités internes plus efficaces et responsables, des codes de conduite plus stricts et plus strictement appliqués, des organismes de régulation puissants et des exercices réguliers de planification (ICAAP, ILAAP), de reporting et de stress testing marquent la volonté d'un suivi permanent et plus réactif des risques liés aux activités.

L'ensemble de ces réformes a été rendu possible grâce à une réelle volonté politique du G20, constitué en 1999 en réponse aux crises financières des pays émergents de la fin des années 1990. Il fut transformé fin 2008 en instance de pilotage économique, réunissant les plus hauts dirigeants de la planète, afin d'immuniser l'économie mondiale contre une nouvelle crise qui viendrait du secteur financier et ainsi limiter considérablement les effets de distorsion de la compétition induits par la fameuse règle implicite qui prévalait jusqu'alors du « too big to fail ». Cette volonté politique engendrant ces réformes commence à s'estomper depuis l'élection de Donald Trump comme 45e président des États-Unis. Sa décision de remettre en cause l'emblématique Dodd-Franck Act (loi votée en 2010) pourrait pousser les autres acteurs du G20 à stabiliser, décélérer, voire inverser le train des réformes. Cette nouvelle orientation reste incertaine mais devra être suivie de près en 2018.

Des mécanismes de supervision et de contrôle puissants, variés et dotés de moyens importants

Les organismes de régulation et de supervision ont subi à leur tour une transformation profonde post-crise 2008. Cette transformation a eu deux effets :

- création d'organismes internationaux et régionaux dotés de moyens financiers et humains conséquents ;

- diminution de l'autonomie des organismes de régulation nationaux et transmission d'une grande partie de leurs prérogatives aux organismes extranationaux.

Ces deux effets s'expliquent par la quête d'une harmonisation régionale et mondiale (« *level playing field* ») pour limiter les effets de distorsion de concurrence liés à l'existence de règles du jeu non communes.

En Europe, l'union bancaire constituée du mécanisme de surveillance unique (MSU) et du mécanisme de résolution unique (MRU) a permis de donner aux organisations européennes des prérogatives de régulation et de suivi très étendues. Dans le cas de la France, ces évolutions ont été amplifiées par un phénomène fréquent de sur-transposition des réglementations européennes. En outre, même si de nombreux efforts de rapprochement entre autorités nationales ont été réalisés[1], la multiplicité des acteurs nationaux tels que ACPR/AMF, Banque de France, CNIL, DGCCRF ou ANSSI, dont le champ d'intervention inclut la sphère des services financiers, ont eu pour effet d'alourdir davantage la régulation, sa compréhension, son interprétation et son application.

---

1. Tel que le Pôle commun ACPR/AMF.

Un paradoxe tangible

Si la réglementation est consubstantielle aux activités financières, son intensité est devenue telle que peu de décisions, qu'elles soient stratégiques ou opérationnelles, échappent à son emprise. Pour autant, elle n'agit fondamentalement pas de la même manière selon les acteurs.

En effet, il n'a jamais été aussi « simple » de créer, sur le papier, une nouvelle entité financière. Cela traduit la volonté des autorités d'ouvrir, tout particulièrement en France, une brèche au monopole bancaire. La barrière à l'entrée a globalement été abaissée, et la proportion relative entre ses différentes composantes a été très sensiblement modifiée.

Observons ce phénomène sur le secteur des paiements qui, rappelons-le, représente à ce jour la moitié des initiatives et des projets de Fintech dans le monde, au regard des exigences en capital et des exigences règlementaires.

Le montant de capital nécessaire pour créer un établissement de paiement est devenu très faible. Selon les services de paiement à exécuter, son montant est compris entre 20 k€ et 125 k€.[1]

La réglementation s'appliquant à ces activités de paiement, en premier lieu celle fondamentale de la lutte contre le blanchiment et le financement du terrorisme, relève de textes identiques à ceux s'appliquant à un établissement de crédit.[2] Si quelques spécificités existent, il n'y a pas pour autant d'avantage indu qui aurait été octroyé aux nouveaux entrants par rapport aux acteurs historiques. La nuance fondamentale tient à la distinction suivante. Les nouveaux entrants, acteurs spécialisés, monoactivité, indépendants, sont uniquement confrontés aux

---

1. Pour mémoire, le capital initial minimum pour une banque est de 5 M€.
2. Voir article L. 561-2 du Code monétaire et financier.

contraintes règlementaires et textes applicables à cette seule activité. En revanche, les établissements de crédit, acteurs historiques, universels, organisés en groupe subissent une surcomplexité règlementaire qui naît précisément de la superposition de textes, conséquence de l'accumulation des activités et aussi sans doute d'un effet défavorable de sur-transposition interne des règles.[1]

En synthèse, la véritable barrière à l'entrée pour ces nouveaux entrants n'est donc plus le capital nécessaire pour faire face aux risques générés par ces activités mais les exigences règlementaires. Celles-ci sont d'ailleurs souvent difficiles à appréhender dans leurs modèles opérationnels par des acteurs de la Fintech souvent davantage « Tech » que « Fin ».

Dans exactement la même séquence temporelle, les banques, compte tenu du fait même qu'elles sont banques, c'est-à-dire dépositaires des avoirs de leurs clients, porteurs à leurs bilans des crédits et engagements accordés et gestionnaires des moyens de paiement associés, sont confrontées à des exigences en capital et règlementaires d'autant plus importantes qu'elles sont elles-mêmes de plus en plus globales et internationales.

C'est le « grand écart » de la réglementation actuelle dont les contraintes sur les grands acteurs établis et structurés ne cessent de croître, tandis que s'ouvre un champ d'actions propice aux initiatives de petits acteurs indépendants spécialisés.

Il convient cependant de nuancer ce constat. Le caractère central dans une économie du système de paiement peut faire courir un risque systémique. Plus le poids et la multiplicité des acteurs augmenteront, plus le système s'appuiera sur des acteurs interdépendants les uns des autres, plus les risques de contagion en chaîne d'un événement de risque seront probables. C'est

---

1. De ce point de vue, une approche de simplification s'imposerait.

évident en matière de cybersécurité. Le renforcement des exigences des régulateurs sera donc amené à se poursuivre et sera prégnant sur les nouveaux entrants.

Des conséquences structurelles déterminantes pour l'avenir de l'industrie financière

Au-delà de ses objectifs en propre, la régulation bancaire et financière est devenue un terrain de discussion musclée entre deux conceptions des activités financières, deux modèles d'exécution des services financiers apportés aux clients ; modèle anglo-saxon tourné vers le marché, désintermédié, ou plutôt dont les intermédiaires veilleront à ne pas conserver le risque, modèle européen et tout particulièrement français, appuyé sur une forte intermédiation bancaire, preneuse de risque et dispensatrice de conseil. Le critère couramment cité pour attester de cette différence fondamentale est la part largement prédominante du financement des entreprises fournie par les marchés financiers aux États-Unis sur celle fournie par les banques. En Europe, la situation est inversée. Plus des trois quarts des entreprises et des ménages sont financés par les banques.[1] La France suit cette même proportion de financement des entreprises par le système bancaire, lui-même refinancé par des déposants peu enclins culturellement à la prise de risque. Cette différence offre un angle de lecture des débats pour le moins animés sur les évolutions règlementaires (dites « Bâle IV »), issues du Comité de Bâle et de compréhension des positions respectives des négociateurs.

Dans ce contexte, la commission européenne a, parmi ses objectifs, celui de stimuler l'innovation, de créer des environnements de marché équitables et d'ouvrir à la concurrence un

---

1. Frédéric Oudéa, point de vue publié dans le *Financial Times*, le 29 novembre 2016, en tant que président de la Fédération bancaire européenne (FBE).

certain nombre de produits directement utilisés par les consommateurs européens. Elle avait mené en 2006 et 2007 une série d'enquêtes sur le secteur européen de la banque de détail, et relevé un certain nombre de constats relatifs au fonctionnement des systèmes de paiement et aux produits bancaires de détail. Elle avait notamment mis en évidence des barrières à l'entrée pour les nouveaux entrants. La mise en place de l'espace unique de paiement en euros (SEPA) en est l'une des résultantes. Les réformes règlementaires telles que la directive sur les services de paiements de 2007 et la seconde directive sur les services de paiements de 2015 (DSP 2) en ont appuyé ou complété la mise en œuvre.

En l'occurrence, la transposition de la DSP 2 le 13 janvier 2018 officialise l'entrée formelle dans le paysage financier régulé des agrégateurs et initiateurs de paiement, entités restées jusque-là hors du champ règlementaire mais dont le succès auprès du public est indéniable.

L'irruption de ces nouveaux acteurs, digitaux, spécialisés, industriels a ouvert la réflexion à l'open bank, aux API, à la modularité, à l'assemblage suggérant des modèles de plateformes de services financiers, de « Bank as a Platform » dans lesquelles seront individualisées et spécialisées les fonctions, avec une distinction fondamentale entre la fonction d'interaction avec le client et celle de fourniture de pure infrastructure, et soulevant *in fine* la question centrale de la maîtrise de la relation client.

Dans le domaine de l'assurance, la directive Solvabilité 2 entraîne elle aussi des conséquences structurelles majeures. On pourra citer l'exemple des petites mutuelles françaises. Confrontées aux enjeux de cette réglementation, les petits acteurs doivent faire face à des exigences multiples d'organisation, de gouvernance, de reporting ou de capital. Ces contraintes, seules ou associées à d'autres, les amènent à se questionner sur la nécessité ou non de se regrouper.

Enfin, les prises de position des acteurs bancaires montrent que la recherche de la taille optimale est plus que jamais d'actualité, comme le montre l'exemple récent du futur rapprochement entre BNP Paribas et Commerzbank ou encore les tentatives d'Unicredit pour séduire des banques allemandes.

Les évolutions règlementaires provoquent donc deux mouvements strictement inverses, l'un de concentration, l'autre d'éclatement/assemblage, traduction du paradoxe sur la réglementation montrée plus haut. Ces deux tendances lourdes du marché bancaire européen seront dans les années à venir à mettre en regard de la distinction intermédiation/désintermédiation.

UNE RÉGLEMENTATION AU SERVICE D'UNE TRANSFORMATION GLOBALE DU SECTEUR FINANCIER

Vers un bouleversement du marché et de l'offre facilité par la réglementation

Les autorités de régulation européennes se donnent pour objectif de créer un marché unique, inclusif, efficace et plus concurrentiel, grâce à une transformation de l'offre et un éclatement de la chaîne de valeur. Cette tendance s'est vue confortée par des progrès technologiques dans le recueil et l'exploitation des données, couplés à des expériences utilisateurs bien plus modernes et intuitives que celles proposées jusqu'alors par des acteurs traditionnels, peu enclins spontanément à l'innovation, et souvent empêchés par des architectures techniques complexes et une agilité réduite dans la gestion de projets.

Les nouveaux acteurs qui se sont engouffrés dans la brèche ouverte par le régulateur se sont concentrés principalement sur les services liés aux flux et non aux stocks.[1] Cette logique leur a permis dans un premier temps de proposer des modèles de revenus simples, avec le prélèvement de (pas toujours) faibles commissions sur les flux transitant par leurs plateformes. Dans un second temps, ces acteurs auront à capitaliser sur le nouvel or noir qu'est la donnée. Ils se donnent pour objectif d'avoir l'exclusivité de la relation client à terme, en s'appuyant sur deux points clés :

- des outils spécialisés, évolutifs, simples et agiles, préférables au parcours client souvent complexe des acteurs traditionnels ;

- une connaissance client profonde des habitudes de consommation, et un service proactif fondé sur l'exploitation d'une intelligence artificielle permettant l'émission d'une recommandation juste et pertinente pour le client.

Ces tendances lourdes liées à l'open banking et l'inclusion bancaire restent incontestablement le fruit d'une combinaison entre l'ouverture règlementaire consentie par les pouvoirs politiques et la puissance des outils technologiques.

De nouveau, nous constatons ici que la régulation bancaire et financière joue un rôle qui dépasse son cadre naturel d'organisatrice du marché, et se pose désormais comme une main visible par tous, qui façonne le marché au service d'une concurrence plus exacerbée, avec pour ligne rouge fondamentale la sécurité et les intérêts des clients.

Face à ce bouleversement, la réglementation comme levier d'optimisation et d'harmonisation des modèles opérationnels

La nécessité de mettre en conformité les organisations a contraint les acteurs à consacrer des ressources sur des projets que les

---

1. En référence à la distinction banque de flux (moyens de paiements) et banque de stock (crédits, dépôts).

démarches de priorisation interne avaient (parfois) pu conduire à repousser dans le temps. Les inspections générales et les services d'audit internes, les inspections externes menées par le régulateur – intervenant en contrôle de « dernier ressort » – ont agi comme des outils puissants pour transformer et harmoniser les modèles opérationnels des établissements supervisés. Les questionnements sur les approches transverses par processus, les demandes de vision de bout en bout du parcours d'un dossier client, au sein des systèmes d'information et de son traitement par les différents services opérationnels, ont souvent mis en évidence de lourdes défaillances : approches en silos, étanchéité et archaïsme de certains process ou systèmes, qualité des données jugée souvent médiocre et difficilement exploitable pour le meilleur service du client.

La donnée qui était jusqu'alors un élément parmi d'autres du modèle opérationnel en est dorénavant le cœur. Ses caractéristiques essentielles que sont la disponibilité, l'intégrité, la confidentialité et la traçabilité sont devenues à elles seules des critères à part entière pour évaluer la pertinence et l'efficacité des process internes. Ainsi, d'un enjeu strictement règlementaire est sorti un enjeu d'efficacité opérationnelle. D'un sujet purement technique est né un sujet stratégique. D'un sujet parfois sans propriétaire est né un thème de direction générale.

La qualité de la donnée et du système d'information qui la porte déterminera demain la pertinence du service rendu au client et la satisfaction de son expérience comme utilisateur. Les GAFA[1] et BATX[2], qui préparent leurs premières offensives, sont bien conscients de cette réalité. Leur cœur de métier rejoint le cœur de métier des services financiers, leur expertise sur la donnée est bien plus avancée, leurs outils bien plus agiles. Leurs excédents

---

1. Google, Amazon, Facebook, Apple.
2. Baidu, Alibaba, Tencent, Xiaomi.

de trésorerie disponibles pourront leur donner des reins solides et un souffle suffisamment long pour entrer dans le jeu et ambitionner de remplacer à terme les acteurs actuels. À ces derniers est laissé un seul choix : se transformer ou disparaître !

Là encore, nous pouvons constater le rôle éminemment déterminant et structurel joué par les autorités de régulation ; pousser les acteurs vers une modernisation consentie ou à marche forcée. Peu importe la méthode, les conséquences en termes de stratégie et de positionnement sont déjà visibles, les conséquences humaines en termes d'emploi et de pression sur les coûts commencent à se faire sentir.

Une transformation profonde des structures de gouvernance

Si les initiatives des acteurs financiers sont fortement concernées par les évolutions règlementaires et la nécessité de les prendre en compte le plus en amont possible dans la définition de la stratégie, ces mêmes évolutions règlementaires ont aussi, et en parallèle, fortement influencé le cadre de gouvernance, de pilotage et de prise de décision de ces acteurs. Cette transformation des modèles de gouvernance s'illustre par la mise en place de comités spécialisés ayant des pouvoirs étendus en matière de supervision des risques ou d'audit. La dissociation, au plus haut niveau de l'organisation, entre le rôle d'exécution et celui de contrôle, a été renforcée et a entraîné de longues discussions concernant ses modalités de mise en œuvre au sein des organismes bancaires, entraînant un transfert massif de pouvoirs. Le renforcement continu des fonctions de contrôle interne et de gestion des risques et de leur indépendance par rapport à l'exécutif a été accentué.

Tous ces bouleversements de l'offre, des modèles, de la gouvernance et de la culture ont trouvé, dans le montant de plus en plus exorbitant des amendes infligées à un certain nombre d'acteurs mondiaux, une justification économique qui a fini par convaincre les plus récalcitrants.

Figure 2.1. Les principales amendes enregistrées depuis la crise financière 2008

Banque	Montant (Md$)
Bank of America	16,7
JPMorgan Chase	13,0
Bank of America	11,8
BNP Paribas	8,9
Bank of America	8,5
Deutsche Bank	7,2
Wells Fargo	5,4
Credit Suisse	5,3
JPMorgan Chase	5,3

Source : Juniper Research

UNE RÉGLEMENTATION COMME FACTEUR D'EFFICACITÉ GRÂCE AUX NOUVELLES TECHNOLOGIES

Des coûts conséquents pour des projets de mise en conformité consommateurs de temps et de ressources

L'accélération des réformes depuis 2008 a amené les banques à renforcer considérablement les moyens humains et matériels destinés aux fonctions de gestion des risques et de la conformité. Le coût engendré par l'avalanche de textes règlementaires est estimé aujourd'hui à 4 % du PNB des acteurs bancaires (20 % des coûts *run the bank* et 40 % du budget projets), et pourrait considérablement augmenter jusqu'à 10 % en 2022 (à titre d'exemples, JP Morgan a recruté 13 000 salariés pour son vaste plan de conformité, DB investit chaque année près de 2 milliards d'euros dans des projets liés à la réglementation…).

Au-delà de l'aspect purement opérationnel des coûts de projets et des investissements engagés pour appliquer les nouvelles réglementations, l'effet sur le ROE reste le plus important. L'attractivité du secteur financier dans sa globalité est devenue un enjeu majeur pour les dirigeants des banques mondiales. Les ROEs enregistrés ne cessent de baisser et peinent à retrouver leur niveau de 2007 avant la crise. Le secteur bancaire mondial, en particulier européen, se retrouve face à des exigences plus fortes en termes de capitaux propres, difficiles à sécuriser dans un environnement où d'autres secteurs de l'économie apparaissent plus profitables et plus dynamiques, raréfiant ainsi l'appétit des investisseurs à injecter de nouveaux capitaux dans une industrie financière lourdement régulée, moins profitable désormais et largement concurrencée par les nouveaux entrants. Le coût des fonds propres (*Cost of Equity* – COE) qui traduit le rendement exigé par les investisseurs sur les marchés financiers continue de se situer au-dessus du ROE.

Figure 2.2. Évolution comparée du coût des fonds propres (Cost of Equity – COE) et de la rentabilité des fonds propres (Return on Equity – ROE)

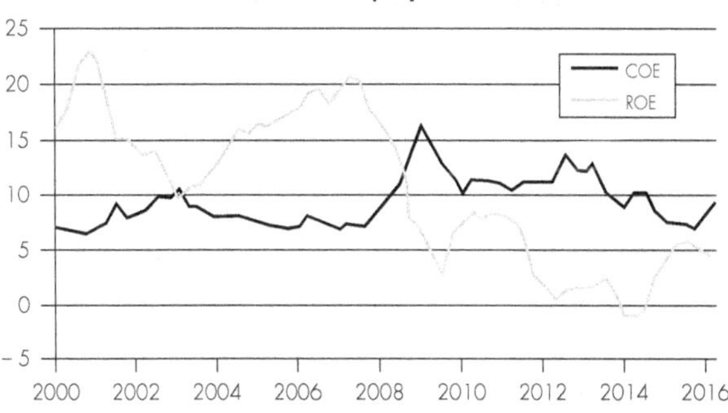

Source : Autorité bancaire européenne/European Banking Authority (EBA)

En France, les banques françaises se retrouvent dans une situation bien plus difficile que leurs pairs européens.

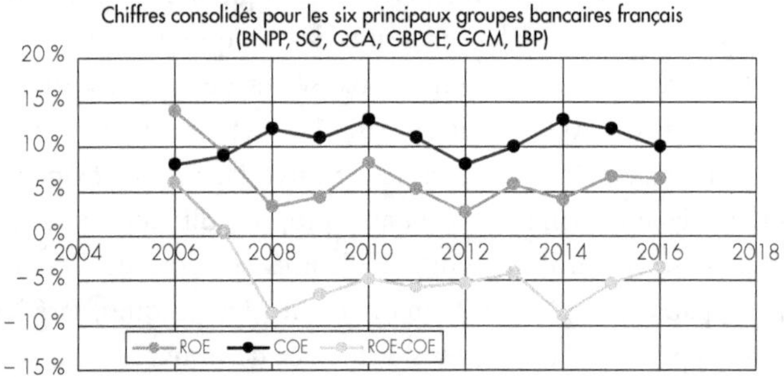

**Figure 2.3. Évolution comparée du coût
et de la rentabilité des fonds propres
pour les six principaux groupes bancaires français**

Source : Rapport annuel 2016 du Haut Conseil de stabilité financière (HCSF)

L'émergence incontournable des Regtech mettant la technologie au service de la simplification de la complexité règlementaire

Face à la double complexité à laquelle font face les acteurs traditionnels (complexité des systèmes d'information et complexité règlementaire) et aux coûts d'investissement et de fonctionnement du traitement de la conformité, de nouveaux acteurs ont émergé pour proposer des outils innovants, plus légers et infiniment plus agiles et modulables pour répondre plus efficacement aux exigences règlementaires.

Ces nouveaux acteurs, appelés communément « Regtech » (pour « Regulation » et « Technology »), s'appuient sur un réel avantage compétitif lié à leur capacité d'analyse des données de façon très sophistiquée – grâce à l'intelligence artificielle (IA), dont notamment le *machine learning* (ML) – mais également de les agréger et de les gérer de façon plus efficace – grâce à la blockchain, aux plateformes utilitaires partagées, aux services basés sur le cloud, à la cryptographie…

Ces nouveaux acteurs proposent d'accompagner les acteurs traditionnels dans la modélisation, l'analyse de scénarios et prévisions, la consolidation de données risques et reporting, la surveillance des transactions, le contrôle KYC ou encore la veille règlementaire intelligente.

Le nombre de Regtech opérant en Europe a doublé courant 2016 pour atteindre plus de cent entreprises opérant dans trois grands domaines :

- Compliance as a Service : face à la complexité règlementaire croissante, et parfois hétérogène, pour des acteurs mondiaux présents dans des dizaines de pays, la veille règlementaire est une obligation coûteuse. Les derniers progrès enregistrés dans le Natural Language Processing (NLP) peuvent aider les banques dans l'identification de nouvelles lois et réglementations et l'interprétation de leurs implications. Certaines Regtech, dont le leader français Fortia dans le secteur des fonds, mettent à disposition des acteurs financiers des solutions logicielles permettant d'industrialiser le contrôle de conformité des processus métier et de générer des alertes automatiques ;

- Market Abuse : le machine learning permet d'identifier et de catégoriser les profils des opérateurs de marché d'une banque sur la base d'une analyse comportementale s'appuyant sur l'historique des transactions réalisées par ces derniers. Il devient ainsi aisé de détecter les comportements déviants ou inhabituels portant sur des transactions suspectes, pouvant engendrer des risques démesurés pour la banque. Ces outils permettent ainsi de se conformer au règlement Market Abuse, sans déployer des procédures longues et souvent peu efficaces pour prévenir à temps les comportements inadaptés ;

- Know your Customer : il s'agit là d'une réglementation excessivement coûteuse pour les banques, déployée en autant de dispositifs internes différents qu'il existe d'entités, et ce pourtant à partir d'une même base règlementaire, et qui a été largement renforcée pour faire face aux risques liés au financement du terrorisme. Les Regtech proposent des solutions clés en main pour mieux évaluer les clients, en croisant instantanément les données recueillies avec celles publiques, tout en réduisant considérablement les coûts associés à l'enrôlement des nouveaux clients et la surveillance permanente.

Des Regtech qui réduisent sensiblement le coût de la conformité

La simplification règlementaire apportée par les Regtech s'accompagne également d'un avantage économique. La nature des technologies disponibles permet une amélioration substantielle de leur capacité d'analyse et de leur vitesse de calcul. Elle permet à ces nouveaux acteurs de réduire très sensiblement les durées et coûts de traitement. Les processus actuels de contrôle, souvent par sondage, à forte composante manuelle, pourraient être remplacés par des machines et des algorithmes fonctionnant en permanence.

Le KYC serait dans les prochaines années le domaine le plus concerné avec une réduction massive des temps de traitement allant jusqu'à 90 %. Les investissements des différents acteurs financiers dans les Regtech devraient atteindre 76 milliards de dollars en 2022.[1]

------

1. Juniper research.

À une dernière décennie caractérisée par de très forts recrutements dans les fonctions de conformité vont donc succéder des années d'investissements lourds dans les technologies de l'information. Selon une étude récente[1], sur 2017-2022, ces dépenses augmenteront considérablement, passant de 5 % à 34 % des dépenses règlementaires.

Les conséquences attendues sont majeures, en temps et surtout en ressources humaines (50 % de réduction attendue en 2022 par rapport aux niveaux de 2017).

Le coût social d'une telle révolution doit impérativement être pris en compte par les acteurs du secteur financier, notamment français. Le domaine porteur de création d'emplois qu'était la conformité règlementaire ne le sera plus dans les années à venir en volume. Il le sera en qualité. La transformation des métiers liés à la réglementation se renforce et s'accélère. Les enjeux humains et de formation sont considérables.

Conclusion

Face au renforcement sans précédent de la réglementation du secteur des services financiers depuis 2008, et aux évolutions technologiques majeures récentes, les acteurs de l'industrie financière sont confrontés aux plus profondes mutations du marché et de l'environnement qu'ils ont connues.

La réglementation et la technologie deviennent désormais des alliés objectifs, agissant de concert pour transformer les offres et les modèles, pour des services clients plus pertinents et un parcours utilisateur intuitif et fluide. La logique d'agrégation ou d'assemblage des services, plus efficace, pourrait s'imposer face au modèle qui prévaut jusque-là.

---

1. Juniper research.

Un glissement progressif s'effectue d'une vision « *regulation as a constraint* » vers une logique bien plus imbriquée entre la stratégie et la réglementation.

Le niveau des taux d'intérêt reste défavorable, la pression sur les marges est permanente, la concurrence est de plus en plus rude. L'intégration des innovations est la seule issue pour les acteurs existants, notamment européens, pour préparer le monde des services financiers du futur et contrer les géants américains et asiatiques de l'Internet toujours à l'affut.

Les acteurs financiers devront inéluctablement appréhender l'intégration des nouvelles technologies dans leurs systèmes d'information existants pour faire évoluer leurs offres (partenariats Fintech) et répondre aux exigences règlementaires à moindres coûts (partenariats Regtech).

Ainsi, par la destruction ordonnée de la valeur naîtront de nouvelles opportunités, et par la disparition ou la transformation des uns naîtront d'autres acteurs plus performants et plus innovants.

Chapitre 3

Le big bang des réseaux peer to peer au service de l'économie

Vincent Ricordeau

En vingt ans à peine, pour le meilleur et pour le pire, Internet a changé nos vies.

Je ne fais pas partie des web-centriques honnis par Eugène Morozov, je ne pense pas que le Web résoudra tous les malheurs du monde. En revanche, le Web génère une réalité que l'on ne peut plus contredire : il permet de connecter les individus les uns aux autres presque simultanément en faisant fi du temps et de l'espace.

Aujourd'hui, sur le Web, un enfant à Madagascar peut potentiellement suivre de chez lui, en direct ou différé, les cours d'économie de l'université de Stanford aux États-Unis, un artiste peut se forger une communauté de millions de fans en quelques jours, un problème scientifique peut être résolu grâce à la participation spontanée de milliers d'individus, une entreprise peut désormais solliciter et rémunérer directement le grand public pour financer son propre développement.

Cette économie du peer to peer a été nommée, à tort selon moi, « *sharing economy* » ou « économie collaborative ». Certes, les connexions directes d'individus à individus permettent de générer d'innombrables échanges de biens et services, gratuits ou non, mais c'est surtout l'apparition des plateformes ou places de marché sur Internet organisant ces échanges qui incarnent fondamentalement pour l'instant cette nouvelle économie : qui ne connaît pas aujourd'hui Blablacar, Airbnb ou KissKissBankBank ?

Ces plateformes sont toutes des entreprises continentales ou mondiales qui, pour les plus connues d'entre elles, sont aujourd'hui valorisées de plusieurs dizaines ou centaines de millions de dollars. Le mot « collaboratif » est donc trompeur car il laisserait supposer que l'argent a été éradiqué. Nous savons tous que c'est faux. L'expression « économie du partage » ne fonctionne pas mieux. D'abord, elle induit que les échanges entre individus seraient toujours ou souvent gratuits, ce qui est faux à 95 %. Et ensuite, elle laisse entendre que les plateformes elles-mêmes seraient à buts non lucratifs, ce qui est également faux à 95 %.

Nous sommes donc ici face à un vrai problème de sémantique qui fausse la vision que nous avons de cette économie du peer to peer.

En effet, la réalité montre que cette économie nouvelle provoque un changement radical d'organisation par la multiplication de ses réseaux. Simultanément, elle exprime une réelle volonté de reprendre en partie le pouvoir sur nos destinés en contournant les acteurs économiques traditionnels pyramidaux, et en les remplaçant par la vitesse des échanges directs entre individus. La vraie bonne nouvelle est que ces échanges favorisent souvent l'empathie, la responsabilisation et l'intelligence collective.

La marque indélébile du peer to peer dans l'économie

Début 2000, c'est l'industrie du disque qui a servi de premier souffre-douleur à l'économie du peer to peer. L'apparition du format MP3 a permis à toute une génération de s'échanger gratuitement toute la musique du monde grâce à l'ordinateur.

Les professionnels de la musique ont d'abord regardé ce phénomène avec beaucoup de condescendance puis ont fini par hurler au piratage et à l'hérésie. Mais il était déjà trop tard. Faute d'offre payante et légale de téléchargement ou d'abonnement digne de ce nom, le public s'est mis à partager la musique gratuitement sur Internet en boudant les traditionnels CD.

Mais, petit à petit, grâce aux nouveaux revenus digitaux du téléchargement et du streaming, l'industrie musicale a fini par retomber sur ses pieds. Cette crise profonde a malheureusement éliminé beaucoup trop de petits labels indépendants et de disquaires, mais à coup de concentrations, les majors de l'industrie ont finalement plutôt bien résisté.

Mes filles de 7 et 13 ans ont une culture musicale dix ou vingt fois supérieure à la mienne au même âge. Napster, puis Youtube, Soundcloud, Itunes, Deezer et Spotify sont passés par là en fournissant un flux continu et bigarré de la création musicale mondiale audio et vidéo. Certes, les contrats imposés aux artistes par leurs maisons de disques sur leurs revenus digitaux sont indigents. Mais on peut espérer que cela changera progressivement et que ces nouveaux moyens de promotion ou de communication augmenteront leur notoriété et les aideront à se produire en concert, pour leur plus grand bonheur et le nôtre.

Peut-on dire, avec quinze ans de recul, que le Web et le peer to peer ont ruiné le monde de la musique ? Non. Les nouveaux usages ont obligé les professionnels du secteur à revoir leur copie, à s'adapter. Les nouveaux entrants ont disrupté leur secteur d'activité avec leurs nouvelles technologies, les meilleurs ont trouvé leur place en se basant sur la force d'un nouveau paradigme : le peer to peer.

Certaines industries traditionnelles peinent toujours à enrayer la puissance du phénomène peer to peer. Les médias classiques souffrent de plus en plus. Après des décennies de croissance forte, les ventes de la presse papier plongent fortement, tout comme les audiences de la télévision. La radio résiste mieux pour l'instant.

En effet, les contenus journalistiques circulent gratuitement à vitesse grand V sur la toile en s'appuyant sur les réseaux sociaux. Certains médias comme le *New York Times* aux États-Unis ont très bien réussi leur transition digitale, tout comme *Les Échos* en France, mais pour combien de titres disparus ou moribonds ! Pourtant, je reste optimiste pour les professionnels des médias. À l'instar de l'industrie du disque, les modèles changent, de nouveaux acteurs s'installent, mais nous continuerons à consommer de l'information et des contenus.

Même si Uber défraie la chronique en devenant le symbole de la lutte entre les acteurs traditionnels et les acteurs digitaux de l'économie, le secteur de l'automobile et des transports anticipe intelligemment l'effet du peer to peer en pariant sur les nouveaux modes de mobilité. Tous les constructeurs automobiles animent des groupes de réflexion avec les collectivités territoriales et leurs clients pour anticiper et les accompagner dans les changements d'usage de leurs véhicules. Les grands transporteurs ne sont pas en reste : dernièrement, SNCF a pris 51 % du capital de Le Cab (plateforme française de VTC). Ou en s'adaptant : la société de taxis G7 en France a fait des progrès considérables dans la qualité de ses services depuis l'arrivée des VTC en France, notamment en développant des applications mobiles efficaces.

L'hôtellerie a également vite réagi. Des centaines d'appart'hôtels voient le jour dans le monde entier avec des prestations équivalentes à celles de Airbnb. Résultat : des centaines de milliers de jeunes gens qui voyageaient peu se déplacent désormais aux quatre coins du globe grâce aux plateformes de peer to peer. Certes, les hôteliers défendent leur précarré, et on peut le comprendre. Le jeu de la concurrence fait son ouvrage au grand bénéfice du grand public. Là encore, globalement, le peer to peer a eu un effet positif sur le secteur du tourisme au sens large.

Malgré le conservatisme ambiant et de nombreuses réticences, notre monde se digitalise rapidement. Tous les secteurs de l'économie s'adaptent avec plus ou moins de difficultés. Les réseaux peer to peer occupent désormais une place prépondérante dans cette mutation. Leurs opposants ou contradicteurs diront que ces réseaux ou plateformes bafouent les réglementations existantes et les règles établies de la concurrence et qu'ils créent de l'emploi précaire. Tout ça est vrai, au moins en partie, mais le coup de boutoir que ces réseaux peer to peer impose à l'économie obligera cette dernière à muter pour s'adapter à ces nouveaux usages très largement plébiscités par le grand public, notamment par les jeunes générations.

Et la finance alors ? Quid de l'effet du peer to peer ?

Bill Gates a sa propre formule qui résume à elle seule les possibles difficultés à venir de la banque traditionnelle : « *We need banking, not banks* ».

La crise financière de 2008 a profondément marqué les esprits. La crise de confiance de la population envers les banques est réelle. Pourtant, malgré les appels d'Eric Cantona, personne n'a retiré son argent des banques. Pourquoi ? Tout simplement parce que nous attendons des banques qu'elles remplissent pour nous deux missions :

- garder notre argent bien au chaud et en sécurité ;

- nous prêter de l'argent pour financer nos projets.

Ces deux missions sont pour nous déconnectées de l'activité des banques sur les marchés financiers. Résultat, notre désamour pour ces banques est réel, mais tant que nous n'aurons aucune autre proposition fiable pour répondre à ces deux besoins fondamentaux, nous laisserons notre argent dans ces mêmes banques.

Lorsque nous avons lancé KissKissBankBank en 2009, personne ne croyait une seule seconde en nos chances de fabriquer un modèle de financement pérenne. Le crowdfunding était considéré comme une utopie. Quelques années plus tard, le marché mondial du crowdfunding dépassait déjà les 100 milliards de dollars et atteindra les 1 000 milliards de dollars en 2020.

Mais quelle mouche a donc piqué le grand public en règle générale plutôt prudent avec son argent ? Comment expliquer qu'en France, plus de 3 millions de Français donnent, prêtent ou investissent sur des projets sélectionnés par des plateformes comme KissKissBankBank, Ulule, Anaxago, hellomerci, Lendopolis, Unilend ou Lendix ?

Les médias ont d'entrée de jeu opposé les acteurs du financement participatif à la finance traditionnelle. Notre objectif a toujours été de disrupter la finance pour mieux flécher l'argent des particuliers vers l'économie réelle. Et ainsi détourner une partie de l'argent allant vers des marchés financiers mécaniquement très peu portés vers les créateurs et les petites entreprises. Mais depuis sa création, le crowdfunding a-t-il bouleversé les équilibres du marché de la finance traditionnelle ?

Les internautes se sont entichés petit à petit des plateformes de crowdfunding parce qu'elles répondent d'abord à l'une de nos frustrations : la difficulté de libérer notre propre créativité.

Les plateformes de crowdfunding permettent à n'importe quel créateur amateur ou professionnel d'accoucher de son projet. En quelques minutes, vous créez votre page projet qui devient le média *online* de celui-ci. Vous pouvez toucher en quelques minutes votre communauté et le grand public qui jugeront si votre projet mérite d'être financé ou non. Fini les refus intempestifs des guichets habituels : producteur, éditeur ou banquier. Alors évidemment, la rumeur a grossi petit à petit. Tous les créateurs et entrepreneurs en tous genres se sont dit : « Et pourquoi pas moi ? ».

Côté contributeurs, recevoir sur ses réseaux sociaux des projets plus ou moins matures à financer, ça peut paraître risqué, mais en même temps tellement enthousiasmant. Pour 20 ou 50 euros, on peut donner naissance au projet d'un proche ou d'un inconnu. Depuis fin 2014 et la fin du monopole bancaire, on peut investir en direct dans des projets d'entreprises. Un jour philanthrope, un jour micro-investisseur, quel que soit mon budget, je peux enfin participer à l'économie réelle. Progressivement, des millions de contributeurs ont envahi les plateformes de crowdfunding.

Dans ce cas précis, le peer to peer a une vertu sensationnelle : en accélérant la possibilité de créer des projets ensemble, le peer to peer a réveillé l'intelligence collective. Bien sûr, il y a déjà et il y aura encore des déconvenues : projets stoppés, contreparties non délivrées, entreprises en faillite et donc pertes sèches chez nos contributeurs. Mais tant que chaque individu est responsable de son budget à flécher vers l'économie réelle, alors les risques sont limités individuellement et surtout inexistants collectivement. Ces investissements directs, d'individus à projets, annihilent complètement le risque de contagion systémique au reste de l'économie en contournant les instruments financiers complexes (titrisations).

Rien que pour ça, les inventeurs du crowdfunding auraient dû recevoir collectivement le prix Nobel d'économie !

Concrètement parlant, quels types de projets proposent les plateformes de crowdfunding ?

En premier lieu, tous les projets culturels portés par des individus ou des associations : albums ou concerts de musique, films de cinéma en format court ou long, livres ou BD, spectacles vivants, notamment beaucoup de pièces de théâtre, jeux de plateaux ou jeux vidéos. On y trouve aussi des projets artistiques de tous les milieux : arts plastiques, mode, design. Les geeks et leurs projets technologiques, notamment des objets connectés, fréquentent également beaucoup les sites de crowdfunding. Depuis peu, mais en croissance forte, on y voit aussi des projets écologiques : des jardins urbains, des projets agricoles bio, des projets anti-gaspillage, des fermes vivant de la permaculture. Les projets humanitaires sont légions également. De la créativité pur jus, engendrant des millions de projets. Voilà ce qu'a créé le crowdfunding.

Depuis que la réglementation de novembre 2014 permet aux plateformes de financement participatif de solliciter le public pour investir directement dans les entreprises françaises, les artisans et les commerçants utilisent beaucoup le crowdfunding pour financer leur développement, très souvent en complément d'opérations bancaires plus classiques. Petit à petit, les TPE ou PME, les franchisés et franchiseurs, les sociétés de services, les promoteurs de programmes d'énergies renouvelables ainsi que les promoteurs immobiliers sollicitent directement le grand public pour financer leurs projets grâce au crowdfunding.

Vous l'avez compris, aujourd'hui, les contributeurs visitant ces plateformes de crowdfunding sont parfois des donateurs et parfois des investisseurs. Parfois les deux. On peut être philanthrope un jour et micro-investisseur un autre. Reprendre le pouvoir sur son argent pour en consacrer une partie à l'économie réelle est devenu une réalité. Choisir soi-même les créateurs ou les entrepreneurs que l'on souhaite voir naître ou progresser est très enthousiasmant.

Comment la finance traditionnelle réagit-elle face à ce mouvement naissant mais puissant ?

La microfinance, dans les années 1990, a très vite été rattrapée par la finance traditionnelle avec les succès et les échecs que nous connaissons. Globalement, la microfinance continue son ouvrage dans les pays les plus pauvres mais, selon moi, les rendements des fonds bancaires dédiés à cette activité sont souvent indécents. De surcroît, après avoir financé pendant des années des projets entrepreneuriaux, les instituts de microfinance poussent aujourd'hui énormément vers l'acquisition de biens de consommation qui participent grandement au surendettement des populations les plus pauvres. Mais il nous faut accepter également que ces instituts ont généralisé une microfinance qui serait sûrement restée confidentielle sans eux.

Alors, peut-on dire que la finance s'est humanisée grâce à la microfinance, ou la microfinance a-t-elle créé, malgré elle, un tout nouveau marché des pauvres donné en pâture aux banques ? Chacun devra se faire son avis.

La première banque au monde à s'être vraiment concrètement intéressée au crowdfunding est… la Banque Postale, en France, qui a lancé un partenariat avec KissKissBankBank dès 2010. La Banque Postale cofinance, depuis cette date, un projet par mois sur KissKissBankBank, validé par sa propre communauté aux côtés des Kissbankers. Nous venons d'éditer ensemble un livre aux Éditions La Martinière, *Génération Citoyenne*, qui raconte les histoires de cette centaine de projets. Nous avons également créé ensemble la première Coupe de France des projets d'entrepreneurs sociaux dans les douze plus grandes villes françaises. Chaque année, douze projets citoyens (un par ville) participent à une grande finale sous la forme d'une *battle* de projets en live où les gagnants sont incubés par le réseau Make Sense afin de devenir de véritables entreprises. Les projets sont cofinancés par la Banque Postale et par nos Kissbankers sur KissKissBankBank. Dans la foulée de ce partenariat entre KissKissBankBank et La Banque Postale, quelques autres se sont noués un peu partout dans le monde entre les plateformes de crowdfunding et les banques.

Mais depuis quelques années, le segment du crowdfunding le plus attractif pour les banques est le segment du prêt aux particuliers ou aux entreprises sur lequel elles se sont positionnées en créant des fonds de titrisation qui investissent aux côtés des particuliers. On observe d'ailleurs un phénomène de surprésence des banques qui, petit à petit, remplacent les particuliers sur ces mêmes plateformes. À un tel point d'ailleurs que ces plateformes se baptisent elles-mêmes aujourd'hui « *alternative lending platform* » ou « *lending marketplace* » plutôt que « *crowdlending platform* », évitant ainsi d'être pointées du doigt par le grand public qui s'y perd quelque peu.

Cela dit, tant mieux si les banques et leurs fonds d'investissements pointent leurs efforts vers l'économie réelle et notamment vers les petites et moyennes entreprises. En créant une nouvelle classe d'actifs pour ces fonds bancaires, ces nouvelles « *lending marketplaces* » comme Lendix en France amènent un souffle nouveau dans le financement des entreprises. Les particuliers y ont un rôle secondaire, mais cette stratégie d'hybridation entre fonds de titrisation et grand public est très efficace.

Chez KissKissBankBank, nous avons également lancé une plateforme de prêts aux entreprises en 2014, Lendopolis, qui fait aujourd'hui partie des leaders, mais très loin derrière Lendix car nous n'acceptons pour l'instant que des particuliers comme contributeurs, ce qui limite évidemment grandement nos capacités de financement. Nous réfléchissons à un modèle plus hybride où les fonds bancaires ou privés viendraient en complément des particuliers, et non l'inverse ! Eh oui, chez nous, c'est le toujours le mot « crowd » qui nous intéresse avant le mot « funding » !

Les banques ont progressivement compris l'intérêt des ces réseaux peer to peer. À l'heure de leur digitalisation, les communautés que drainent ces réseaux sont cruciales pour leur développement. Inversement, leur force de distribution et leur puissance financière sont des alliées précieuses pour promouvoir cette finance nouvelle qu'incarne le crowdfunding. Résultat, nous assistons aux premiers rapprochements capitalistiques entre les banques et les acteurs du crowdfunding : en France, Leetchi est passé sous pavillon Crédit Mutuel en 2016 ; Ulule a fait entrer la BNP et la Maif à son capital en 2017 ; et nous avons marié la Banque Postale à KissKissBankBank en juillet 2017. Notre objectif est de construire avec eux la banque digitale de demain, basée sur les réseaux peer to peer et sur les communautés qui réclament la naissance de banques plus participatives, plus citoyennes, plus humaines.

CONCLUSION

Pendant cette décennie où les réseaux peer to peer se sont développés, les fans de la première heure de l'économie dite collaborative ont souvent été déçus. Entre couchsurfing.com au début des années 2000 qui permettait de prêter gratuitement son canapé à un voyageur presque anonyme, et l'ubérisation de l'économie qui consacre la valeur financière gigantesque des Airbnb ou Blablacar, quinze ans d'économie ultra-libérale sont passés par là. Ces plateformes ont bénéficié d'investissements de milliards de dollars de la part des capitaux risqueurs afin d'imposer leur modèle de désintermédiation, ré-intermédié par eux mêmes, aux quatre coins du monde. Ces plateformes, bien loin des fondamentaux positifs identifiés par les fans de l'économie collaborative de la première heure, trimballent leurs lots de défauts, c'est vrai, mais elles ont eu aussi le mérite de créer un électrochoc dans l'économie traditionnelle et de permettre aux individus de penser l'économie différemment. Chacun aujourd'hui peut, s'il le souhaite, devenir un agent économique en monétisant son temps et ses biens. Certains diront que c'est de l'ultra-libéralisme poussé à son paroxysme.

Je peux comprendre cette vision. En ce qui me concerne, j'y vois d'abord et surtout les prémices d'un changement rapide et radical des modes d'organisation de nos sociétés.

Les deux premières révolutions industrielles ont engendré des systèmes pyramidaux qui sclérosent la créativité individuelle et collective. Elles conditionnent également nos modèles d'éducation qui favorisent l'éclosion de centaines de milliers de cols blancs au profit de mégastructures rodées principalement pour grossir indéfiniment et générer des dividendes éternels pour leurs actionnaires.

Je vois donc dans cette économie du peer to peer une façon de s'émanciper individuellement et de pouvoir créer son propre environnement économique en toute indépendance. Nous devons impérativement adapter notre code du travail à ce changement radical. Sous la pression des réseaux peer to peer, les déséquilibres et les inégalités croissantes que génère notre économie capitaliste pourraient petit à petit se résorber.

La finance, en intégrant cette logique décentralisée incarnée par le crowdfunding et certaines Fintech, plus collaborative et mieux dirigée vers l'économie réelle, pourrait changer le cours de sa propre histoire. Nous réclamons une finance forte au service de l'économie et en aucun cas une économie au service de la finance.

Le peer to peer est l'un des vecteurs essentiels pour transformer notre relation à l'économie. L'intelligence collective débridée est une formidable machine à créer de l'optimisme. Et l'optimisme est le remède idéal pour nous sortir de la morosité ambiante et projeter les nouvelles générations vers un nouveau paradigme.

Chapitre 4

La banque au risque de l'ubérisation

Philippe Herlin

En France et dans le monde, les banques annoncent des bénéfices confortables, pour beaucoup jamais atteints depuis la crise de 2008. Pourtant, plusieurs multinationales et une multitude de Fintech viennent les concurrencer sur leurs métiers, serait-ce là quantité négligeable ?

Les métiers bancaires constituent en effet un nouvel eldorado du fait, signalons-le, de la volonté de l'Union européenne de promouvoir la concurrence dans ce secteur comme dans d'autres. Ce n'est certes pas de la part des banques ou du ministère de l'Économie qu'il fallait attendre pareille ouverture : les métiers bancaires ont longtemps été considérés comme stratégiques, un peu à part, distincts du reste de l'économie. Ce temps est désormais révolu.

Les banques ont longtemps bénéficié d'une réglementation spécifique qui constituait une sérieuse barrière à l'entrée. Cette particularité pouvait se comprendre, la préservation de l'épargne de la population mérite des règles rigoureuses et sévères. Mais avec la crise de 2008, de nombreuses banques ont dû faire appel à l'État pour éviter la faillite et il devient désormais difficile de prétexter des risques pesant sur les épargnants pour bloquer l'entrée de nouveaux acteurs. Dans le même temps, la généralisation du smartphone et l'envahissement de nos vies par le numérique ne pouvaient laisser de côté des opérations parmi les plus usuelles comme le paiement ou la consultation des comptes. Longtemps figé, le paysage bancaire voit affluer les nouveaux venus.

Quels sont justement ces nouveaux acteurs ?

Commençons par le plus ancien, PayPal, né au siècle dernier, en 1998. Ce système de paiement sur Internet a longtemps été le seul concurrent des banques. Il garde encore une position hégémonique pour les internautes qui ne veulent pas, à chaque achat, transmettre leur numéro de carte bancaire. Mais tout le défi de l'entreprise américaine consiste désormais à passer de l'écran d'ordinateur à celui du smartphone, de l'achat sur des sites à celui chez les commerçants.

La naissance du service Apple Pay le 9 septembre 2014, à l'occasion du lancement de l'iPhone 6, est à marquer d'une pierre blanche : un acteur central du numérique, l'une des marques les plus connues au monde, se lance dans le paiement, en collaboration avec les banques, sans volonté affichée de les ubériser, pour l'instant. Il s'agit pour la marque californienne d'initier et d'accompagner l'utilisation du portable comme moyen de paiement avant, lorsque l'usage sera généralisé, de négocier en position de force.

Au-delà d'Apple, les « GAFA » s'intéressent au paiement et au transfert d'argent : aux États-Unis pour l'instant, Google a créé un service comparable à PayPal avec Google Wallet, et Facebook Messenger permet d'envoyer de l'argent à ses amis, tandis qu'Amazon, lui, a créé en 2013 sa monnaie privée (Amazon Coin) pour un montant de 3 milliards de dollars et a lancé un lecteur de carte bancaire pour les commerçants. Rajoutons le géant chinois Alibaba (une place de marché comparable à eBay) qui a lancé Alipay (équivalent de PayPal) et qui revendique 800 millions de clients. On trouve le logo Alipay dans de nombreux magasins de luxe parisiens, preuve d'une volonté d'internationalisation.

Certains grands opérateurs télécoms ont devancé les GAFA, mais sous d'autres latitudes : en Afrique. En effet, si le taux de bancarisation se monte seulement à 20-30 %, en revanche, tout le monde possède un téléphone portable, et cela n'a pas échappé à Orange (en Afrique de l'Ouest) et à Vodaphone (en Afrique de l'Est) qui ont développé des services bancaires complets fonctionnant sur mobile, Orange Money et M-Pesa. Ces sociétés mettent à profit cette expérience et commencent à s'implanter en Europe (Orange Bank en France).

Les grands distributeurs ne veulent pas se contenter de voir les trains passer, ils savent ce que leur coûtent les cartes bancaires (2 à 3 % de leur chiffre d'affaires) et trouvent cela, à raison, excessif. Aux États-Unis, Walmart a lancé avec d'autres chaînes le système de paiement CurrentC avant de l'abandonner en 2016, mais un autre projet serait en préparation. En France, Carrefour a lancé C-zam en 2017 (une carte et un compte courant à un euro par mois).

Enfin, une multitude de Fintech investissent l'ensemble des métiers de la banque, du virement entre particuliers et du paiement (Lydia), la gestion de portefeuille avec les « *robo-advisor* », des robots conseillers (Advize, Yomoni), le financement de projets et d'entreprises (crowdfunding, crowdlending), les services B2B (gestion de devises, affacturage, etc.). Les Fintech les plus ambitieuses lancent des banques indépendantes *ex nihilo* comme l'allemand N26, ou comme aurait pu le faire Compte Nickel s'il n'avait été racheté par BNP Paribas.

Une nouvelle technologie transversale intéresse de plus en plus l'ensemble de ces acteurs, grands comme petits, il s'agit bien sûr du bitcoin et de la blockchain. La monnaie bitcoin captive par ses caractéristiques propres (indépendante du circuit bancaire, commissions minimales, nombre limité à 21 millions), mais peut-être plus encore par son mode de fonctionnement : en peer to peer, en réseau décentralisé, la base de données de l'ensemble des transactions étant publique, actualisée en temps réel et partagée par les ordinateurs du réseau. Cette base de données, la « blockchain », permet à son tour d'implémenter tous les types de services financiers : il devient possible, par exemple, d'identifier de façon incontestable le capital d'une entreprise, les apports, les dividendes et les ventes de parts, et ainsi de construire une bourse des valeurs. Il est également possible de verser des cotisations sur un compte qui déclenchera un paiement si tel événement se produit, et donc de faire de l'assurance. On peut aussi faire du crowdfunding, du paiement différé ou conditionnel, etc. La blockchain, c'est « l'Internet de l'argent », les potentialités sont immenses. D'autres monnaies numériques émergent comme l'« ethereum », dont la blockchain s'avère plus facile à programmer que celle du bitcoin. Des monnaies privées basées sur la blockchain (les « tokens ») apparaissent et permettent à des sociétés de lever de l'argent. On passe de l'IPO (*Initial Public Offering*) à l'ICO (*Initial Coin Offering*)…

Dans ce paysage foisonnant et plutôt embouteillé, on peut déceler comment l'attaque principale, si l'on peut dire, ou le plan stratégique, se met en place. Pour la plupart, les nouveaux acteurs commencent par les virements entre particuliers (PayPal, Orange Money en Afrique, Facebook Messenger aux États-Unis, Alipay, Lydia), pour ensuite évoluer vers le paiement. Ou, plus rare, ils commencent par le paiement pour proposer ensuite les virements entre particuliers (Apple Pay vient de lancer cette possibilité aux États-Unis). Quoi qu'il en soit, l'objectif consiste à relier un usage (paiement) et une communauté (virement entre particuliers), de façon à développer et à fidéliser une base de clientèle. On le voit, le paiement constitue le point d'entrée principal pour attaquer les banques, parce qu'il s'agit là d'une pratique quotidienne qui permet ensuite de fidéliser le client et de lui proposer d'autres services. Avec le temps, les paiements basculeront vers le smartphone, le rapport de force aussi, au détriment des banques.

L'étape suivante est le compte courant (PayPal, Orange Money…). L'opérateur commence à devenir une banque, au sens où il garde l'argent de ses clients. Il s'agit d'un jalon important, négligé par les observateurs mais déterminant. Il faut dire que ces sociétés n'en font pas la promotion, comme si elles ne voulaient pas inquiéter les banques ou les régulateurs.

Enfin, on passe aux services bancaires classiques : placements, crédit, assurances… Le nouvel acteur est devenu une banque classique (Orange Money en Afrique, peut-être demain Apple, Facebook…). D'autres arrivent directement à cette étape (Orange Bank en France, N26).

Ne reste plus pour les banques que le crédit immobilier, qui permet de « tenir » les clients. Cette activité est plus complexe car elle nécessite des financements longs et une analyse précise du risque, c'est leur cœur de métier (refinancement, répartition des risques). Elle nécessite une licence bancaire et des capitaux importants. Mais les nouveaux acteurs qui possèdent cette licence et ces capitaux, comme Orange Bank (qui a racheté Groupama Banque), le proposent.

Face à cette attaque qui porte principalement sur les moyens de paiement, les banques sont en réalité fragiles car leur business model est déficient : elles doivent gérer l'argent liquide et les 57 000 DAB (soit un coût de 2,6 milliards d'euros par an selon une étude de McKinsey de 2012), et le traitement des chèques (2,4 milliards d'euros), sans pouvoir les facturer au client. Elles compensent avec les frais de carte bancaire (2,7 milliards d'euros de recettes) et l'argent dormant sur les comptes courant (mais qui ne rapporte plus grand-chose aujourd'hui avec les faibles taux actuels). Une équation difficile quand les nouveaux entrants ne s'embarrassent évidemment pas du cash et des chèques. Résultat, la carte bancaire coûte chère aux commerçants, 2 à 3 % de la transaction (une somme exorbitante pour un système informatique amorti depuis longtemps), qui s'en plaignent à juste titre (l'autorité de la concurrence a d'ailleurs condamné le groupement des cartes bancaires pour entente illicite le 7 juillet 2011).

Actuellement, Apple Pay toucherait 0,20 % de commission (selon des rumeurs non confirmées), soit un dixième de la part des banques. Mais au fur et à mesure que l'usage du smartphone se généralisera, ce « rapport de force » ne devrait pas manquer de se modifier au détriment des banques… Le secteur bancaire devrait demander aux autorités publiques de pouvoir facturer les retraits en liquide ainsi que l'encaissement des chèques et, en contrepartie, de baisser les frais portant sur les cartes de paiement, ce qui bénéficierait aux consommateurs. Mais le souhaitent-elles vraiment ? Les cartes de paiement (CB, Visa, Mastercard) sont un oligopole jaloux de ses rentes.

Dans ce nouveau paysage, ou plutôt ce champ de bataille, il ne faudrait pas simplifier la situation des belligérants et la résumer en un affrontement entre les anciens et les modernes ; les nouveaux entrants sont aussi en concurrence entre eux. L'une des principales lignes de fracture oppose les fabricants de smartphones aux opérateurs télécoms. Qui va prendre le dessus ? Parce qu'il n'y aura pas forcément de places pour tout le monde. Ainsi, quelques semaines après la sortie de son iPhone 6, Apple a présenté ses nouveaux iPad, le 16 octobre 2014. Mais lors de cette conférence, le PDG Tim Cook n'a pas parlé de la nouvelle la plus importante, proprement révolutionnaire, et c'est seulement quelques jours plus tard que des sites spécialisés ont annoncé l'apparition de « l'Apple SIM ». Explication : les iPads se connectent en wifi, mais on peut acquérir un modèle permettant également de se relier au réseau cellulaire, il faut alors choisir un opérateur dont on deviendra client. Apple touche peut-être une commission sur cet abonnement, mais pas plus, et la relation commerciale qui s'inscrit dans le temps est celle de l'opérateur téléphonique. L'Apple SIM renverse complètement ce rapport de force : on devient client d'Apple pour son forfait, qui ensuite négocie auprès des opérateurs mobiles, ravalés au rang de simples fournisseurs de « paquets de données mobiles ». Les opérateurs perdent le contact client, pour eux c'est une catastrophe, tandis qu'Apple noue une relation encore plus globale avec lui. On imagine les dégâts si les iPhones prenaient le même chemin… Pour un expert de Juniper Research, un cabinet spécialisé dans les télécoms, c'est une « bombe atomique pour le secteur ».

Apple ne peut pas entrer maintenant en conflit avec les opérateurs mobiles, la plupart des iPhones sont vendus dans leurs boutiques. Il s'agit pour la firme californienne d'avancer petit à petit, d'abord les iPads pour faire avancer l'idée, avant de faire d'autres pas, d'étendre son propre réseau de boutiques… Apple se comporte ici comme dans le domaine du paiement avec les banques : jouer « ami-ami » au début et habituer progressivement le consommateur à payer avec son iPhone… Viendra ensuite le moment de provoquer la rupture, la disruption.

Cela dit, quelles que soient les stratégies de ces nouveaux concurrents, les banques risquent de perdre leurs clients par leur propre faute : une crise comparable à celle de 2008 peut revenir. On connaît déjà les graves difficultés de plusieurs banques italiennes (Montei Paschi), espagnoles (Banco Popular, en faillite, reprise en catastrophe par Santander), grecques, chypriotes, etc. Selon un document du Parlement européen (*Non performing loans in the Banking Union : state of play*, 2016), les prêts défaillants dans les pays de l'UE se montent au total à 1 092 milliards d'euros, avec en tête l'Italie (276 milliards d'euros), puis en deuxième position la France (148 milliards d'euros). Les effets de levier sont souvent démesurés (en moyenne 4 % de fonds propres pour les banques françaises, soit un euro de cash pour 25 euros d'engagement) ; le bilan des grandes banques françaises (BNP Paribas, BPCE, Crédit Agricole, Société Générale) s'élève à 6 983 milliards d'euros au deuxième trimestre 2017, soit trois fois le PIB national !

D'ailleurs, d'inquiétantes dispositions ont récemment été prises comme la directive « BRRD » (*Bank Recovery and Resolution Directive*) qui permet à une banque en situation de faillite de ponctionner les comptes de ses clients (comme à Chypre en mars 2013). Dans la limite de 100 000 euros nous dit-on, sauf que cette garantie se révèle illusoire lorsque l'on sait que le « fonds de garantie des dépôts et de résolution » est abondé à hauteur de 3,4 malheureux milliards d'euros (soit 50 euros par habitant). Par ailleurs, la loi Sapin 2 permet de bloquer les contrats d'assurance-vie (arrêt du versement des primes, impossibilité de sortir du contrat) en cas crise financière. Voilà qui n'est guère rassurant.

Les banques ont un problème de confiance à régler. Elles ont aussi un problème d'efficacité : la moitié de la population mondiale n'est pas bancarisée, et cela constitue un véritable frein au développement. À cela se rajoute le problème des taux zéro : les placements ne rapportent plus grand-chose. Alors posons la question : à quoi sert la banque traditionnelle aujourd'hui, à quoi servira-t-elle demain ?

Les banques risquent de se faire ubériser, comme Uber a bouleversé le secteur du taxi ou Airbnb celui de la location. Rien n'est joué d'avance, les banques disposent d'une base de clientèle considérable et de moyens financiers très importants, mais en face d'elles, les nouveaux acteurs peuvent créer de vraies ruptures technologiques. Envisageons le scénario d'une victoire de ces nouveaux acteurs, que se passerait-il ? La banque, au sens traditionnel du terme, a été inventée au Moyen Âge pour des opérations complexes comme le commerce sur longue distance. Cependant, la bancarisation massive constitue un phénomène récent. En France, il date de 1970, année où Georges Pompidou a imposé la mensualisation des salaires. Auparavant, la plupart des salariés étaient payés à la semaine, en liquide. Pour les banques, cela a représenté une formidable opportunité (« Votre argent m'intéresse », disait une publicité de la BNP à cette époque), elles sont devenues des supermarchés de la finance et elles pensaient avoir verrouillé le système avec la carte bancaire équipé d'une puce, un outil performant et très rentable. Avec l'arrivée de ces nouveaux acteurs technologiques, ne va-t-on pas revenir à la situation antérieure ? Ceux-ci prendront en charge les moyens de paiements, le crédit et les produits d'épargne de la plus grande partie de la population, à un coût bien inférieur à celui d'aujourd'hui. Les banques, elles, reviendront sur leur métier de base, celui des opérations complexes pour le monde des entreprises et la gestion de fortune. Ce serait une façon détournée de revenir à la séparation entre les banques de dépôt et les banques de marché instaurée par le Glass-Steagall Act et qui dura de 1933 à 1999 aux États-Unis, à peu près autant en Europe, c'est-à-dire une situation nettement préférable en termes de stabilité financière.

Chapitre 5

Les enjeux actuels de la réglementation bancaire

Rémi Steiner

Il n'existe pas d'organisation spontanée ou naturelle d'un marché de banque de détail : si des enjeux de politiques publiques, liées en particulier à la protection des déposants et à la mise en œuvre de la politique monétaire, justifient à peu près toujours un socle minimal de règles, le cadre d'activité de la banque de détail est extrêmement variable d'un pays à l'autre, et les traditions propres à chaque environnement national sont évolutives.

Les services proposés par les banques sont en général profondément influencés par le système juridique et par la réglementation qui leur sont applicables – et vice-versa. Si un renforcement des règles a parfois des répercussions importantes sur l'organisation du marché, les attentes des consommateurs, les évolutions technologiques et les initiatives des acteurs peuvent, à rebours, constituer des ferments de changement qui s'imposent au régulateur.

Tel est bien l'objet des lignes qui suivent que de faire ressortir quelques-unes des tensions induites par les évolutions récentes du marché de la banque de détail sur son cadre juridique. Mais cet exercice ne peut être mené sans préalablement décrire le modèle de banque qui a prévalu en France au cours des dernières décennies, ni souligner le rôle de plus en plus déterminant joué par les règles communautaires.

L'antagonisme entre le cadre français traditionnel de la banque de détail et l'objectif européen du marché unique

Quelques traits saillants du modèle français de banque de détail

Il existe de longue date en France une propension à sur-règlementer l'activité des prestataires de services financiers. Exemple édifiant : en droit britannique, sans changement depuis 1882[1], un chèque n'est grosso modo rien de plus qu'un ordre écrit émanant du titulaire d'un compte bancaire, donnant instruction à sa banque de payer une somme donnée à un bénéficiaire dénommé ; tandis que le Code monétaire et financier français ne comporte pas moins de 86 articles législatifs se rapportant spécifiquement au chèque ! Au demeurant, l'utilisation du chèque n'a pas été moindre en Angleterre, où il a pris naissance, a trouvé son nom et a servi de modèle.

Cette production législative propre au chèque trouve son inspiration dans deux ordres de préoccupations. Le premier, ancien, a tenu à la recherche d'une « loi universelle », reconnue par une large communauté internationale et facilitant l'utilisation du chèque comme instrument de règlement des opérations de commerce international. La réglementation du chèque, intervenue pour la première fois en France en 1865[2], s'est figée en 1935[3] pour se conformer rigoureusement au texte d'un traité, la Convention de Genève du 19 mars 1931. Mais cette convention n'a pas rencontré le succès escompté : beaucoup de grands acteurs du commerce international l'ont ignorée (le Royaume-Uni, les États-Unis, le Canada…) ; et les États qui l'ont ratifiée

---

1. Bills of Exchange Act 1882, An Act to codify the law relating to Bills of Exchange, Cheques and Promissory Notes, 18th August 1882.
2. Loi concernant les chèques, adoptée le 23 mai 1865 et promulguée le 14 juin 1865.
3. Décret-loi du 30 octobre 1935.

l'ont le plus souvent assortie de réserves. En définitive, le chèque ne s'est pas imposé à l'international et la complexité des dispositions qui le régissent (transmission par endossement, garantie par aval, pluralité d'exemplaires…) n'a pas trouvé sa justification.

La seconde préoccupation a tenu à la crainte que l'émission de chèques sans provision vienne à constituer un trouble majeur à l'ordre public économique. En France, non seulement le bénéficiaire d'un chèque impayé peut procéder sans intervention du juge au recouvrement forcé de sa créance, mais en plus, l'émetteur d'un chèque sans provision non régularisé est fiché à la Banque de France et interdit d'émettre de nouveaux chèques : il est « interdit bancaire ». À la veille du déploiement dans la zone euro du paiement instantané, cette sanction qui touche 1,4 million de Français ne semble pourtant plus essentielle à la sécurité des paiements.

La fonction économique première des banques est l'intermédiation : elles utilisent les dépôts de certains clients pour consentir des prêts à d'autres. Ce rôle économique essentiel suppose une confiance absolue de la part des déposants : si une banque ne pouvait pas rembourser les fonds qu'elle a reçus en dépôt parce qu'elle les aurait prêtés à des clients insolvables, cette confiance serait détruite. C'est pour cette raison principale que l'activité des banques est régulée, qu'elles sont seules admises à recueillir des dépôts et qu'elles sont soumises à une surveillance prudentielle rigoureuse.

Mais autant le monopole de la collecte des dépôts du public est théoriquement justifié et largement reconnu, autant la France s'est longtemps singularisée par l'étendue du monopole qu'elle conférait à ses banques. La loi bancaire du 24 janvier 1984 avait en effet posé pour principes que seuls les établissements de crédit ont le droit de collecter des dépôts, qu'ils sont aussi seuls à pouvoir octroyer un crédit, et seuls à pouvoir offrir ou gérer des moyens de paiement.

Au caractère très régulé – et très surveillé – des activités de banque de détail s'ajoute une autre caractéristique : celle d'une forte concentration des acteurs. Les groupes bancaires qui exerçaient une activité de banque de détail au début des années 1980 étaient plus nombreux et moins homogènes qu'aujourd'hui. Par exemple, on dénombrait encore en 1984 34 banques à actionnariat familial ou indépendant, implantées localement et ne pouvant se prévaloir d'aucune forme d'adossement à un plus grand établissement bancaire.[1]

Mais la gestion défaillante de certains de ces établissements, l'alourdissement des contraintes règlementaires et l'action délibérée des pouvoirs publics ont conduit à l'effacement progressif de cette catégorie d'établissements. Chaque fois que l'actionnariat d'un établissement de crédit devait évoluer, le Comité des établissements de crédit, qui avant la création de l'ACPR était appelé à délivrer son agrément, appliquait une doctrine consistant à favoriser l'émergence d'un actionnaire de référence lui-même établissement de crédit. L'idée sous-jacente, qui a longtemps prévalu, était que la concentration bancaire favorisait un meilleur contrôle prudentiel.

Les effets de ce parti pris, de la rationalisation des groupes bancaires, du rapprochement entre banques mutualistes et banques AFB… ont conduit à la situation actuelle dans laquelle cinq groupes bancaires (Crédit Agricole, BNP Paribas, BPCE, Société Générale et Crédit Mutuel) représentent une écrasante proportion des activités bancaires et partagent de nombreuses caractéristiques communes.

---

1. Voir à ce sujet la description détaillée des transformations de l'actionnariat des banques depuis l'entrée en vigueur de la loi bancaire dans le rapport du Comité des établissements de crédit pour 1995, chapitre 14.

Il est aussi intéressant de rappeler que les règles applicables aux établissements de crédit ont été pendant vingt ans élaborées selon une procédure singulière : aux termes de la loi bancaire, les prescriptions générales applicables à ces établissements relevaient d'un comité ad hoc, le comité de la réglementation bancaire. Les règlements qu'il adoptait, souvent techniques et minutieusement détaillés, élaborés en cercle restreint entre la direction du Trésor, la Banque de France et la profession bancaire, devenaient applicables par un simple arrêté du ministre de l'Économie, homologuant ces textes.

La loi de sécurité financière du 1er août 2003 a mis fin à cette délégation et a attribué au ministre de l'Économie le pouvoir réglementaire en matière bancaire. L'état du droit applicable aux banques reste toutefois empreint par cette longue parenthèse : un volume important de règlements du CRB et de dispositions issues de ces règlements est encore en vigueur. Ainsi, un arrêté du 3 novembre 2014, qui a pour l'essentiel réitéré les dispositions du règlement n° 97-02 du comité de la réglementation bancaire et financière, soumet les entreprises du secteur financier à des normes de contrôle interne particulièrement exigeantes et structurantes, aux meilleures normes européennes.

Les efforts européens en faveur d'un marché unique des services financiers

Les services financiers jouent à l'évidence un rôle prééminent dans l'atteinte de l'objectif d'un marché intérieur européen, espace sans frontière dans lequel la libre circulation des marchandises, des personnes, des services et des capitaux est assurée. Le traité sur le fonctionnement de l'Union européenne lie d'ailleurs explicitement la libération des services des banques et des assurances à la libération de la circulation des capitaux. Dès juin 1973, une directive a cherché à abolir les restrictions à la liberté d'établissement et à la libre prestation de services en matière bancaire.

L'instauration de la monnaie unique a logiquement conduit la Commission européenne à s'attaquer aux frontières intérieures en imposant, en 2001, que les frais facturés pour un paiement transfrontalier en euro ne soient pas plus élevés que pour un paiement domestique. La directive sur les services de paiement de 2007 a ensuite eu pour objectif d'instaurer un cadre juridique harmonisé qui intensifierait la concurrence et réduirait le coût des paiements pour les consommateurs.

La directive sur les services de paiement a inventé une nouvelle catégorie d'établissements : les établissements de paiement. Moyennant des conditions d'agrément moins exigeantes que celles des banques, ceux-ci peuvent depuis offrir des services de paiement dans tout ou partie de l'Union européenne. La Commission a opté pour une position médiane par rapport aux régimes très variés qui prévalaient alors en matière de services de paiement dans les différents États européens : le nouveau cadre a brisé le monopole des banques en France ; tandis qu'à l'inverse, dans d'autres États membres, il a fait entrer dans le champ de la supervision prudentielle des entreprises qui n'étaient pas régulées.

En matière prudentielle, c'est à l'échelon européen que les recommandations successives du Comité de Bâle ont pris force de loi. Les conditions d'accès à l'activité d'établissements de crédit et les normes prudentielles qui s'y appliquent ont été progressivement harmonisées, dans l'intention de favoriser le développement de groupes bancaires transfrontaliers et de faciliter leur supervision sur une base consolidée.

À cet égard, une étape majeure a été franchie le 4 novembre 2014, alors que les besoins de renflouement des banques consécutifs à la faillite de Lehman Brothers et à la crise grecque avaient altéré la confiance des investisseurs à l'égard de la dette publique de plusieurs pays membres de la zone euro. Pour distendre le lien entre les grandes banques européennes et leur pays d'attache, la surveillance prudentielle des 128 plus grandes banques de la zone euro (parmi lesquels 13 groupes bancaires français) n'est plus assurée sous la responsabilité d'un superviseur bancaire national, mais sous celle de la Banque centrale européenne, dans le cadre du mécanisme de supervision unique.

Ainsi, les initiatives européennes ont incité la France à l'abandon de certaines de ses règles particulières ; et quand de telles règles ont été maintenues, il est douteux que leur respect par les grands groupes bancaires soit désormais surveillé par les « *joint supervisory teams* » internationales avec la même vigilance que celle dont faisaient preuve naguère les équipes françaises de supervision.

Dans de nombreux domaines, l'intégration européenne est en marche et affecte de manière importante les conditions d'exercice des activités de banque de détail. C'est notamment le cas en matière de lutte contre le blanchiment de l'argent d'origine frauduleuse et contre le financement du terrorisme, en matière de protection des données personnelles (le règlement général sur la protection des données du 27 avril 2016, directement applicable le 25 mai 2018, se substituant aux dispositions de la loi CNIL du 6 janvier 1978), en matière de protection des consommateurs (directives sur les marchés d'instruments financiers, directives sur le crédit à la consommation et sur le crédit immobilier…), ou encore en matière d'identification électronique (règlement eIDAS du 23 juillet 2014).

L'analyse des tensions nouvelles sur la réglementation bancaire s'inscrit en définitive sur fond de conciliation difficile entre, d'une part, des objectifs européens d'ouverture transfrontalière et de baisse du prix des services bancaires et, d'autre part, la persistance d'un cadre juridique français très normatif et plus soucieux des contraintes imposées aux grandes banques. Cet antagonisme tend à accentuer la complexité du droit applicable en France, au risque d'un manque d'attractivité du territoire national et d'obstacles à l'innovation.

Un chiffre illustre cet état de fait. De nouvelles catégories d'établissements financiers régulés – les établissements de paiement et les établissements de monnaie électronique, concurrents des banques – ont été créées par la directive de 2007 sur les services de paiement et par la directive du 16 septembre 2009 sur la monnaie électronique. Ils sont susceptibles d'exercer leur activité dans toute l'Union européenne par le jeu du passeport européen. Or, parmi ces nouveaux acteurs autorisés à intervenir en France, 10 % seulement sont installés et agréés en France. Deux sur trois sont agréés à Londres et il n'est pas acquis que le Brexit se traduise par un mouvement important de relocalisation de ces entreprises sur le territoire français.

DES TENSIONS NOUVELLES

La dématérialisation des échanges entre la banque et son client

La France dispose d'un maillage d'agences bancaires parmi les plus élevés d'Europe et l'agence bancaire demeure le principal canal de souscription de produits financiers. Dans ce mode de relation traditionnel, l'identification du client par son interlocuteur, la compréhension par le client des caractéristiques du produit qu'il souscrit, la compréhension par l'intermédiaire financier de la finalité de l'opération qu'il exécute, l'adéquation de l'offre aux besoins du client, la réalité de son consentement… s'inscrivent dans un cadre juridique éprouvé.

Si la passation d'ordres et la souscription de produits financiers à distance ne sont pas des phénomènes nouveaux, ils concernent des produits de plus en plus complexes et l'intervention humaine est de plus en plus souvent absente des processus de traitement. Faute d'adaptation de la réglementation, cette évolution, qui est commercialement bien acceptée par les clients et à laquelle beaucoup même semblent aspirer, peut faire émerger des difficultés au regard des enjeux précédemment énumérés et, partant, des questions de responsabilité nouvelles pour l'intermédiaire financier.

C'est au premier chef l'entrée en relation à distance qui représente un défi d'adaptation règlementaire. La prévention de l'utilisation du système financier aux fins du blanchiment de capitaux ou du financement du terrorisme a donné lieu à plusieurs directives successives. Ces directives ne sont pas d'harmonisation maximale, c'est-à-dire qu'un État membre de l'Union européenne peut choisir de superposer à ces normes communautaires minimales un étage supplémentaire de normes nationales.

La 3ᵉ directive anti-blanchiment (qui date d'octobre 2005) tenait pour acquis que le risque de blanchiment ou de financement du terrorisme est plus élevé lorsque le client n'est pas physiquement présent à des fins d'identification. Mais la 4ᵉ directive, adoptée en mai 2015 et déjà entrée en vigueur, a innové en renvoyant aux États membres et aux établissements financiers la responsabilité d'évaluer en permanence les situations les plus risquées et, en fonction de cette appréciation, de déterminer les précautions les plus appropriées. Une liste non exhaustive d'indicateurs de risque est simplement annexée à la directive : y figure l'établissement d'une relation d'affaires à distance sans recours à la signature électronique (un nouveau projet de directive, publié le 5 juillet 2016 par la Commission, précise qu'il faut entendre par signature électronique une identification électronique au sens du règlement eIDAS).

Pourtant, la loi française continue à obliger par principe les établissements financiers à appliquer des mesures de vigilance renforcées à l'égard d'un nouveau client lorsque celui-ci n'est pas physiquement présent au moment de l'établissement de la relation d'affaires. Pour autant, ces précautions renforcées peuvent être aussi peu probantes que la copie d'une deuxième pièce d'identité. Ce faisant, les règles françaises privilégient une approche dirigiste et passéiste à l'efficacité contestable. Elles se privent d'inciter les établissements financiers à adopter des dispositifs d'identification plus performants et mieux ciblés, basés par exemple sur des techniques de reconnaissance biométriques, comme si l'efficacité de ces dispositifs était à priori déniée et la caractérisation des situations à risque figée *ne varietur*.

Plus généralement, les problématiques d'authentification sont appelées à jouer un rôle déterminant ; il convient de veiller à cet égard à ce que la réglementation n'entrave pas la modernisation des activités de banque de détail et à ce que la France ne demeure pas à l'écart du reste de l'Europe.

A contrario, les pouvoirs publics français pourraient contribuer à la sécurité des transactions en facilitant la lutte contre la fraude documentaire. Ainsi, le « cachet électronique visible », qui permet par un code à barres 2D de garantir l'intégrité des données clés de documents tels qu'une facture, un relevé d'identité bancaire ou une feuille de salaire, devrait être promu. De même, un dispositif tel que DocVérif, qui permet aux forces de l'ordre de vérifier la validité d'une pièce d'identité, devrait être ouvert à des acteurs privés tels que les banques.

Un puissant levier de développement des services financiers à distance tiendrait enfin à la mise en œuvre de la loi du 27 mars 2012 relative à la protection de l'identité, laquelle prévoit l'ajout à la carte d'identité d'un composant électronique sécurisé comportant des données biométriques.

Consultée sur la création d'une base de données centralisée comportant les images numérisées des empreintes digitales et de la photographie de l'ensemble des demandeurs de cartes nationales d'identité et de passeports, soit la quasi-totalité de la population française, la CNIL a émis le 29 septembre 2016 de sérieuses réserves à cette création. Considérant que les finalités de la base, qualifiées de légitimes, étaient comparables à celles de l'institution d'une carte nationale d'identité dotée d'un composant électronique, la CNIL a regretté que la loi n'ait pas été mise en œuvre.

La Commission estime que cette alternative permettrait de lutter contre la fraude documentaire en présentant moins de risques de détournement et d'atteintes au respect de la vie privée que la constitution d'une base de données biométriques centralisée, puisque les données biométriques individuelles seraient conservées sur un support exclusivement détenu par la personne concernée, laquelle conserverait la maîtrise de ses données et serait mieux prémunie contre le risque de leur utilisation à son insu.

Dans le champ des services bancaires tout particulièrement, l'ajout d'une puce électronique à la carte nationale d'identité, lisible en technologie NFC par un smartphone, constituerait un apport déterminant à l'authentification à distance du souscripteur d'un service financier ou de l'initiateur d'un paiement. Cette décision s'inscrirait dans la logique du règlement eIDAS ; elle permettrait d'écarter toute idée de centralisation des données biométriques des Français et les risques de dévoiement y afférant.

« *Same business same rules* » ou application proportionnée de la réglementation ?

L'ouverture à la concurrence des services bancaires voulue par les autorités européennes s'est traduite, on l'a vu, par la création de nouvelles catégories d'établissements : les établissements de paiement et les établissements de monnaie électronique. Grosso modo, les trois statuts d'établissement de crédit, d'établissement de monnaie électronique et d'établissement de paiement sont emboîtés : ce que fait un établissement de paiement, un établissement de monnaie électronique peut le faire ; ce que fait un établissement de monnaie électronique, un établissement de crédit peut le faire.

Même si un porte-monnaie électronique prépayé est juridiquement distinct d'un compte de paiement, le fonctionnement d'un compte bancaire, d'un compte de monnaie électronique (tel qu'un compte PayPal) et d'un compte de paiement (par exemple, un compte Nickel) sont en pratique si voisins qu'il peut être difficile de les distinguer. À ces ambiguïtés d'origine européenne, la législation française n'apporte aucune clarté – c'est le moins que l'on puisse dire ! – en disposant que le paiement d'une dette supérieure à un certain montant (3 000 euros) ne peut être effectué au moyen de monnaie électronique[1], alors qu'aucune restriction équivalente ne s'applique à un paiement effectué par le débit d'un compte de paiement ou d'un compte bancaire.

La rigueur du monopole bancaire a longtemps été telle en France qu'il n'était pas possible d'exercer à titre habituel l'une des trois catégories d'opérations de banque (la collecte de dépôts, l'octroi de crédits, l'offre ou la gestion de moyens de paiement) sans être agréé en tant qu'établissement de crédit. De surcroît, la jurisprudence estimait que le caractère habituel était établi dès la deuxième opération. La législation européenne, plus libérale, et à laquelle la France a dû se ranger à la suite d'un règlement du 26 juin 2013, définit la notion d'établissement de crédit comme une entreprise dont l'activité consiste à la fois à recevoir du public des dépôts et à octroyer des crédits pour son propre compte.

---

1. Article L. 112-6 du Code monétaire et financier.

La France aurait pu saisir cette opportunité – dans une perspective d'harmonisation européenne – pour alléger les contraintes prudentielles qu'elle imposait alors à des établissements qui ne collectent pas de dépôts, tels que les organismes de crédit-bail ou d'affacturage. Le parti adopté a consisté au contraire à créer un statut national spécifique, celui de société de financement, et à soumettre ces établissements à une réglementation prudentielle analogue à celle des établissements de crédit.

À l'initiative tant du régulateur européen que du régulateur français, les catégories d'établissements financiers régulés se sont multipliées et cette prolifération tend à se poursuivre : la deuxième directive sur les services de paiement, qui entrera en vigueur en janvier 2018, va règlementer l'activité des prestataires de services d'information sur les comptes et des prestataires de services d'initiation de paiement. Les nouveaux concurrents des banques, les Fintech, exploitent naturellement cette nouvelle variété de statuts juridiques : 62 % des 55 Fintech membres de l'association France Fintech sont régulés sous une dizaine de statuts différents (établissement de paiement, établissement de monnaie électronique, agents de services de paiement, distributeurs de monnaie électronique, entreprises d'investissement, intermédiaires en financement participatif, conseillers en investissement participatif, etc.).[1]

Dans l'autre grand champ de l'activité des banques de détail, celui du crédit, le principe français du monopole du crédit apparaît de plus en plus fragilisé par les exceptions : il est interdit à toute personne autre qu'un établissement de crédit ou une société de financement d'effectuer des opérations de crédit à titre habituel, mais les régimes de dérogation sont sans cesse plus nombreux : organismes d'assurance, acteurs du micro-crédit,

---

1. Source : « La stabilité financière à l'ère du numérique », *Revue de la stabilité financière*, n° 20, avril 2016.

personnes physiques agissant dans le cadre du crowdfunding, prêts inter-entreprises, régime des minibons…

Bien sûr, des acteurs économiques plus particulièrement tenus de rendre des comptes sur l'emploi de leurs ressources, tels que les banques, les compagnies d'assurance ou les entités qui font appel public à l'épargne, doivent être soumis à des règles strictes assurant la sécurité des engagements liés à leur passif. Bien sûr, la titrisation de portefeuilles de crédit, à l'origine de la dissémination du risque « *subprime* » et de la crise financière de cette dernière décennie, doit être rigoureusement encadrée. Mais le principe même du monopole du crédit et l'articulation de si nombreux régimes d'exception peuvent aujourd'hui apparaître disproportionnés par rapport aux conséquences de l'octroi malheureux de crédits, à leurs risques et périls, par des entités non régulées.

Quoi qu'il en soit, la prolifération des statuts et des catégories soulève de vraies difficultés pour les pouvoirs publics à concilier deux principes : le premier est celui de l'application des mêmes règles aux mêmes activités (« *same business, same rules* »), quels que soient les acteurs qui les exercent, de façon à réguler les acteurs financiers selon ce qu'ils font et non selon ce qu'ils sont ; le second principe est celui d'une adaptation proportionnée de la réglementation et de la supervision, afin de ne pas étouffer des innovations qui seraient porteuses de bénéfices directs et indirects pour le consommateur (sous la forme de nouveaux services et d'une réduction des coûts du fait de la concurrence avec les intervenants traditionnels), et de manière plus générale pour l'économie et la société (via de nouveaux modes de financement de l'économie).[1]

---

1. Voir par exemple à ce sujet l'intervention de Sabine Lautenschläger, membre du directoire de la BCE : « Digital na(t)ive ? Fintechs and the future of banking », le 27 mars 2017 à Francfort.

Le virage vers la « *principles based regulation* » et la simplification du droit

Le droit européen expérimente plus volontiers que le droit français une approche moins normative et plus pragmatique, qui invite notamment les établissements financiers à faire évoluer les précautions prises au regard d'une analyse dynamique des risques.

L'évolution de la réglementation anti-blanchiment, déjà signalée, illustre un tel tournant. La 4e directive anti-blanchiment énonce en préambule que le risque de blanchiment de capitaux et de financement du terrorisme, variable d'une situation à l'autre, justifie une approche globale, fondée sur l'analyse des risques. Mais elle précise aussitôt qu'une telle approche fondée sur les risques ne doit certainement pas avoir pour effet de permettre aux États membres et aux établissements financiers concernés de céder au laxisme : « l'approche fondée sur les risques ne constitue pas une option indûment permissive pour les États membres et les entités assujetties. Elle suppose le recours à la prise de décisions fondées sur des preuves, de façon à cibler de façon plus effective les risques de blanchiment de capitaux et de financement du terrorisme menaçant l'Union et les acteurs qui opèrent en son sein ».[1]

Une autre illustration est fournie par la lutte contre la fraude en matière de paiement, domaine dans lequel les clients des banques eux-mêmes semblent aspirer à une approche qui les responsabilise. Selon le rapport pour 2016 de l'Observatoire de la sécurité des moyens de paiement scripturaux, le taux de fraude sur les paiements à distance est plus de vingt fois supérieur au taux de fraude sur les paiements de proximité. Alors

---

1. Voir la directive 2015/849 du 20 mai 2015 relative à la prévention de l'utilisation du système financier aux fins du blanchiment de capitaux ou du financement du terrorisme.

que les paiements à distance ne représentent que 12 % de la valeur des transactions domestiques, ils comptent pour 70 % du montant de la fraude (152 millions d'euros en 2016 sur un total de 217 millions d'euros).

Pourtant, seulement 71 % des commerçants en ligne ont recours à l'authentification forte (« *3D Secure* ») et la part des paiements en ligne ayant donné lieu à l'authentification forte ne représente que 35 % des montants de paiement par carte. La Fédération du e-commerce et de la vente à distance (FEVAD) conteste l'intérêt d'une obligation automatique et généralisée d'appliquer l'authentification forte, au bénéfice d'une approche par les risques qui, en responsabilisant le marchand, lui laisse le choix des modalités de sécurisation en fonction des caractéristiques de la transaction (montant, nature du client, du produit, du contexte d'achat…).

En ce sens, un projet de normes techniques de réglementation[1] en cours de finalisation entre l'Autorité Bancaire Européenne[2] et la Commission européenne prend le contrepied de la position jusqu'ici défendue par la France, favorable à une authentification forte systématique. Ce projet de règles pousse les prestataires de services de paiement à se doter de systèmes d'analyse des transactions capables de détecter les transactions

---

1. « Draft Regulatory Technical Standards on Strong Customer Authentication and common and secure communication under Article 98 of Directive 2015/2366 (PSD2) », publié le 23 février 2017. La Commission a souhaité le 24 mai 2017 amender ce projet et l'autorité bancaire européenne a fait connaître le 29 juin 2017 son opinion sur les amendements envisagés.
2. L'Autorité bancaire européenne, créée par le règlement européen du 24 novembre 2010, est une composante du système européen de supervision financière. Elle épaule le Parlement européen, le Conseil européen et la Commission européenne. Elle s'attache à renforcer l'efficacité et la cohérence de la réglementation et de la surveillance prudentielles dans l'ensemble du secteur bancaire européen.

de paiement risquées, non autorisées ou frauduleuses. Ces systèmes tiendraient notamment compte du montant des transactions, des scénarios de fraude connus, d'indices d'infection par des virus informatiques, etc. Seules les transactions jugées à priori les plus risquées donneraient lieu à authentification forte.

La protection du consommateur se prête tout particulièrement à l'édiction de principes plutôt que de simples règles de procédure. La directive du 15 mai 2014 concernant les marchés d'instruments financiers (comme la directive de 2004 qu'elle remplace) en offre de nombreux exemples : les entreprises d'investissement doivent agir d'une manière honnête, équitable et professionnelle qui serve au mieux les intérêts de leurs clients ; les informations adressées par l'entreprise d'investissement à des clients ou à des clients potentiels doivent être correctes, claires et non trompeuses ; les entreprises d'investissement doivent prendre toutes les mesures suffisantes pour obtenir, lors de l'exécution des ordres, le meilleur résultat possible pour leurs clients…

Dans un environnement financier et règlementaire toujours plus mouvant et complexe, le législateur européen donne ainsi des signes d'adhésion à l'édiction de règles moins prescriptives, mais tendant à instituer des principes ; à moins d'obligations de moyens et à plus d'obligations de résultats ; à une préférence pour la « *principles-based regulation* » au détriment de la « *rules-based regulation* ». Cette approche séduisante n'a pas toujours porté ses fruits : on se souvient que la défunte Financial Services Authority se faisait l'apôtre[1] en 2007 de la « *principles-based regulation* » à la veille de l'effondrement d'une partie du système bancaire britannique.

---

1. « Principles-based regulation, Focusing on the outcomes that matter », avril 2007.

Julia Black, Professor of Law and Research Associate à la London School of Economics and Political Science, a mené une intéressante analyse critique de différentes approches de la régulation financière, alternatives à l'approche traditionnelle « *command and control* » souvent privilégiée par le régulateur français, qui consiste à imposer des règles détaillées et à contrôler leur respect scrupuleux par les entités supervisées. Ces approches nouvelles, présentées avant la crise économique comme plus efficaces et plus flexibles, reposaient sur l'édiction de principes, sur un pilotage par les risques, ou encore sur la délégation d'une responsabilité de surveillance à l'encadrement de l'entité supervisée ou à des tiers. Dans un article stimulant[1], l'auteur met en évidence les faiblesses inhérentes à ces nouvelles méthodes, révélées à l'épreuve de la crise financière. Mais cela ne l'a pas conduit pour autant à disqualifier ces nouvelles méthodes, ni à défendre la pureté et la supériorité de l'approche traditionnelle.

Or, il semble y avoir matière à engager en France un chantier de simplification du droit applicable aux services financiers, qui conduirait à l'allègement de certaines règles formelles, à une meilleure hiérarchie des normes et à un rééquilibrage des rôles entre régulateur et superviseur. À l'exemple détaillé plus haut des modalités de mise en œuvre des obligations de vigilance renforcée instituées dans le cadre de la lutte anti-blanchiment, des règles moins prescriptives – et dans certains cas moins nombreuses – permettraient une meilleure focalisation des établissements financiers sur les enjeux principaux et une meilleure efficacité. La loi pourrait comporter moins de règles de procédures et l'atteinte des objectifs qu'elle fixe pourrait plus souvent être renvoyée soit au décret, soit à la responsabilité de l'ACPR.

---

1. « Paradoxes and Failures : "New Governance" Techniques and the Financial Crisis », *Modern Law Review*, 75 (6), 2012, p.1037-1063.

La simplification du droit français et l'harmonisation du droit à l'échelle européenne constituent de vrais impératifs de compétitivité. Le marché des services financiers, même dans le champ de la banque de détail, s'inscrit en effet de plus en plus dans un cadre géographique européen. La complexité du droit, l'existence de dérogations et de particularités nationales entravent aussi bien les grands groupes bancaires français que les entreprises de la Fintech. L'Autorité bancaire européenne, qui va bientôt déménager de Londres à Paris, pourrait largement contribuer à l'harmonisation des règles. C'est un enjeu important pour la France que de soutenir dans cette instance les règles qui lui tiennent à cœur et de renoncer aux particularités de son droit qui ne recueilleraient pas l'assentiment de nos partenaires.

Les disruptions sociétales et technologiques

Chapitre 6

Nous sommes tous des « *digital natives* »

Joël Nadjar

L'arrivée de la fameuse « génération Y » sur le marché du travail, et notamment au sein des banques, constitue une occasion unique de s'interroger sur les changements que cela provoque sur le management et l'organisation du travail. Plus qu'une cohabitation générationnelle dont on peut au passage discuter la réalité, les changements à l'œuvre incitent l'ensemble des collaborateurs à adopter les codes du digital et peut-être à réinventer la banque de demain.

LA COHABITATION GÉNÉRATIONNELLE AU SEIN DES BANQUES

L'organisation du travail et le management n'ont pas connu de transformations profondes depuis bien longtemps – au fond, le taylorisme, sous différentes formes, demeure la référence, paradoxe intéressant à relever alors même que nous vivons une ère de mutations sociologiques et technologiques mondialisées. Pourtant, plusieurs générations se sont succédées aux commandes des banques et y ont progressivement laissé des marqueurs durables en termes de valeurs et d'attentes.

L'essor de la banque dans la seconde partie du XXe siècle et au début du XXIe siècle s'est nourri de l'apport d'au moins trois générations bien caractérisées par de nombreuses études en Europe de l'Ouest et aux États-Unis : les baby-boomers (nés entre 1946 et 1964), la « génération X » (née entre 1965 et

Figure 6.1. La chronologie des générations

Source : D.R.

1980) et la fameuse « génération Y » (née entre 1981 et 2000) également appelée « Millennials » qui entre actuellement dans le monde du travail et qui semble tellement à l'aise dans la révolution digitale dans laquelle nous sommes. Déjà, plusieurs études font émerger une « génération Z » (née après 2000) qui semblerait encore se distinguer de la génération Y par son immersion innée dans le monde de la connexion internet, du double click, du smartphone et des réseaux sociaux. Ils n'ont connu rien d'autre que la vie digitale.

Nés après-guerre dans un contexte de développement optimiste, les « boomers » ont apporté un vent de modernité et de remise en cause dans l'organisation et le fonctionnement des banques. Ces générations ont vécu, voire impulsé, l'informatisation des métiers de la banque et ont promu des systèmes de valeur mettant la technique et la réussite individuelle au cœur du management. Les baby-boomers semblent vivre la transformation digitale des métiers bancaires un peu comme une couche technologique qui recouvrirait une réalité inchangée. Pour eux, l'accès à l'information se fait pour l'essentiel à travers les médias traditionnels (presse, TV, radio…) ou leur forme digitale (newsletter, sites d'information institutionnels…) et leur confiance va avant tout vers les médias qui proposent des analyses approfondies et jouissent d'une notoriété reconnue. Dans l'entreprise, on sent bien qu'ils s'accommodent des nouveaux outils de communication digitale (e-mail, messagerie instantanée, *mobile video messaging*…) sans se les approprier vraiment et valorisent avant tout les réunions physiques, le contact et la relation face à face. Ils se caractérisent souvent par un esprit de compétition et de performance individuelle et recherchent les signes extérieurs de pouvoir et de reconnaissance. Pour eux, le management doit se traduire en capacité de leadership, le bon manager devant pour l'essentiel avoir réponse à tout, rassurer et montrer le cap, voire l'exemple. L'heure de la retraite approchant, l'enjeu pour eux est d'assurer le transfert du savoir et des expériences à des générations nouvelles qui ne partagent pas forcément les mêmes valeurs.

Décrite pour la première fois par Jane Deverson, une journaliste anglaise auteure d'une étude remarquée sur la jeunesse du Royaume-Uni, la « génération X » est arrivée en moyenne plus tardivement dans un monde professionnel désenchanté et semblant proposer moins d'opportunités que pour la génération précédente. Pas étonnant qu'une étude récente en France pointe que les femmes et les hommes de cette génération se déclarent moins épanouis dans le travail que les générations précédentes ou suivantes à plus de 55 %. Les « *Xters* », comme on les nomme parfois, semblent pris entre deux générations fortes : celle des baby-boomers gratifiés et qui semblent peu soucieux de se retirer, et la génération Y forte d'un optimiste peut-être béat et naturel dans la transformation digitale de la société. Cela expliquerait aussi leur plus grand intérêt pour les médias de niches alternatifs ou les forums en ligne soucieux de présenter des points de vue décalés ou présentant « l'envers du décor ». Serait-elle la génération sacrifiée ?

Pourtant, les *Xters* sont des acteurs majeurs de la transformation digitale dont ils ont pris rapidement la mesure. Ils se sont appropriés de manière pragmatique les outils de communication digitale, l'*instant messaging* et les moteurs de recherche sur le Web en faisant la part des choses entre l'utilisation des outils digitaux dans le monde du travail ou dans leur vie privée. Arrivés dans un monde du travail à une période plus difficile, ils semblent exprimer des attentes contradictoires en matière de management, remettant en cause le charisme et le leadership mais valorisant l'exemplarité et le coaching. Pour eux, la récompense absolue, c'est plus de liberté, temps de travail ou autonomie et flexibilité dans l'exécution de leurs tâches. En cela, peut-être ouvrent-ils la voie à la génération Y.

Si on devait choisir deux mots pour qualifier comment la génération Y est perçue par ses aînés, on retiendrait sans hésiter
« incompréhension » et « perplexité », tant les jeunes gens qui
arrivent désormais dans nos entreprises et nos banques semblent
porter des valeurs en rupture avec les générations précédentes.
Ce n'est pas seulement leur utilisation naturelle des nouvelles
technologies digitales dans leur vie quotidienne qui marque la
différence avec les générations précédentes, mais bien plus largement une aspiration à promouvoir partout et en tout un principe de transparence et de symétrie. Les attentes de la nouvelle
génération touchent à la fois aux conditions de l'action collective en entreprise – aplatissement des hiérarchies et disparition
des symboles associés – et à la relation managériale. Leur usage
du numérique semble la conséquence plus que la cause d'une
remise en question fondamentale des valeurs de la banque, de
l'organisation et des modes de fonctionnement habituels. Pas
étonnant que le niveau d'engagement moyen dans les entreprises calculé par exemple par l'indice du cabinet Great Place to
Work soit le plus faible pour la génération Y, à moins de 30 %
contre plus de 60 % en moyenne pour leurs aînés. Cela se voit
déjà par la fréquence plus rapide de changement d'employeur
ou la fidélité plus faible à la première entreprise. C'est un enjeu
majeur pour les banques qui peinent à attirer et surtout à retenir
les talents de cette génération qui déplorent des organisations
et un mode de fonctionnement figés, manquant de surprise, et
surtout de sens.

Beaucoup d'études aux angles d'analyses variés mettent en
exergue les caractéristiques majeures de la jeune génération au
travail. Celle-ci semble avant tout contester l'autorité qui s'affiche sans légitimité. La recherche de sens aux tâches confiées
semble clé pour susciter leur adhésion et leur engagement :
nos jeunes ne comptent pas leurs heures quand les chefs savent
créer l'élan et ont le sens du combat collectif ! Narcissiques

Figure 6.2. Les habitudes digitales de chaque génération

	Baby-boomers	Génération X	Génération Y
Mes sources d'information privilégiées...	TV et radio d'information Journaux nationaux Trade Business magazines Amis	Forums online Journaux alternatifs Magazines de niche Amis	Réseaux sociaux Websites e-zines Blogs Amis-
J'accorde ma confiance aux médias qui...	Font des analyses approfondies et ont bonne réputation.	Sont impertinents et repoussent les limites.	Sont accessibles online, pas la TV ni les journaux.
Mon style de communication préféré est...	Formel et vertical en respectant la ligne hiérarchique – ne me mettez pas en copie de tout mais gardez-moi informé.	Communication en continu, interactive – Ne me cachez pas des informations .	Être constamment en contact.Je veux savoir en permanence ce qu'il se passe donc ne me tenez pas à l'écart. Mes amis et moi parlons de tout.
L'e-mail c'est...	Quelque chose à faire en plus et une nouvelle manière de faire, à apprendre.	La meilleure manière de rester en contact.	Pas vraiment aussi bien que l'instant messaging ou les chats par réseaux.
Instant Message c'est...	Une nouvelle distraction qui encombre mon écran.	Une manière bonne et efficace de faire les choses.	Comme respirer – Je peux mener plus de 7 conversations simultanées.
Les Text Messages c'est...	Difficile à utiliser, pour les geeks	Bien pour les messages courts.	Ce que j'utilise tous les jours.
Le Mobile vidéo messaging c'est...	Aucune idée	Une nouveauté	Un truc ordinaire
PowerPoint c'est...	Efficace et professionnel.	Mon bras droit que j'utilise tous les jours.	Plutôt ennuyeux et difficile à rendre intéressant.
Les réunions en présentiel...	Vital	Clé. J'ai besoin de rencontrer réellement mes interlocuteurs pour pouvoir mieux les comprendre.	OK, mais je peux être aussi efficace en menant des meetings virtuels ou je peux faire les 2 en même temps.
Les moteurs de recherches sont...	Utiles mais je m'en méfie.	Juste nécessaires. Comment survivre sans Google ou Wikipedia ?	Mon super outil, ma home page et bien plus encore ...
Les Conférence calls sont...	Ce qu'il y a de mieux hormis un meeting physique.	La manière habituelle de travailler de nos jours.	Une manière d'être multitaches pendant qu'on écoute. Ce que nous faisons habituellement.

Source : New Paradigm Learning Corporation – traduit de l'anglais peut-être dans leurs demandes incessantes de feedback et sans doute trop susceptibles face à la critique, ils recherchent la transparence et traquent les non-dits. D'autres études mettent en évidence qu'ils sont soucieux d'une qualité de vie au travail qu'ils perçoivent de moins en moins comme un endroit clos. 40 % apprécient travailler le soir, 35 % les week-ends et plus de 20 % dans les transports. Enfin, ils ont aussi les yeux rivés sur la rémunération et sont conscients des transferts ou des nouvelles sources de création de valeur liée à la transformation digitale des entreprises.

TRAVAILLER ENSEMBLE

Au cours des décennies écoulées, la cohabitation génération-nelle au sein des banques s'est globalement opérée sans fric-tion majeure. Chaque nouvelle génération semblant trouver un modus vivendi avec la génération précédente pour pro-gressivement faire évoluer les cadres et les valeurs. Toutefois, il semblerait que cette fois, avec la génération Y et bientôt Z, la perspective d'une évolution lente et progressive soit remise en cause.

La question centrale pour les managers des banques est de savoir comment encadrer et motiver une nouvelle génération de jeunes collaborateurs aux attentes et aspirations qui semblent si différentes. En symétrie, pour les jeunes collaborateurs de la génération Y, il s'agit de trouver comment la banque pourrait être un lieu d'épanouissement personnel et collectif.

Pourtant, le contexte de transformations digitales dans les-quelles sont engagées toutes les activités bancaires devrait être propice à cette remise en cause. La prise de conscience que le monde change, qu'aujourd'hui, la banque est digitale et sociale, est unanime. Tous les métiers de la banque, des activités de front aux fonctions de back office, de support ou règlementaires sont affectés par le digital, le big data ou la révolution de l'intelligence artificielle. Les clients, *retail* ou grands *corporates* changent, leurs attentes et les standards de choix ont évolué, ce qui a poussé toutes les banques à repenser leur « expérience client » en adoptant les technologies digitales et les codes associés. Au-delà, le digital se révèle être un vecteur majeur de maîtrise des coûts et d'amélioration de l'efficience des modèles opératoires bancaires.

Les banques ont pris conscience de l'influence de ces transformations digitales pour promouvoir de nouvelles méthodes de travail, d'animation et de fonctionnement. Sous l'impulsion des directions des ressources humaines ou à l'initiative des managers opérationnels, de nouvelles approches sont expérimentées.

S'il est un concept qui illustre bien cette transformation, c'est celui de la méthode agile qui est le plus caractéristique. De nombreuses banques ont adopté cette méthode de projet privilégiant le court terme, le travail en équipe pluridisciplinaire et la recherche de résultats concrets, rapidement expérimentables sur le terrain pour favoriser une boucle de feedback et d'amélioration progressive. On mesure aisément que ces approches sont à l'opposé des valeurs traditionnelles des banques. Au-delà du jargon et des cérémoniaux embarqués par cette méthode faisant la part belle aux codes des start-up digitales (on parle de *pizza team*, de *product owner*, de *morning meeting*…), ces approches qui se généralisent désormais pour devenir un mode d'animation à part entière contribuent à diffuser les codes et les méthodes de travail digital au sein des banques en cherchant à embarquer l'ensemble des collaborateurs quelle que soit leur génération ou leur ancienneté.

D'autres initiatives sont mises en œuvre pour favoriser l'intégration des jeunes générations Y dans les banques. L'installation de nouveaux espaces de travail plus conviviaux, mieux adaptés aux différentes situations de travail (dans une journée ou au cours de l'année) et moins formels se répand rapidement. Dans le même esprit, certaines banques ont mis en œuvre avec succès la diffusion des notes de procédures via YouTube, par exemple, dans des formats courts et démonstratifs pour s'adapter aux codes digitaux, ou encore la création de réseaux sociaux d'entreprise ou de forums de discussions pour répondre à cette nouvelle culture de fonctionnement en réseau que semblent privilégier les jeunes générations.

En symétrie, de nombreuses expériences sont développées pour rapprocher les générations. Ainsi, plusieurs banques expérimentent le *reverse mentoring* permettant à certains cadres exécutifs d'être coachés par des jeunes collaborateurs pour mieux comprendre l'utilisation des outils digitaux et la culture qui les accompagne. Dans le même esprit, de nombreuses banques ont mis en place des « passeports digitaux », sorte de cursus de formation et d'acculturation au digital, ou encore des initiatives de type « concours de l'innovation » pour favoriser la collaboration et la recherche de regards neufs sur son activité qui semble être une caractéristiques essentielle de la culture digitale portée par la génération Y.

Réenchanter le travail et le management des banques

Mais dans un paysage bancaire qui se transforme profondément, on sent bien qu'il ne s'agit pas seulement de communiquer ou de mettre en œuvre des modes de collaboration faisant la part belle aux nouvelles technologies digitales. C'est le management qui doit changer, et les jeunes générations peuvent aider les managers plus anciens à la fois à en prendre conscience et également à trouver de nouveaux modes de fonctionnement.

Il devient nécessaire d'inventer de nouveaux modèles et de nouveaux rapports managériaux – il ne s'agit plus de délivrer du sens à la place des autres, mais de faire émerger le sens via l'action et l'engagement – le sens n'est ni un discours ni un message, c'est une construction. Mais pour que cela marche, il s'agit d'une part d'aller au-delà du gadget et de l'agitation de surface, et il faut d'autre part accompagner les managers pour qu'ils apprennent à décoder les nouvelles attentes, sans en avoir peur (là pourrait se situer une résistance forte).

La génération Y peut aider les managers à réaliser qu'il faut réenchanter le travail au sein des banques ou, tout au moins, le rendre compatible avec les évolutions sociétales. Ce réenchantement affecte fortement, frontalement, la fonction managériale. Il passe, pour en faire la synthèse rapide, par la notion de l'« auto », qui est la catégorie dominante de notre temps : « auto-motivation », « auto-organisation », « auto-nomie ».

On parle aussi de la fin de la séparation entre tâches de direction et tâches d'exécution, fort rétrécissement de la ligne hiérarchique, confiance et transparence dans le partage de l'information, suppression des statuts et des différences. Les effets les plus marquants : suppression de l'encadrement intermédiaire, suppression du comité de direction, allègement important des fonctions supports, fin du reporting et des tableaux de bord, confiance absolue en la capacité des groupes à s'autoréguler et politique de rémunération revue fondamentalement. De nombreuses entreprises symbolisent cette révolution managériale, ce sont souvent des entreprises de services, ce qui est encourageant pour les banques (Goretex, Google, Chronoflex, Favi, Whole Foods…) mais encore trop peu d'établissements bancaires.

Assistons-nous à un effet de mode ? Je ne le crois pas pour les raisons évoquées plus haut. Entrons-nous dans une ère marquée par la fin du management ? Non, car il ne peut y avoir, sans contradiction, de modèle « d'entreprise libérée ». Il ne s'agit pas de répéter, de singer un modèle. Au fond, il n'y a plus de modèle managérial et il va falloir apprendre à travailler sans modèle.

Difficile à ce stade de dire quelle sera la vitesse de transformation et quel sera le degré de transformation des modes d'organisation et de management, sachant que cette notion de génération Y est discutable en tant que concept. Une fois au pouvoir, en effet, cette génération pourrait elle aussi se comporter comme ses devancières et gélifier tout processus de changement : effet de génération ou effet d'âge ? De quelle génération Y parlons-nous ? Une génération Y posée indépendamment d'autres grilles de lecture, certes plus à la mode, comme celle des classes sociales.

La génération Y ne peut être perçue comme la génération messianique dans laquelle viendraient se cristalliser toutes les espérances de changements. Peut-être faut-il être plus mesuré et profiter de cette aspiration au changement pour expérimenter de nouvelles approches en associant managers et génération Y à la définition de nouveaux modèles. Nous assistons à une formidable recomposition du management. Les lignes de transformation : des fonctions de contrôle, de coordination et de décision qui doivent évoluer vers une fonction critique de catalyseur de l'action collective – défaire les routines – et favoriser l'effervescence des communautés de travail. Un passage de l'autorité formelle à l'existence d'un pouvoir réel. Tel est le sens de la transformation et non d'une quelconque fin du management.

Moins de management, et plus de managers avec des qualités propres : modestes, soucieux de l'épanouissement de leurs collaborateurs, tenaces, ouverts, courageux…

Chapitre 7

L'expérience client digitalisée

Olivier Sampieri[1]

Accélérée par les nouvelles technologies et les changements démographiques, la digitalisation transforme notre société dans son ensemble, sans épargner la banque de détail. Elle se traduit par de fortes évolutions des attentes et des comportements des clients, l'émergence de nouveaux modèles économiques et de nouveaux acteurs, mais aussi l'apparition de nouveaux risques, notamment les enjeux de cybersécurité.

Au cours des vingt dernières années, notre monde est devenu hyperconnecté : il y avait 1 000 ordinateurs connectés à Internet en 1984, 1 million en 1992, 370 millions en 2000, 8 milliards d'objets connectés en 2017, potentiellement 20 milliards en 2020[2]. Le nombre d'internautes a crû démesurément. Aujourd'hui, 3,4 milliards d'êtres humains ont accès à Internet et le parc de smartphones atteint 2,8 milliards dans le monde.[3] En France, 85 % des adultes ont accès à Internet, 74 % l'utilisent tous les jours, et ils y passent en moyenne 18 heures par semaine.[4] Internet est utilisé pour échanger avec ses connaissances, personnelles et professionnelles, suivre l'actualité, faire

---

1. Cette contribution est nourrie des travaux collectifs des équipes Services financiers de BCG et de réflexions plus personnelles de l'auteur. Elles n'engagent que lui.
2. Étude Gartner, février 2017.
3. Mary Meeker, mai 2017.
4. Étude CREDOC, 2016.

des achats et bien sûr, gérer son argent. L'utilisation d'Internet et des nouvelles technologies ne peut que s'accélérer avec le poids croissant dans la population des nouvelles générations : les « Millennials » ou la « génération Y », nés entre 1980 et 2000, qui ont grandi avec l'Internet et représentent désormais 40 % de la population active en France, et demain la « génération Z », née au XXIe siècle, dans un monde déjà largement digitalisé ; ils seront les premiers véritables « digital natives ».

Au-delà de l'explosion de la connectivité, l'innovation technologique n'a jamais été aussi rapide qu'au cours des cinq dernières années, et elle devrait encore s'accélérer. Plusieurs technologies émergentes ont un potentiel de disruption très fort : l'intelligence artificielle, la réalité augmentée, la blockchain, la biométrie, par exemple, peuvent transformer profondément les relations des clients avec leur banque. Certes, le secteur financier a traditionnellement été assez lent dans l'adoption des innovations, mais les choses changent. En Inde, la biométrie a permis de créer une gigantesque base d'identités regroupant plus d'un milliard de citoyens, utilisée comme plateforme pour un grand nombre de services, notamment bancaires. Plus près de nous, la biométrie est utilisée pour permettre la reconnaissance vocale des clients appelant les centres d'appels. L'intelligence artificielle crée de nouvelles opportunités. Alexa, l'assistant digital d'Amazon, utilise l'intelligence artificielle pour parler, se coordonner avec les plateformes logistiques et faire des recommandations personnalisées. Lemonade, une Fintech active sur le marché de l'assurance américain, utilise l'intelligence artificielle pour traiter des déclarations de sinistre en quelques secondes, détecter la fraude, anticiper les besoins des assurés. Blackrock, le premier gérant d'actifs mondial, investit dans l'intelligence artificielle pour sélectionner les titres. Certaines banques utilisent l'intelligence artificielle pour automatiser les tâches, permettant des économies sur les activités de back office dépassant 50 %.

D'autres technologies sont porteuses de très grandes promesses mais sont encore émergentes. Ainsi, plusieurs prestataires de paiement investissent dans la blockchain pour permettre des paiements instantanés sécurisés.

LES ATTENTES DES CLIENTS SONT INFLUENCÉES PAR LEURS AUTRES EXPÉRIENCES DIGITALES

Les attentes des consommateurs évoluent sous l'influence de leur expérience des offres digitales dans leur vie quotidienne. Ils s'habituent à utiliser les canaux et les outils digitaux pour gérer une part croissante de leurs besoins : acheter des biens, réserver un hôtel, commander et payer un taxi, remplir leur déclaration d'impôts…

Entraîné par les géants digitaux, au premier rang desquels Google, Apple, Facebook et Amazon, le nouveau paradigme digital façonne les comportements des clients. Des services à la demande offerts par Uber ou Deliveroo installent de nouveaux standards de disponibilité et de flexibilité. Netflix ou Starbucks proposent des offres personnalisées qui permettent de renforcer les relations clients. Ces nouvelles propositions de valeur influencent les attentes des clients dans tous les secteurs, y compris la banque de détail.

Les clients attendent de leur banque qu'elle protège leurs avoirs et les aide à réaliser leurs objectifs financiers. Ils souhaitent aussi des interactions simples et efficaces, une fiabilité totale, des processus intuitifs et une grande capacité d'adaptation lorsque leur situation personnelle évolue. Ils demandent de la flexibilité sur la manière dont ils interagissent avec la banque. Certains privilégient les contacts humains en proximité, le modèle traditionnel de relation. D'autres, de plus en plus nombreux, souhaitent des interactions essentiellement à distance, voire purement digitales. Mais la majorité privilégie une approche hybride, combinant des interactions digitales, notamment pour les activités du quotidien, et un conseil humain pour les opérations plus engageantes. Mais toutes ces relations, humaines, digitales ou hybrides, doivent désormais s'appuyer sur des outils digitaux.

LES INTERACTIONS ENTRE LES CLIENTS ET LEUR BANQUE UTILISENT DÉJÀ MASSIVEMENT LES CANAUX DIGITAUX

Les relations entre les banques et leurs clients ont beaucoup évolué au cours des dix dernières années. De fait, l'analyse des comportements et des attentes des clients vis-à-vis de leur banque montre à la fois des rémanences et des évolutions profondes. Une enquête client conduite par le Boston Consulting Group (BCG) en mai 2017 auprès de plus de 2 000 personnes représentatives de la population française apporte un éclairage sur les relations et les interactions des clients avec leur banque.

Année après année, les banques digitales « pures » conquièrent de plus en plus de clients, mais la très grande majorité du stock reste attaché aux banques traditionnelles, au moins pour la domiciliation des revenus (relation bancaire principale).

Ainsi, en France, les banques « traditionnelles » (Crédit Agricole, La Banque Postale, Caisse d'épargne, Crédit Mutuel, Société Générale, BNP Paribas, LCL, Banque Populaire, HSBC, Crédit du Nord, CIC) concentrent toujours plus de 95 % des relations principales. Les banques digitales (Boursorama, Fortuneo, HelloBank!, BforBank…), toutes filiales des groupes bancaires précédents, ne représentent encore que 2 à 3 % des relations principales. Les autres banques, de nature hétérogène (filiales de sociétés d'assurance, telles Axa Banque, Groupama Banque ou Allianz Banque, de distributeurs comme Carrefour Banque, banques familiales régionales, filiales de banques étrangères) gèrent seulement 2 à 3 % des relations principales.

Les clients français bénéficient d'une très grande capillarité des réseaux d'agences bancaires. Environ 25 % des particuliers sont à moins de cinq minutes de leur agence, 40 % entre 5 et 10 minutes et 25 % entre 10 et 20 minutes, soit à peine 10 % à plus de 20 minutes. Malgré le développement des contacts digitaux, la proximité offerte par les établissements bancaires à leurs clients reste très forte.

Les clients français restent attachés à leur conseiller bancaire : 85 % d'entre eux ont (ou pensent avoir) un conseiller dédié, 6 % ne savent pas s'ils en ont un et 9 % n'en ont pas. L'implication du conseiller dédié est perçue comme « essentielle » pour les opérations « engageantes » : souscrire un crédit immobilier (50 % des français) ou un produit d'épargne complexe (49 %), faire un bilan de sa situation financière (48 %), négocier une autorisation de découvert (44 %). Mais les clients font la part des choses, et ils ne sont que 32 % à juger sa présence essentielle pour souscrire un produit d'épargne basique et seulement 12 % pour faire une opération courante.

Au cours des dernières années, les clients n'ont cessé de réduire le nombre de leurs visites en agence et de rendez-vous avec leur conseiller, alors que le nombre de connexions sur Internet ou sur les applications mobiles ont explosé. Ainsi, le nombre de clients fréquentant leur agence plus d'une fois par mois est passé de 52 % en 2010 à seulement 20 % en 2016 (13 % pour les 18-34 ans).[1]

34 % des Français ont eu plus de deux rendez-vous (d'au moins 15 minutes) avec leur conseiller au cours de la dernière année, 29 % un seul rendez-vous, et 26 % aucun. À ces rendez-vous s'ajoutent des échanges ponctuels : 28 % ont eu au moins

---

1. Enquête BVA pour la FBF, observatoire 2016 de l'image des banques.

deux contacts rapides en agence, 40 % au moins deux échanges téléphoniques. L'utilisation des courriers électroniques monte en puissance : 45 % des Français ont eu au moins deux échanges d'e-mail avec leur conseiller dans l'année, 17 % un seul et 39 % aucun.

Cela se vérifie aussi pour les clients « patrimoniaux » (foyers avec un patrimoine financier supérieur à 75 000 euros ou un revenu mensuel supérieur à 4 000 euros) : seuls 44 % d'entre eux ont eu plus de deux rendez-vous au cours de la dernière année, 51 % au moins deux échanges téléphoniques, et 54 % au moins deux échanges d'e-mail.

Ainsi, la relation avec le conseiller n'est plus seulement en proximité, mais désormais majoritairement à distance, par téléphone et par e-mail.

Au-delà des échanges avec leur conseiller, les clients ont basculé vers des interactions avec leurs banques très majoritairement digitalisées. En moyenne, les Français déclarent environ 170 contacts annuels, de toute nature, avec leur banque, soit près d'un contact tous les deux jours. Les clients patrimoniaux en ont environ 180 et les clients âgés de 18 à 34 ans près de 200.

Les contacts avec leur conseiller représentent seulement 7 % du total (8 % pour les clients patrimoniaux), dont la moitié à distance (téléphone ou e-mail). En rajoutant les visites au guichet, les contacts avec les personnels de l'agence représentent 11 % du total (idem pour les clients patrimoniaux). Les appels téléphoniques aux centres de relation clientèle représentent moins de 2 % des contacts ; ainsi, les contacts « humains » totalisent moins de 15 % du total, y compris pour les clients patrimoniaux. L'utilisation des Guichets automatiques de banque (GAB) représente près de 20 % des contacts, pour tous les segments. Les visites sur le site internet de la banque représentent environ 45 % des contacts (35 % pour les 18-34 ans) et l'application mobile environ 22 % (34 % pour les 18-34 ans) avec une croissance exponentielle pour ce dernier canal. Les canaux digitaux drainent désormais plus des deux tiers des contacts des clients avec leur banque (près de 70 % pour les 18-34 ans) et si l'on rajoute les canaux « automatiques » (GAB), c'est plus de 85 % des contacts qui sont désormais automatisés.

Même si les clients conservent un attachement à leur conseiller, en particulier pour les opérations engageantes, et apprécient la proximité de leur agence, ils ont basculé la grande majorité de leurs interactions vers des canaux digitaux.

LA DIGITALISATION FAVORISE L'ÉMERGENCE DE NOUVEAUX « BUSINESS MODELS » ET ACTEURS

Le secteur bancaire est traditionnellement constitué d'acteurs intégrés verticalement en compétition avec des acteurs similaires. En diminuant les coûts de transaction et le bénéfice des effets d'échelle, la digitalisation favorise la désagrégation des chaînes de valeur et crée davantage de concurrence sur chaque étape. Elle expose les banques à la concurrence de nouveaux acteurs.

Grâce aux avancées technologiques, au développement du mobile et des médias sociaux, de nouveaux business models de services financiers apparaissent chez des Fintech, les géants du digital, des acteurs d'autres secteurs (notamment des télécommunications), et quelques banques plus innovantes. Le risque principal pour les banques est de perdre l'interface client sur les interactions quotidiennes, en particulier sur les paiements et d'être progressivement désintermédiées sur l'épargne et les crédits.

Quelques grandes plateformes cherchent à se positionner sur le contrôle de l'accès client en offrant des solutions de paiement sur Internet et mobile : Google, Apple, PayPal. Malgré les succès inégaux de leurs initiatives à date, ils ne s'arrêteront sans doute pas là. Le leader chinois du e-commerce, Alibaba, a greffé des offres d'épargne et de crédit à sa solution de paiement digitale et capté plus de 100 milliards de dollars d'épargne en quelques années, devenant le plus grand fonds d'investissement de Chine.

Les Fintech ont levé plus de 100 milliards de dollars depuis 2010. Elles couvrent un large périmètre d'activités autrefois réservées aux banques. Les opérateurs de télécommunication s'intéressent de plus en plus aux services financiers. Dans les paiements, d'abord, à l'instar de Safaricom, filiale de Vodaphone, dont la solution de paiement mobile, M-Pesa, est utilisée par les deux tiers de la population kenyane. Orange a développé avec succès une banque « mobile » en Pologne et vient de lancer Orange Bank en France, avec de grandes ambitions.

Les banques qui ne parviendront pas à se hisser à la hauteur des attentes clients par une digitalisation profonde de leur modèle, auront de plus en plus de mal à attirer, équiper et retenir leurs clients.

RÉUSSIR LA DIGITALISATION DE L'EXPÉRIENCE CLIENT

Les banques bénéficient d'une position de départ forte. Leurs larges bases de clients et la confiance qu'elles continuent d'inspirer, plus que tout autre acteur, pour gérer les finances de leurs clients, leur confèrent pour l'instant un avantage compétitif certain.

Pour le préserver, elles doivent réinventer leurs propositions de valeur en se mettant à l'écoute des consommateurs pour leur offrir des solutions qui répondent à leurs attentes et délivrer une expérience supérieure. Elles doivent développer de nouvelles compétences pour être à la hauteur des innovateurs digitaux.

La digitalisation, que l'on peut définir comme l'utilisation des technologies digitales pour rebâtir tous les éléments de l'expérience client et des processus sous-jacents, devient un impératif.

La digitalisation permet d'enrichir les propositions de valeur. Par exemple, elle rend possible la fourniture de conseils en investissement personnalisés à la clientèle de masse, ce qui n'était pas économiquement rentable il y a quelques années. La digitalisation permet aussi d'améliorer l'efficacité des processus de traitement grâce à l'automatisation des tâches (« *straight through processing* »), voire leur robotisation (« *robotic process automation* »). Les actions manuelles sont remplacées par des solutions informatiques, augmentant la vitesse d'exécution tout en diminuant les taux d'erreurs. Les progrès de l'intelligence artificielle permettent d'envisager d'aller encore plus loin dans les gains d'efficacité.

Digitaliser le modèle de distribution

La plupart des grandes banques de détail ont engagé la transformation de leur dispositif de distribution pour l'adapter aux besoins des clients qui souhaitent un accès à travers de multiples canaux, à tout moment et en tout lieu. Cela nécessite un développement accéléré du canal mobile qui est en train de dépasser le PC en France et a déjà pris un net avantage dans de nombreux pays d'Europe du nord. Mais tous les clients n'évoluent pas au même rythme. Certains préfèrent encore et pour longtemps les interactions physiques pour l'essentiel de leurs échanges avec la banque. La digitalisation des interactions doit donc s'accompagner d'une approche davantage segmentée.

La digitalisation du modèle de distribution doit rendre possibles la vente rapide de tous les produits simples et l'exécution efficace des transactions basiques. Les interactions humaines pourront ainsi se concentrer sur les ventes relationnelles et l'exécution d'opérations plus complexes. Un modèle omnicanal efficace doit faciliter les interactions de manière à ce que les canaux se complètent l'un l'autre en permettant des parcours clients naturels, et orienter les transactions vers le canal le plus facile et le moins coûteux pour les effectuer. Les banques de détail doivent aussi ajuster le rôle, la densité et le format de leurs agences pour garder une capacité de distribution de proximité à moindre coût.

Digitaliser les offres

Les consommateurs souhaitent des échanges interactifs qui apportent des conseils pertinents et des offres correspondant vraiment à leurs besoins.

Les banques doivent proposer des produits et services mieux adaptés aux attentes et à la situation des clients, ce que rend possible la grande quantité de données dont elles disposent. Le « big data » ouvre la porte à des opportunités de ventes plus pertinentes, des segmentations plus fines et des offres mieux ciblées.

Les banques doivent d'une part faciliter les « ventes en un clic » de produits simples, traitées de manière automatisée, et d'autre part proposer des offres correspondant à des besoins spécifiques, suivant un modèle de « personnalisation industrielle ».

Réinventer les parcours clients de bout en bout

Réussir la digitalisation de l'expérience client requiert de faire évoluer les « parcours clients » en les reconstruisant autour des besoins des utilisateurs plutôt que des processus internes, et en intégrant les apports des solutions digitales. Un parcours client comprend toutes les étapes d'action et de décision que suit un prospect ou un client lorsqu'il envisage de réaliser une opération et éventuellement la conclut. Cela concerne notamment toutes les interactions qu'il a avec la banque, à travers tous les canaux, physiques et distants, pendant les phases d'information, de sélection, d'achat et d'utilisation du produit ou service. Ouvrir un compte courant, obtenir un crédit ou faire un investissement dans un fonds peuvent impliquer des dizaines de processus au sein de la banque. Mais pour le client, ce parcours devrait être vécu comme une expérience unique, de qualité : intuitive, rapide, personnalisée et sans erreur.

Digitaliser les parcours clients suppose de repenser les processus de bout en bout, en prenant la perspective du client pour simplifier, fluidifier et enrichir – lorsque pertinent – les échanges entre la banque et son client.

Même si beaucoup de banques de détail ont pris conscience du besoin de digitaliser les parcours clients et ont engagé des premiers projets, un danger les guette : celui de se contenter d'améliorer les couches superficielles d'interaction avec le client, en reformatant leur site web ou en créant des applications dédiées à de nouveaux usages, sans transformer profondément les processus internes sous-jacents. Cela limite fortement leur capacité à améliorer l'expérience client et, par ailleurs, à saisir les opportunités d'optimisation des coûts. Par exemple, de nombreuses banques proposent désormais à leurs clients des applications séduisantes pour demander une pré-autorisation et un taux sur un crédit immobilier. Mais si les clients constatent ensuite que l'analyse du crédit et sa signature exigent de nombreux allers-retours en agence, beaucoup de papier et de temps, ils seront probablement déçus.

Renforcer les capacités d'innovation

L'accélération du développement des nouvelles technologies rend plus que jamais nécessaire le renforcement de la capacité d'innovation des banques, à la fois en termes de compétences, de modèle économique et d'état d'esprit. Bien mise en œuvre, une forte culture d'innovation offre aux banques l'opportunité de dépasser la compétition. Les banques doivent déterminer quelles nouvelles technologies peuvent être déployées, quand et comment. Face à la multitude d'innovations, elles doivent se doter des compétences et des moyens nécessaires pour comprendre, évaluer, tester et déployer les nouvelles technologies. Des évolutions culturelles sont aussi nécessaires. Toutes les innovations technologiques ne connaîtront pas le succès. Développer des approches « *test and learn* », accepter l'échec – sans trop tarder – et recommencer sont les éléments clés d'une culture d'innovation et d'adaptabilité qui n'est pas toujours dans la tradition des banques. Enfin, certains modèles économiques fondés sur les nouvelles technologies, notamment la robotisation enrichie par l'intelligence artificielle, auront des implications sur les besoins de main-d'œuvre. Les banques devront gérer leurs ressources humaines et leurs talents en tenant compte de ces évolutions.

Maîtriser les risques technologiques

La compréhension et la gestion des risques technologiques deviennent un impératif pour les banques, qui doivent se doter des compétences nécessaires pour les maîtriser. La digitalisation a permis des avancées en matière de sécurité et de lutte contre la fraude. Mais en même temps, elle crée de nouvelles vulnérabilités : incapacité de délivrer le service attendu à cause de bugs informatiques, erreurs de modèles, brèches dans la protection des données. En 2014, une cyber-attaque contre JP Morgan a exposé des données de plus de 70 millions de comptes bancaires. Les banques doivent urgemment renforcer leurs ressources et outils en matière de cybersécurité.

UNE DÉMARCHE SYSTÉMATIQUE DE DIGITALISATION DE L'EXPÉRIENCE CLIENT

Beaucoup de banques de détail reconnaissent le besoin de changement, mais sans un plan systématique de transformation pour intégrer les nouvelles pratiques et compétences digitales dans l'ensemble de l'organisation, elles ne réalisent pas l'effet attendu.

Certaines banques, parmi les plus avancées, ont engagé une multitude de projets digitaux, les uns portant sur les données, les autres sur des outils de distribution ou sur l'automatisation des processus. Ils sont rarement intégrés dans une démarche cohérente de transformation des expériences clients. Même si les technologies jouent évidemment un rôle important dans la transformation digitale, celle-ci ne peut réussir que si elle s'accompagne d'une profonde évolution des modes de fonctionnement.

Les banques doivent établir leur stratégie et leur agenda de digitalisation. De plus en plus, la vitesse de transformation digitale devient un avantage compétitif. Les approches doivent être adaptées à leur point de départ et aux marchés où elles exercent, mais un certain nombre de lignes de force se dégagent.

D'abord, les banques doivent identifier les « parcours clients à transformer » en priorité et le faire en appliquant des approches de développement centrées sur le client. Elles doivent simplifier et améliorer les processus sous-jacents de bout en bout, en saisissant les opportunités de dématérialiser et automatiser les traitements – en intégrant les progrès récents de la robotique enrichie par l'intelligence artificielle, qui ouvrent de nouvelles perspectives.

En parallèle, les banques doivent adapter leur architecture des systèmes d'information pour les rendre plus modulaires, ouvertes aux API (*Application Programming Interfaces*) et centrées sur les données. La modernisation des systèmes historiques et l'optimisation de la gestion des données deviennent des conditions de succès essentielles.

Par ailleurs, les organisations doivent évoluer vers de nouveaux modèles de gouvernance et de financement adaptés pour permettre la digitalisation du dispositif tout en continuant de gérer les systèmes historiques qui font tourner la banque. Quelques organisations ont adopté des approches innovantes pour bâtir une plateforme digitale à côté des systèmes historiques avant de les réunifier à terme.

Finalement, de nouvelles compétences et des talents différents sont nécessaires : responsables produits (« *product owners* »), designers spécialisés en expérience et interface clients (« *UX/UI designers* »), architectes de solutions (« *solution architects* »), ingénieurs software (« *software engineers* »), expert data (« *data scientists* ») pour n'en citer que quelques-uns. Les banques devront développer de nouvelles approches pour recruter, développer et retenir ces nouveaux profils très courtisés.

Vers une expérience client toujours plus digitalisée

La vague digitale a fait de la qualité de l'expérience client digitalisée un facteur clé de succès majeur pour les banques de détail, qui complète et remplace progressivement des sources traditionnelles davantage compétitives telles que la densité de la présence physique.

Influencés par les géants de l'Internet qui interviennent de plus en plus à la lisière des services bancaires, les consommateurs exigent des interactions simples et intuitives, des informations disponibles à la demande, des expériences personnalisées et davantage d'expertise, ce que permettent les nouveaux outils digitaux, sans cesse améliorés par les innovations technologiques.

Pour autant, la qualité des interactions humaines, en proximité ou à distance, restera longtemps un facteur déterminant, notamment lors des moments clés de la vie du client. Les meilleures banques seront celles qui parviendront à combiner, au sein de parcours clients réinventés, la réactivité et l'efficacité du digital avec une qualité relationnelle, humaine supérieure.

Chapitre 8

Banques et intelligence artificielle

Nicolas Sekkaki

CETTE PÉPITE, LA DONNÉE

Les banquiers ont depuis toujours compris la valeur de la donnée. Leurs systèmes d'informations sont d'ailleurs les plus sophistiqués au monde et ils surpassent tout autre secteur industriel sur le ratio investissement informatique/chiffre d'affaires. La donnée n'a jamais été aussi abondante sur la planète. Nous en générons aujourd'hui environ 16 zettaoctets par an (l'équivalent de 16 milliards de disques de un teraoctet). Et ce chiffre va croître de manière exponentielle : dans 10 ans, nous en produirons 10 fois plus par an !

Cependant, telle la matière première, si elle n'est pas traitée et transformée, la donnée n'a que peu de valeur. Or, aujourd'hui, la majorité des banques n'exploite qu'une partie infime des données qu'elles possèdent. Un gâchis qu'aucune banque ne peut désormais se permettre vu la situation actuelle.

En effet, de nouvelles lignes de force sont en train d'accélérer la transformation du paysage bancaire. Les obligations règlementaires et la complexité des mesures de sécurité nécessaires – et sans cesse croissantes – représentent des coûts de plus en plus importants qui alourdissent considérablement le bilan des banques. Et pourtant, paradoxalement, ces contraintes ont constitué jusqu'alors une barrière à de nouveaux entrants et permettent aux banques de protéger des services à marge plus confortable. Mais la situation est en train de changer. Petit à petit, les Fintech, les agrégateurs de comptes ou de nouveaux acteurs venant d'autres horizons (opérateurs télécom, chaînes de distribution, Amazon, Alibaba…) grignotent ces marges. Nous sommes de plus en plus à l'aise avec la banque digitale et à distance, voire demandeurs. Les moyens de paiement se multiplient, se dématérialisent, s'invitent sur nos téléphones portables ou dans les bureaux de tabacs. Facteur aggravant − comme le dévoile une enquête menée par l'IBM Institute Business Value − les banques surestiment d'un facteur 2 le pourcentage de clients satisfaits par leur expérience bancaire. Ainsi, dans un récent article, Mc Kinsey & Co projette que d'ici 2025, 60 % des profits des banques de détail seront vulnérables à la concurrence.

Pour beaucoup de banques, cette combinaison de coûts, de compétition − à la fois traditionnelle et provenant de nouveaux acteurs −, d'attentes client mais aussi de perte de confiance, représente une menace existentielle. Pour survivre, les banques savent qu'elles doivent se réinventer dans ce monde digital, créer de nouveaux « business models », lancer de nouvelles offres et transformer l'expérience client afin de trouver de nouvelles sources de revenu.

Comment ? La réponse est comme pour bien d'autres secteurs : dans les données. Mais si elles sont devenues abondantes, elles sont également plus complexes à exploiter. En effet, plus de 80 % de l'information que nous générons aujourd'hui est dite « non structurée ». Les images, vidéos, tweets, e-mails, documents en sont quelques exemples. Or, jusqu'à aujourd'hui, les systèmes d'information ne savaient traiter que les données structurées (chiffres, mots) et uniquement stocker celles non structurées, laissant dans l'ombre toute leur valeur.

Mais une révolution est en train de s'opérer avec les progrès fulgurants de l'intelligence artificielle (IA). Non seulement elle va permettre de mieux comprendre et analyser les données structurées et non structurées – et c'est là toute sa force – mais elle peut changer drastiquement l'expérience client, comme nous le verrons plus tard.

Menace ou opportunité pour les banques, l'intelligence artificielle passionne. Décriée par certains, adoptée par d'autres, il ne se passe pas un jour sans qu'on en parle. Avant de regarder le champ des possibles que seule l'imagination contraint, penchons-nous sur les récents progrès de l'IA.

PROGRÈS DE L'IA, UNE ACCÉLÉRATION RÉCENTE

Commençons par revenir un peu en arrière, aux prémices de l'intelligence artificielle. L'un des premiers chercheurs à explorer le domaine a sans doute été Alan Turing, qui s'est, entre autres, distingué pour avoir décodé la machine Enigma pendant la Seconde Guerre mondiale. Dans l'un de ses articles, « *Computing Machinery and Intelligence* » (1950), il expose une expérience qui porte depuis le nom de « test de Turing ». Une personne est en conversation aveugle avec, d'un côté une machine et de l'autre un humain. Si cette personne ne peut pas distinguer l'homme de la machine, alors nous aurons une machine qui « pense ». Nous savons aujourd'hui que nous pouvons interagir avec une machine en langage naturel sans qu'elle ne pense pour autant.

Il faudra ensuite attendre presque 50 ans pour qu'en 1997, la machine « Deep-Blue » d'IBM gagne pour la première fois contre un champion d'échecs, Garry Kasparov. Une grande première à l'époque ! Quinze ans plus tard, Alphago, développé par une filiale d'Alphabet, bat à son tour l'humain au jeu de Go, et Lee Sedol s'incline cinq fois consécutives. Si la machine a pu ainsi battre l'homme, c'est en partie parce qu'elle est de plus en plus puissante. Les échecs ont 10^{50} positions et le jeu de go 10^{170}. La loi de Moore, qui prédit un doublement de la puissance des processeurs tous les 18 mois, permet d'expliquer en partie le succès de la machine, mais seulement en partie. Avec suffisamment de puissance, vous pouvez dans un temps assez court explorer toutes les combinatoires possibles. Mais dans les deux cas, ce qui est avant tout remarquable, c'est que la machine apprend. Plus elle joue, plus elle s'améliore ! Alphago a ainsi joué des millions de fois contre lui-même.

Pourquoi assistons-nous ces derniers temps à une accélération de l'IA alors que la théorie existe depuis des dizaines d'années ? C'est dans plusieurs facteurs concomitants que se trouve la réponse :

- le processus d'apprentissage de l'IA requiert une puissance informatique colossale qui était, il y a encore peu, l'apanage exclusif de certains gouvernements ou grandes entreprises. Cela a évolué avec l'avènement de l'informatique dans les nuages (« cloud computing »). En mutualisant les ressources, un plus grand nombre d'acteurs, y compris les start-up, peut désormais accéder – pendant une période donnée et en fonction de ses besoins – à une puissance informatique importante, et ce à une fraction du coût des machines ;

- les portables que nous avons aujourd'hui dans nos poches ont plus de puissance que les ordinateurs qui ont amené l'homme sur la Lune. Les algorithmes d'IA peuvent donc se développer sur de plus en plus d'environnements que ce soit le cloud, les centres informatiques des entreprises ou sur les objets connectés (« Internet of things – IOT») ;

- la digitalisation de notre monde permet d'alimenter le machine learning. Tel le cerveau qui a besoin du sang pour lui amener l'énergie nécessaire, l'IA a besoin de données.

D'autres avancées sont fulgurantes et nous en sommes témoins tous les jours :

- la vision : désormais, l'IA peut par exemple détecter des mélanomes sur les radios avec un taux de réussite supérieur à l'être humain. Heureusement, les médecins ont aussi le toucher. Une belle complémentarité entre les deux ; certaines applications sont également capables de détecter des personnes (homme ou femme) sur une photo et savoir quelle est leur expression (colère, joie, surprise…). Ainsi, des journalistes sportifs se font aujourd'hui aider de l'IA pour identifier rapidement les joueurs ou les athlètes qu'ils ne connaissent pas sur les photos d'un tournoi ;

- l'ouïe : nous l'expérimentons tous les jours avec nos portables (Siri ou Cortana) et dans nos maisons (Amazon Echo, Google home…). De plus en plus, nous parlons à nos objets connectés au lieu de taper du texte. Il est trois fois plus rapide de dicter que d'écrire. Le taux d'erreur de reconnaissance vocale par une IA est tombé d'environ 10 % il y a dix ans, à environ 5 % aujourd'hui, l'équivalent du taux d'erreur entre humains. Le plus impressionnant, c'est que ces progrès sont principalement arrivés ces deux dernières années.

Mais si l'IA est capable de transcrire la voix en texte (« *speech to text* »), comprendre le texte n'est pas encore chose simple. Faites un test simple sur Google ou via SIRI : demandez-leur de vous montrer « les photos de cochons qui ne sont pas roses ». Vous verrez principalement des photos de cochons roses ! En effet, « pas » est un mot-clé au même titre que « cochons » et « roses » ; comme la majorité des cochons sont roses, vous avez le résultat opposé à votre recherche.

D'où l'importance de comprendre finement le langage naturel et d'être capable de contextualiser la demande. Ainsi, en février 2011, IBM fait participer « Watson » (du nom de son fondateur), son intelligence artificielle, au jeu Jeopardy. Watson doit pouvoir comprendre la question posée par l'animateur en langage naturel, trouver la réponse, décider d'y répondre ou pas en fonction de son degré de confiance (toute mauvaise réponse est pénalisante), énoncer les réponses en synthèse vocale et choisir le thème et le montant de la prochaine question. Tout cela en quelques secondes !

Watson l'emporte face aux deux champions historiques Ken Jennings et Brad Rutter. La capacité d'IBM Watson à comprendre la sémantique des questions avec toutes les subtilités, jeux de mots et double sens, et à analyser en quelques secondes un gros volume de données structurées ou non, représente une avancée très intéressante qui ouvre des horizons nouveaux. Très vite ensuite, des médecins ont ainsi entraîné « *Watson for Oncology* » pour les aider à identifier le traitement du cancer le plus adapté pour un patient.

Les fondations de Watson sont posées :

- analyse de gros volumes de données structurées et non structurées ;

- interaction en langage naturel ;

- émission d'hypothèses soutenues par des évidences ;

- système auto-apprenant.

Watson va dès lors accompagner de nombreux professionnels – dans des secteurs aussi variés que la santé, la distribution, la banque, les télécoms… – pour les aider à prendre les bonnes décisions et à transformer l'expérience client. On parle ici d'intelligence augmentée.

L'INTELLIGENCE ARTIFICIELLE ET LES BANQUES

La banque s'appuie sur des règles et des « process » que le système d'information doit être capable d'appliquer, quasi en temps réel, sur une masse de données colossale, tout en assurant la cohérence de l'ensemble et la sécurité. Quand vous retirez 100 euros à un guichet automatique, l'ensemble de la chaîne informatique va devoir vérifier que vous avez le crédit nécessaire, puis s'assurer que votre compte est bien débité lorsque vous êtes en possession des billets.

Finance, conformité, sécurité, relation client, tenue de compte et autres processus ont été informatisés pour constituer le système d'information des banques. Plutôt tourné vers « l'interne » et vers le back office, c'est une véritable colonne vertébrale de la banque. Depuis 40 ans, nous développons des programmes, des algorithmes, du code pour assurer ces fonctions vitales. Chaque évolution nécessite de coder, de tester et de mettre en production. Le principe d'un programme est que pour une entrée donnée, vous devez toujours obtenir le même résultat. C'est vital pour assurer l'intégrité du système. Sinon, c'est ce que nous appelons un bug ! Nous avons donc codé dans le marbre les process de l'entreprise.

Mais cela présente des limites que nous ne savions pas gérer jusque-là. Si les process sont codés « dans le dur », comment peuvent-ils évoluer, comment peuvent-ils être apprenants et donc être, par nature, évolutifs sans rajouter une ligne de code ? C'est une des promesses de l'intelligence artificielle. Nous allons progressivement passer de l'ère du code à celui de l'apprentissage de la machine.

Comment apprenons-nous à un enfant ce qu'est un arbre ? En lui montrant différents arbres, puis en l'interrogeant, et en le corrigeant le cas échéant. C'est ce que certains appellent l'intelligence tacite, qui n'est autre que l'expérience et l'apprentissage. Alors qu'aujourd'hui, les informaticiens traduisent les besoins des lignes de métier en programmes, avec l'intelligence artificielle, ce sont les experts métiers (« *subject matter experts* ») qui vont entraîner la machine. Les informaticiens devront interconnecter ces nouvelles capacités avec les systèmes existants afin d'obtenir le meilleur des deux mondes. Nous passons de l'âge de l'information à celui de la connaissance. Et cela va tout changer !

L'intelligence artificielle – avec sa capacité à traiter une masse de données importante et diverse, à apprendre sans rien oublier, à trouver des corrélations invisibles à l'œil humain, à nous écouter, à nous entendre, à répondre à nos questions – nous permet d'entrevoir des horizons encore inexplorés. Notre imagination est sûrement la seule limite aux cas d'usage appliqués à la banque. L'intelligence artificielle procure à l'homme une intelligence augmentée, l'homme a la puissance de la machine. Les banques vont sans doute pouvoir désormais concilier amélioration de l'expérience client, gain de productivité et développement de nouvelles offres. Comme toute nouvelle technologie, il y aura des succès et des échecs, mais cette 4ᵉ révolution industrielle est maintenant en marche.

Je vous propose à ce stade d'explorer quelques cas d'usages.

L'expérience client et celle de conseiller bancaire

Un des pionniers de l'usage de l'intelligence augmentée en France est une grande banque française, avec laquelle IBM Watson a non seulement étudié le français, mais également le langage bancaire. Ainsi, Watson – entraîné par des experts de la banque – a-t-il appris à comprendre les bases documentaires que les conseillers bancaires consultent lorsque vous les interrogez. Depuis, pour apporter une réponse à leur client, au lieu de faire des recherches par mots-clés, les conseillers peuvent demander en langage naturel à Watson, qui les aide en temps réel. Par exemple : « Peut-on assurer un quad ? ». Watson comprend la question, recherche les clauses qui s'appliquent et, si nécessaire pour affiner sa réponse, poursuit l'échange. Il peut par exemple demander si le quad est d'une puissance supérieure à 50 cc. Comme on le voit ici, Watson devient l'assistant du conseiller, il va lui permettre d'arriver à la solution beaucoup plus rapidement, mais surtout, de visualiser les documents et paragraphes qui ont sous-tendu la réponse. Le chargé de clientèle n'a pas besoin d'appeler un expert, qu'il lui faudrait également avoir identifié préalablement. Dès lors, pourquoi ne pas apprendre également à Watson d'autres domaines que la banque, permettant ainsi à chaque conseiller d'avoir un assistant sur des sujets qu'il ne maîtrise pas encore – ou partiellement – et que donc, il n'aborde pas non plus avec ses clients ? C'est ainsi que cette banque a aussi appris à Watson l'assurance automobile, la multi-risque habitation et l'épargne. Et bientôt, Watson sera également capable de comprendre la prévoyance et la santé. Les conseillers sont plus efficaces sur un spectre de sujets plus étendu. Quant aux experts, ils peuvent se consacrer à des sujets plus complexes au lieu d'assister leurs collègues.

Mais l'effet positif est également très fort du côté de l'expérience client. Rappelez-vous, quand vous êtes dans le bureau de votre conseiller et que vous lui posez une question pointue, la plupart du temps, il se tourne vers son écran, commence à pianoter sur son clavier, ouvre de nombreuses applications, lit les documents qu'il a en face des yeux. En moyenne, cela prend deux minutes trente. Pendant ce temps-là, vous êtes invité à patienter, à boire un café ou à pianoter sur votre smartphone, en espérant que vous ne consultiez pas les offres de la concurrence. Dans les métiers de la distribution, on vous apprend à ne jamais perdre de vue votre client. Par exemple, dans ses boutiques,

Apple est passé maître dans l'art : le vendeur reste avec vous du début à la fin. C'est une autre personne qui vous remet votre iPhone ; on ne se sait jamais, si vous changiez d'avis ou si vous aviez envie d'un autre produit. En donnant accès à Watson à ses 20 000 conseillers bancaires, cette banque française leur permet de réduire considérablement le temps de réponse à une demande, d'être plus pertinents et plus disponibles, au bénéfice d'une expérience client transformée !

Penchons-nous maintenant sur un usage où l'intelligence artificielle s'avère d'un réel apport : le traitement des e-mails. Dans ce cas-là, elle permet par exemple de les scanner et d'en comprendre l'intention et les actions demandées. Ici, la règle des quatre-vingts/vingt s'applique bien. Pour une banque, nous avons ainsi pu apprendre à Watson à détecter une vingtaine d'actions les plus courantes. Imaginez un client à qui on a volé sa carte bleue et qui envoie un e-mail à son conseiller bancaire pour faire opposition. Watson comprend la demande, déclenche l'opposition, vérifie qu'il n'y a pas eu de fraude, commande la nouvelle carte et prépare la réponse e-mail du conseiller. Ce dernier peut alors confirmer par écrit ou par téléphone que tout est en ordre et que son client recevra sa nouvelle carte dans les jours suivants.

En scannant les mails, Watson détermine également le niveau d'urgence des demandes et les présente dans cet ordre au conseiller. Il peut aussi comprendre le ton du message et détecter les émotions. Ainsi pourra-t-il rendre prioritaire le traitement des demandes des clients qui sont mécontents.

Autre cas d'usage, le client veut un rendez-vous pour contracter un crédit et souhaite une simulation. Watson peut pré-positionner des créneaux où le conseiller est disponible pour recevoir son client, mais également faire tourner les simulations dans les systèmes de crédit et préparer l'e-mail de réponse en conséquence. Le conseiller n'a plus qu'à vérifier le tout avant de l'envoyer au client. Dans ce cadre, l'IA apporte toute sa puissance quand elle est connectée au système d'information existant. Le temps de traitement est raccourci et l'expérience client est grandement améliorée. On le voit bien dans cet exemple, non seulement on gagne en productivité et en qualité du service, mais on a également permis au conseiller de pouvoir être accompagné dans sa vente de produits nouveaux pour lui. On parle bien ici d'un conseiller augmenté.

Les agents conversationnels (« *chatbots* »)

C'est certainement l'un des sujets les plus populaires en ce moment. Des start-up au GAFA, tout le monde est sur ce créneau. Le *chatbot* révolutionne la façon dont vous interagissez avec votre banque ou votre assurance. Dans cette ère digitale, le client utilise son portable ou son ordinateur pour faire ses opérations de banque. Il navigue donc de menu en menu vers l'opération qu'il veut faire. Imaginez que vous ayez un achat conséquent à faire avec votre carte de crédit et que vous vouliez changer le plafond de votre carte temporairement le temps de votre achat. J'ai fait le test avec l'application mobile de ma banque. Je me suis connecté, j'ai cliqué sur « Cartes », j'ai vu mon solde et mon plafond ainsi qu'un bouton « Demander une capacité exceptionnelle de paiement ». On m'a alors invité à contacter un conseiller de ma banque… Heureusement que je n'avais pas d'achat exceptionnel à faire !

Avec un *chatbot*, vous allez pouvoir interagir en langage naturel. Vous allez commencer par l'interroger sur le montant du plafond de votre carte. Alors, il vous répond et vous demande automatiquement si vous voulez le changer. Vous indiquez le nouveau plafond et il vous pose une question pour déterminer si vous voulez le faire de manière définitive ou pour un mois. Vous confirmez et c'est fait ! On le voit bien ici, l'interaction est plus simple. Plus besoin de penser à la logique de navigation.

Une assurance directe a depuis 2016 mis en œuvre un *chatbot* aux États-Unis. Au lieu de laisser le potentiel client naviguer seul sur le site comme il le faisait d'habitude, elle a décidé de l'accompagner avec un *chatbot*. Ainsi, le client peut poser des questions au fur et à mesure de son inscription et adapter son contrat à ses besoins. Le taux de souscription qui était d'environ 23 % pour les clients ayant démarré un formulaire a augmenté de 3 points dès l'introduction de ce nouvel outil. Beauté de l'intelligence artificielle, c'est un système apprenant. Après un an d'usage, le taux est désormais 60 % plus élevé. Le taux d'acceptation des robots est plutôt élevé, les clients trouvant, peut-être à tort, qu'ils sont moins intrusifs qu'un commercial.

Les centres de relation clients

Quand avez-vous pour la dernière fois essayé de contacter votre banque par téléphone ? Depuis l'avènement du téléphone analogique, il semble que nous soyons voués à nous débattre avec les différents menus vocaux qui nous incitent à « taper # » ou « taper 1 ». Après plusieurs itérations, nous entendons enfin ce message porteur d'espoir : « Vous allez être mis en relation avec un conseiller bancaire », puis l'horizon s'assombrit quand vous entendez : « Tous nos conseillers bancaires sont actuellement occupés, veuillez patienter », quand ce n'est pas : « Veuillez rappeler ultérieurement » ! Quand enfin vous parlez à votre conseiller, vous réalisez que son objectif est souvent de pouvoir traiter votre problème – ou de vous transférer à quelqu'un d'autre – en moins de deux minutes trente.

Certaines banques outre-Atlantique transforment complètement leur centre clients. D'un côté, elles mettent en place des *chatbots* pour que les clients puissent faire leur demande le plus simplement et le plus rapidement possible. D'un autre, elles modifient leur relation clients. Le conseiller direct a pour mission de passer autant de temps que nécessaire avec le client et de régler son problème ou sa question. N'ayant plus de script, ce conseiller est assisté par un *chatbot* interne qui permet d'apporter les éléments complémentaires. Au lieu de transférer ses clients aux experts, le conseiller en devient un lui-même, pouvant traiter ainsi un champ plus large. Les clients sont ravis et la « *net promotion score* » également.

La banque privée

Qui ne souhaite pas bénéficier des conseils d'une banque privée ? Pourtant, un grand nombre de personnes, pourtant aisées, ne peut pas y accéder. En effet, il faut souvent disposer de plusieurs centaines de milliers d'euros pour être éligible. Si, en moyenne, un conseiller bancaire gère entre 400 et 500 clients, un conseiller privé va plutôt en gérer 150 à 200. Le coût de gestion est donc largement supérieur et ne permet pas à la clientèle « *mass affluent* » (le haut du panier des clients de la banque de détail) d'accéder à ces services. Certaines banques sont donc en train d'imaginer utiliser l'intelligence artificielle pour baisser de manière drastique les coûts de gestion. L'IA peut apprendre les différents placements, rendements, fiscalités… Ensuite, grâce à un *chatbot*, la banque est en mesure d'interagir avec le client pour lui proposer les produits les plus adaptés et préparer l'entretien qui va suivre avec un conseiller physique. Au moment approprié, le *chatbot* proposera au client de parler avec un conseiller. L'IA réalisera alors pour le conseiller la synthèse de la conversation avec le client et se tenir à sa disposition, si ce dernier a des questions plus approfondies.

Les contrats en déshérence

L'intelligence artificielle est également très efficace pour gérer les « contrats en déshérence ». Ils désignent les contrats « non réclamés » ou « non réglés » dont les capitaux n'ont pas été versés aux bénéficiaires. La loi Eckert n° 2014-617 du 13 juin 2014 prévoit de nouvelles mesures visant notamment à améliorer la recherche des bénéficiaires. Mais comment faire pour les retrouver ? C'est un travail de fourmis. Dans un pilote que nous avons fait pour un assureur, nous avons réussi – en moins de deux mois – à utiliser Watson pour chercher notamment sur les réseaux sociaux toutes les traces des bénéficiaires. Les résultats sont très prometteurs, Watson obtenant une qualité d'information 25 % supérieure à celle d'aujourd'hui, et ce 50 % plus rapidement. Et ce n'est que le début !

Quel conseiller pour quel client ?

Comment avez-vous choisi votre conseiller bancaire ? Comment vous a-t-il été attribué ? La probabilité est forte que ce soit le fait du hasard. À titre personnel, j'ai cru un temps que j'avais enfin trouvé une banque qui m'écoutait et répondait à mes attentes. Quelle ne fut ma surprise de réaliser, le jour où il a été remplacé, que ce n'était que le fait de mon conseiller. Partant de ce constat, ne serait-il pas plus pertinent de vous attribuer un conseiller en fonction de votre personnalité, caractère, aspirations, de vos valeurs sociétales, environnementales ou d'affinités plus simplement ? En scannant les réseaux sociaux et par exemple vos interventions ou publications publiques, l'intelligence artificielle est capable de dresser votre portrait à 360°. Il suffit ensuite de faire la même chose avec les conseillers bancaires. L'IA peut alors faire du « *personnality matching* » et proposer la liste des conseillers les plus adaptés à votre profil.

Risques et conformité

Le sujet est vaste et complexe mais le champ d'application est certainement large permettant non seulement d'être plus efficace mais également de réduire les coûts. Les systèmes cognitifs pourront à court terme comprendre les diverses réglementations et leur mise à jour. Ils pourront ensuite les comparer avec les activités de la banque, permettant ainsi au responsable des risques de mieux détecter les lacunes et de mettre en place les actions correctrices. De même, les banques doivent identifier les activités illégales de leurs clients. Les systèmes cognitifs permettent d'assister les banquiers dans l'amélioration des process « *Know your Customer* ». De plus, ces systèmes peuvent également détecter ou traiter les « faux positifs » permettant à l'humain de se concentrer sur les cas qui requièrent toute son attention.

CONCLUSION

Nous sommes au début de cette ère cognitive. Dans dix ou vingt ans, peut-être jugerons-nous notre informatique actuelle rigide, impersonnelle, lente et limitée. Certains cas d'usages mentionnés plus haut sont actuellement en production. On réalise aisément que nous n'avons aujourd'hui qu'effleuré la surface des champs d'application de l'intelligence artificielle. Notre seule limite est celle de notre imagination. Cette technologie qui comprend, raisonne et apprend va révolutionner la façon dont les humains travaillent avec l'information sous toutes ses formes. Pour les banques, où les produits et services sont majoritairement digitaux, les effets de ces nouvelles façons d'interagir, de capturer, de conserver et de réutiliser la connaissance seront extrêmement différenciants.

Si nous respectons les principes éthiques – d'inclusion (l'IA par l'homme et pour l'homme), de transparence des algorithmes et de la propriété des données –, et la nécessité de former l'humain afin de pouvoir utiliser ces nouvelles technologies, alors nous pourrons nous réinventer sans nous renier.

Chapitre 9

La protection des données

Etienne Bouet

Entré en vigueur en mai 2016, le nouveau règlement général sur la protection des données (RGPD ou GDPR) sera applicable à partir de mai 2018 et les entreprises n'ont déjà plus que quelques mois pour s'y préparer. L'œil dans le viseur vers cette échéance, il est temps d'analyser la situation avec le recul des mois écoulés et des travaux réalisés.

Les entreprises, et en particulier les banques, seront-elles prêtes ? Quels enjeux majeurs pour leurs activités ? Sur quelles priorités focaliser les énergies dans les prochains mois ?

GDPR : UNE NOUVELLE RÉGLEMENTATION DANS UN CONTEXTE DE TRANSFORMATION

Les entreprises qui sont aujourd'hui concernées par GDPR vivent une profonde transformation marquée par l'intégration des technologies digitales (applications mobiles, big data, Internet des objets, *machine learning*...) au sein de leurs activités. Cette transformation, que l'on nomme « numérique » ou « digitale » concerne tous les secteurs mais est particulièrement sensible dans le secteur bancaire. La banque d'aujourd'hui est connectée, agile, orientée vers ses clients... Elle automatise ses processus, offre des services plus personnalisés et révolutionne l'expérience client. L'utilisation des données, et en particulier des données personnelles clients, est au cœur de cette transformation.

Les nouveaux acteurs du secteur financier ne s'y sont pas trompés. Ces Fintech 100 % orientées nouvelles technologies basent leur percée dans la banque sur l'innovation et l'utilisation massive et intelligente des données clients. Pour ces acteurs, la GDPR, et particulièrement le concept de portabilité, est clairement une opportunité de business (nous y reviendrons dans la suite de cet article).[1]

La donnée numérique a donc une valeur de plus en plus forte pour les entreprises qui fondent leur transformation sur l'usage de ces données associées aux nouvelles technologies. Avant même de nous pencher sur le contenu de GDPR, nous pouvons donc affirmer que son application devra nécessairement prendre en compte ces usages. Il n'est pas question que la mise en conformité entraîne le renoncement à l'utilisation intelligente des données.

Cette transformation digitale n'est pas étrangère aux clients eux-mêmes. En tant que client, en tant qu'utilisateur de services en ligne ou de réseaux sociaux, nous avons accepté de confier nos données personnelles en échange de services. Nous l'avons fait, la plupart du temps, conscient de l'enjeu, voire du risque, que nous prenions à confier des éléments clés de notre vie privée aux opérateurs concernés. C'est le cas des banques qui ont désormais accès non seulement à nos données d'identification (nom, adresse, e-mail…) mais aussi légitimement à des données sensibles (patrimoniales, de santé, fiscales…), voire à des données de nature plus intrusive telles que nos parcours sur les sites Internet ou le détail de nos transactions cartes. Nous, clients,

---

1. Notons que même si les grands comptes et cet article focalisent la majorité des réflexions sur la donnée client, n'oublions pas que GDPR concerne également la donnée collaborateur.

citoyens, sommes de plus en plus sensibilisés par les problématiques de sécurité de l'information, de respect de la vie privé et d'identité numérique. La confiance que nous avons dans la qualité, la sécurité et la transparence des services bancaires est donc, et deviendra de plus en plus, clé dans nos choix de fournisseurs de services bancaires.

Pour la banque, GDPR se situe donc à la croisée de ces deux chemins : un usage renforcé de la donnée numérique au bénéfice de la transformation digitale, tout en garantissant la protection des données personnelles et une plus grande transparence entre l'individu et l'entreprise. La confrontation de ces deux exigences est la clé de tout projet GDPR.

GDPR, mais de quoi parlons-nous concrètement ?

GDPR : DES CHANGEMENTS MAJEURS, MAIS AUSSI LE RENFORCEMENT DE DIMENSIONS DÉJÀ CONNUES

La donnée est la personnification de la vie privée : noms, prénoms, origines, sexe… Autant d'informations qui, utilisées à mauvais escient, pourraient mettre en péril les grands principes de respect de la vie privée des individus. Avec l'arrivée des premières technologies de traitement de l'information, des réflexions sur les besoins d'un encadrement juridique ont commencé à soulever l'opinion publique.

Dès 1974, le ministère de l'Intérieur souhaitait mettre en place des fichiers interconnectés à l'aide du numéro Insee. La nouvelle technologie de l'époque, SAFARI (Système automatisé pour les fichiers administratifs et répertoriés des individus) en permettait l'interconnexion. Rapidement, les premières menaces que faisait reposer l'informatique sur les libertés individuelles ont été identifiées : rapprochements entre plusieurs fichiers et facilité d'utilisation de la méthode des profils (par exemple clients insolvables). Les grands dispositifs de la loi informatique et libertés ont résulté en la création de la CNIL (Commission nationale informatique et libertés). Créée en 1978, cette autorité administrative indépendante a pouvoir de contrôle et de conseil auprès des entreprises françaises. La CNIL veille au respect des grands principes de la loi informatique et libertés, à savoir que les personnes sur lesquelles sont recueillies des données à caractère personnel ont un droit d'information préalable, un droit d'opposition, un droit d'accès et un droit de rectification dont le délai de prise en compte était fixé à deux mois.

Naviguant aujourd'hui dans une économie européenne, voire globale, les entreprises françaises se heurtent à plusieurs limites imposées par cette réglementation. Aujourd'hui, le constat est simple : les entreprises européennes doivent travailler avec 28 lois de protection des données différentes. De ce besoin d'harmonisation à l'échelle européenne, a découlé la publication en juin 2016 d'un règlement européen sur la protection des données personnelles. Cette mesure vient compléter et mettre à jour la précédente directive. Le règlement général sur la protection des données (GDPR en anglais) entrera en vigueur le 25 mai 2018, avec des sanctions pouvant aller jusqu'à 20 millions d'euros ou 4 % du chiffre d'affaires de l'entreprise concernée, s'il n'est pas respecté.

La GDPR s'appuie sur des principes à respecter sur l'ensemble du cycle de vie de la donnée : collecte, traitement et conservation. Le premier principe définit la finalité (objectifs) de la collecte de données, dans le respect des droits et libertés des individus. Associé au second principe (pertinence des données), il assure que la donnée est collectée uniquement lorsqu'elle répond à la finalité du traitement.

Figure 9.1. Règlement général sur la protection des données

Source : étude Wavestone, fr.wavestone.com/fr/insight/bilan-1-an-rgpd/

Le troisième principe est celui de la conservation. Une fois la finalité poursuivie par la collecte des données atteinte, une fois la durée de vie des traitements correspondants dépassée, il n'y a plus lieu de les conserver.

En plus des principes d'utilisation, la GDPR confère un certain nombre de droits aux personnes physiques (clients ou collaborateurs) ayant renseigné des données personnelles : un droit d'accéder à ces données, un droit de les rectifier et enfin, ce qui est plus nouveau, un droit de s'opposer à leur utilisation.

Pour les grands comptes, cette réglementation s'appuie sur des fondamentaux déjà bien en place : l'existence d'un correspondant information et libertés (CIL), la déclaration préalable des traitements à la CNIL, le souci de protection des données via la sécurité des systèmes d'information… mais représente tout de même un changement d'échelle majeur qui va radicalement modifier la manière dont les traitements s'appuyant sur des données personnelles sont conçus et ces données traitées (le concept de *privacy* devient une exigence clé pour les entreprises au même titre que la qualité de service ou la continuité d'activité).

Une mise en œuvre impliquant une multiplicité d'acteurs

Pour les entreprises, la difficulté de mise en œuvre d'une telle réglementation réside notamment dans le fait qu'elle implique une importante variété de ressources et d'acteurs contribuant à la mise en conformité :

- Les métiers sont propriétaires des traitements de données. Ils en réalisent une cartographie exhaustive : le « registre des traitements ». Ce socle permet d'évaluer les dispositifs pour répondre aux exigences de conformité et de détecter les dysfonctionnements. Il est capital de prendre en compte le périmètre le plus large possible afin d'associer l'écosystème global de l'entreprise (sous-traitants, fournisseurs cloud, salariés…). Ces acteurs métiers (marketing, RH…) sont également impliqués dans l'évolution des modalités de fonctionnement avec leurs partenaires, délégataires et clients.

- Les équipes Data Protection Officer (DPO), conformité et risques travaillent conjointement à l'élaboration de la politique de gouvernance de la donnée et à la mise en place du dispositif de pilotage.

- Les services d'expertise juridique interviennent sur la mise à jour, voire la création de clauses et mentions légales, et sur l'identification des durées de conservation légales des données à caractère personnel.

- Les équipes IT et Digital (dont les filières cybersécurité) portent l'évolution des systèmes d'information existants, notamment pour mettre en œuvre les droits des personnes concernées : droit à l'oubli, portabilité des données, sécurisation des données… Comme nous le verrons dans la dernière partie, cette mise en œuvre est probablement la partie la plus complexe d'un projet GDPR.

- Enfin, afin de coordonner l'ensemble du projet, une équipe en charge du pilotage du programme, de la coordination et de la communication/formation est identifiée. Cette exigence est particulièrement clé dans un groupe bancaire aux multiples activités (banque de détail, assurance, consumer finance) et aux différentes implantations (UE et hors UE).

Ce renforcement des dispositions existantes va concrètement affecter l'emploi de ces ressources durant la période de mise en conformité et au-delà pour la plupart d'entre elles. Parmi tous les chantiers qu'implique GDPR, le recul sur les quelques mois de travaux écoulés montre que ces équipes concentrent (et vont continuer de concentrer) leurs travaux autour de quelques points qui sont non seulement clés pour le respect de la réglementation mais aussi nécessaires pour l'atteinte du bon équilibre entre usage moderne des données et confiance numérique que nous avons évoqué dans la première partie de cet article.

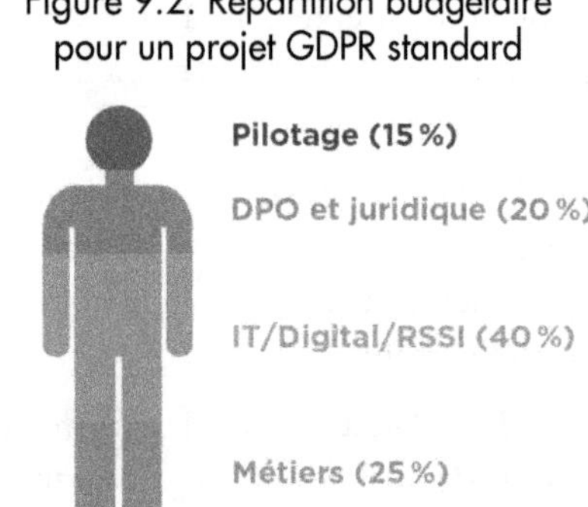

Figure 9.2. Répartition budgétaire
pour un projet GDPR standard

Source : Étude Wavestone, fr.wavestone.com/fr/insight/bilan-1-an-rgpd/

Des programmes concentrés autour de cinq difficultés majeures

Une fois les cadrages des programmes GDPR réalisés, les premiers résultats des analyses d'écarts produits, les sujets difficiles émergent. On constate que, quels que soient le contexte, le secteur d'activité, la nature des données manipulées ou le niveau de conformité existant, ces cinq points durs ressortent chez la majorité des entreprises :

* Les zones de flou autour de la mise en œuvre de certains sujets du GDPR et le manque de maturité des acteurs
  Plusieurs thématiques du GDPR, comme le droit à la portabilité, n'ont dans un premier temps pas vu leurs dispositions d'application être clairement définies. Sur ces exigences nouvelles ou difficiles à mettre en œuvre, les organisations

pionnières courent donc le risque de devoir défaire ce qu'elles auront entrepris si cela s'avère contraire à l'interprétation finale. Cela entraîne un effet de latence autour de la mise en œuvre opérationnelle de ces exigences difficilement appréhendables en l'état par les organisations. C'est assez claire pour la mise en œuvre du droit à la portabilité, mise en œuvre retardée par l'attente d'une position opérationnelle du régulateur (quelles données sont concernées ? Quel support utiliser ?). En sus, de nombreuses solutions du marché ne sont pas encore complètement matures (classification des données, anonymisation…).

- L'application des délais de rétention et du droit à l'oubli au sein des systèmes informatiques existants

  La situation est souvent complexe du fait de choix historiques : données personnelles utilisées comme identifiant unique dans les systèmes de base de données, champs obligatoires techniques non indispensables d'un point de vue business… Ce sujet requiert un investissement pouvant être important sur des applications historiques (généralement de 40 k€ à 200 k€ par application). La contrainte de suppression est parfois quasi impossible à mettre en œuvre au regard des effets non maîtrisés sur les SI, et l'ensemble des données concernées est souvent difficile à identifier. Ce problème peut être adressé au travers d'un remplacement des données par une autre valeur, voire par de la « tokenisation ».

- La gestion de la relation avec les sous-traitants afin d'assurer une conformité de bout en bout

  En particulier, l'effort de collecte, de recensement et d'adaptation des contrats avec les fournisseurs peut prendre une ampleur importante suivant le degré de décentralisation de la gestion des contrats. Il s'agit alors d'appliquer des solutions simples et efficaces en se concentrant sur l'intégration des clauses GDPR dans les contrats à venir. La bonne application des contrats doit également faire l'objet d'une attention particulière qui peut entraîner la réalisation de contrôles, voire la conduite d'audits de fournisseurs.

- La mise en œuvre d'une méthodologie d'accompagnement des projets (Privacy By Design) et des outils d'analyse de risques sur la vie privée (Privacy Impact Assessment) appréhendables en autonomie par les chefs de projets et réalistes en termes de charge et de contraintes

  Même si certaines organisations avaient déjà mis en œuvre des processus d'intégration de la sécurité dans les projets, il est nécessaire de refondre ces processus et de former les acteurs concernés. Quelles bonnes pratiques ? Construire des méthodes qui visent la simplicité et le pragmatisme plutôt que l'exhaustivité et ne pas vouloir dérouler les méthodologies sur tous les projets en mettant en place un tri initial afin de focaliser l'attention sur les plus sensibles.

- L'identification de ressources expertes du sujet est à même de contribuer aux chantiers ou d'intégrer l'équipe DPO

  Ces ressources sont aujourd'hui extrêmement rares et difficiles à trouver, que ce soit en interne ou auprès de sociétés de services, de cabinets de conseil ou d'avocats. Il convient donc de bien répartir les tâches et de ne pas chercher à positionner des experts sur toutes les dimensions du programme et à tous les postes. Les directeurs de programme peuvent par exemple venir de la DSI, les juristes en droit de contrats être formés rapidement à la problématique vie privée et les équipes contrôle interne aider à l'évolution des processus afférents. En sus, dans des environnements très concernés par des réglementations clients, il conviendra d'intégrer ou de partager les initiatives afin de mutualiser au mieux les travaux et livrables produits. À la vue des enjeux et de l'ampleur des programmes, un pilotage rigoureux et réaliste est un prérequis. Il peut être confié de façon temporaire à une équipe spécifique, indépendante de la future organisation DPO.

Mai 2018, une étape vers GDPR

Les programmes ont mis du temps à se lancer. Pour autant, la plupart des banques françaises avancent aujourd'hui dans la bonne direction en vue de mai 2018. Elles ont majoritairement terminé la phase de cadrage, de constitution des équipes et des budgets et mettent en œuvre les plans de remédiation sur les sujets les plus critiques. Ces sujets sont identifiés parmi les thèmes nouveaux de GDPR (construction du registre des traitements, mise en œuvre du consentement…) et parmi les plus complexes à mettre en œuvre (voir paragraphe précédent).

En somme, elles abordent leur projet GDPR comme tout projet majeur, c'est-à-dire en le pilotant par les risques (risque de non-conformité, risque d'image…) et en définissant des priorités. Les banques, comme la plupart des grands comptes français ou internationaux concernés par GDPR, ne seront donc pas toutes 100 % conformes en mai 2018. Les actions majeures et les risques les plus critiques seront couverts mais l'échéance de mai 2018 sera probablement davantage un point de passage clé et non la fin des programmes GDPR.

Cet enjeu de respect des principes et de l'échéance est particulièrement clé pour un programme de conformité et c'est bien ainsi que la majorité des programmes GDPR est perçue par les opérationnels. Au-delà du respect de cet enjeu et de cette vision très orientée conformité des programmes GDPR, quelques banques ou institutions financières sont en train de se démarquer en considérant la protection de la vie privée dans un monde numérique comme un sujet majeur de préoccupation.

Ces grands comptes ont saisi l'opportunité de la réglementation pour repenser en profondeur l'usage des données de leurs clients ou collaborateurs et axer leur offre de services et leur communication autour de la confiance qu'elles veulent porter auprès de ces derniers.

Au sein de ces entités, le programme GDPR est au cœur des initiatives data et son application va au-delà des strictes exigences de la réglementation :

- la promesse de parcours clients adaptés est enrichie via de nouveaux services digitaux ;

- les enjeux de protection des données sont intégrés dans tous les choix stratégiques ;

- le partage des données clients est valorisé notamment par l'accès à des services personnalisés ;

- la culture du respect de la vie privée est diffusée à l'ensemble des collaborateurs et, en particulier, aux acteurs en charge de la relation client ;

- la communication client se veut la plus complète et transparente possible ;

- …

Quoi qu'il en soit, considérer GDPR comme un « simple » projet de mise en conformité borné par l'échéance de mai 2018 serait une erreur. Il s'agit d'un projet bien plus large impliquant des transformations (métier et SI) au-delà de l'objectif de conformité et affectant l'entreprise au-delà de la première échéance de 2018.

Chapitre 10

Vers une data-algo-banque ?

Pierre Blanc

Préambule

Notre société traverse une période d'intense numérisation visible par tout un chacun : dématérialisation des documents, développement d'applications sur des supports digitaux et du multicanal, autonomisation des clients, etc. Le big data[1] et l'intelligence artificielle[2] vont amener une puissance d'analyse supplémentaire pour devenir le pivot d'une nouvelle étape de transformation des systèmes d'information des entreprises et des administrations. Ces deux technologies sont de plus en

---

1. Appellation utilisée pour décrire l'exploitation statistique de très grandes masses de données produites à l'aide de technologies.
2. Le terme « intelligence artificielle » n'a pas de définition officielle. Sa première utilisation remonte aux années 1950. Elle a été définie comme domaine de recherche lors de la conférence de Dartmouth qui s'est tenue à l'été 1956. Cette conférence a été organisée par Marvin Minsky, John McCarthy et deux scientifiques seniors, Claude Shannon et Nathan Rochester d'IBM. Ils précisaient les contours de l'intelligence artificielle en ces termes dans l'invitation adressée le 31 août 1955 : « [...] The study is to proceed on the basis of the conjecture that every aspect of learning or any other feature of intelligence can in principle be so precisely described that a machine can be made to simulate it. An attempt will be made to find how to make machines use language, form abstractions and concepts, solve kinds of problems now reserved for humans, and improve themselves. » Source : "A proposal for the Dartmouth Summer Research Project on Artificial Intelligence", August 31 1955.

plus imbriquées, pour être indissociables. Leur effet combiné est bien supérieur à ce que chacune d'elles pourrait apporter. Les *drivers* économiques des entreprises, les relations clients-fournisseurs, la notion même de travail, notre quotidien connaissent déjà de profondes modifications.

Ce texte explore la banque de demain sous ce double angle technologique, big data et intelligence artificielle. En partant d'un panorama des menaces, ou plutôt des chocs auxquels doit faire face la banque[1], et de ses atouts, nous nous arrêterons ensuite sur trois défis à relever pour tirer profit de l'apport de ces technologies[2] : (1) l'exploitation des informations extraites des données, (2) l'impérieuse nécessité de maîtriser les algorithmes qui digèrent les données et (3) l'ajustement du métier de banquier et l'accent à mettre sur des compétences ciblées.

Du *Fosbury flop* à la banque

Depuis leur naissance en 1896, les Jeux olympiques modernes d'été sont le théâtre régulier d'exploits sportifs retentissants et hors du commun. Ce rendez-vous planétaire est étonnant, tant les athlètes repoussent toujours plus loin leurs limites. L'engouement dont il est à l'origine touche de plus en plus d'habitants de notre planète. Ceux de 1968 ont eu lieu à Mexico à 2 250 mètres d'altitude. Ils ont eu une saveur particulière. L'athlétisme a été, à n'en pas douter, la discipline phare, celle qui a le plus marqué les esprits de cette édition. Plusieurs faits marquants se disputent alors la vedette.

---

1. Par convention, le terme « banque » est employé pour désigner l'ensemble des établissements de crédit. Le périmètre d'activité est celui de la banque de détail.
2. Les volets réglementation et sécurité ne sont pas abordés dans ce texte.

Tout d'abord, l'Américain Tommie Smith bat le record du monde du 200 mètres le 17 octobre 1968. Tout le monde garde en mémoire le podium de cette épreuve, podium où Tommie Smith et John Carlos ont chacun tendu un poing ganté en signe de protestation contre la discrimination raciale qui sévissait aux États-Unis. L'Australien Peter Norman avait rallié leur cause en arborant le badge de « l'Olympic project for human rights ». Leur retour au pays n'a pas été des plus appréciés. Ce geste à consonance politique qui rappelait aux dirigeants du monde entier leurs manquements leur a fait payer un lourd tribut tout au long de leur vie.

Vingt-quatre heures plus tard, le 18 octobre 1968, Bob Beamon, dossard numéro 254, a électrisé le sautoir en longueur avec un bond qui le propulsa 8,90 mètres plus loin. Cet exploit restera invaincu pendant 22 ans. Une piste synthétique, l'altitude, un anémomètre défectueux ou un vent trop favorable, *in fine*, plusieurs indices ont été identifiés pour expliquer ce saut devenu légendaire. Personne n'a vraiment réussi à percer le secret qui a permis à « l'araignée de l'espace » de bondir à 8,90 mètres.

Le 20 octobre 1968, c'est au tour d'un autre Américain natif de Portland, Dick Fosbury, de s'illustrer. Il remporte le saut en hauteur avec un nouveau record olympique et national. Cet homme a révolutionné sa discipline en donnant ses lettres de noblesse au saut dorsal. Cette technique porte encore son nom aujourd'hui : le *Fosbury flop*. Exit le saut en ciseau ou le saut ventral. Tous les athlètes vont désormais utiliser le *Fosbury flop*, les femmes les premières. Il y a eu un avant et un après Fosbury. Qu'est-ce qui a bien pu se passer dans la tête de Dick Fosbury pour passer du saut ventral au saut dorsal ? Comment a-t-il pu rompre avec les techniques traditionnelles enseignées dans toutes les écoles d'athlétisme de l'époque ?

Lors d'un colloque[1] réunissant au mois de juillet 2017 des cadres techniques du sport français et des dirigeants de différentes fédérations sportives sur le big data et sur l'intelligence artificielle, l'un des participants leva la main et interpella l'auditoire avec une question très simple : « Est-ce que la machine aurait pu inventer le *Fosbury flop* ? ». Une question simple en apparence, mais dont la réponse est loin de faire l'unanimité. Il s'agit là d'une des caractéristiques que l'on attribue à l'Homme, et pas encore à la machine : sortir du cadre. Cette faculté à transgresser ou à ouvrir de nouveaux horizons se manifeste souvent par une fulgurance ou par une expérience de pensée, celle dont Henri Poincaré, Nikola Tesla ou Albert Einstein parlent si savamment pour évoquer leurs grandes découvertes.

Une autre question fusa : « Peut-on programmer un athlète pour devenir champion olympique ? ». En d'autres termes, est-ce qu'il existe une formule magique qui pourrait donner aux athlètes ou aux entraîneurs la recette pour toucher le Graal ? La performance est-elle réductible à des formules mathématiques, à des algorithmes ? Là encore, les avis de ces experts étaient partagés.

D'autres questions s'enchaînaient : « Avec toutes ces données, que vont devenir les entraîneurs ? À quoi vont servir nos données ? Qui va les utiliser ? Dans quels buts ? Quels risques courons-nous ? Quel est l'avenir des fédérations sportives ? Des clubs ? De nos sports en général ? Quels profils devons-nous recruter pour bien utiliser ces technologies? ». Se projeter dans le temps entraîne nécessairement des questions sur l'emploi, sur la formation, sur l'acquisition de nouvelles compétences, sur soi, etc.

Ce colloque, qui pourtant portait sur le sport, a abordé en des termes concrets et compréhensibles les mêmes interrogations

---

1. Rencontre du Club Sport & Management organisée par TPS Conseil.

que se pose la banque sur la portée et les limites de ces deux technologies :

- De quoi sont capables les machines ? Jusqu'où iront-elles ? Auront-elles des capacités cognitives équivalentes à celles de l'Homme ? Nous dépasseront-elles ?

- Quelle sera la place de l'Homme ?

- Dans quel cadre les faire évoluer ? Quelles règles éthiques envisager ? Quels interdits faut-il fixer ?

L'informatisation de notre société bouscule les lignes. Pendant toute la phase de transition, c'est-à-dire de passage de l'ancien monde au nouveau, elle favorise l'émergence de nouveaux acteurs, de nouveaux métiers. Les positions des acteurs installés de longue date, et jusqu'à maintenant très résilients, se trouvent fragilisées. C'est le cas des grandes banques qui font partie de ce cercle très fermé d'acteurs historiques toujours en activité. Elles sont d'autant plus concernées par cette vague de transformations qu'elles produisent et brassent quotidiennement des milliards de données, ne serait-ce qu'au travers des mouvements qu'elles enregistrent au fil de l'eau sur les comptes bancaires de leurs clients. Elles font partie des plus gros utilisateurs de systèmes informatiques. C'est pour ces raisons qu'elles sont encore plus exposées aujourd'hui.

Cette énième étape de l'informatisation de notre société rend tout support d'échange fongible en 0 et 1, et donc exploitable par une machine via le big data et l'intelligence artificielle. Ce mouvement s'intensifie avec l'Internet des objets (ou *Internet of Things* (IoT) en anglais) par la diffusion des objets connectés, nouveaux aspirateurs-producteurs de données. Un véritable déferlement est à prévoir. Les experts, comme le cabinet américain Gartner, en prévoient plus de vingt milliards en 2020. Dans ce monde binaire et algébrique, quel est l'avenir de la banque dans sa forme actuelle ? Quels atouts peut-elle revendiquer pour garder sa place ? Comment peut-elle tirer profit de la combinaison de ces deux technologies ? Des questions auxquelles ce texte propose des pistes de réponse avec beaucoup de modestie.

Rappelons-nous ce que disait le grand mathématicien français Henri Poincaré à propos de demain : « Si en 1800, on avait demandé à un savant quelconque ce que serait la science du XIXe siècle, que de bêtises il aurait dit, grand Dieu ! Cette pensée m'empêche de vous répondre. Je crois qu'on obtiendra des résultats étonnants. C'est justement pour cela que je ne puis rien vous en dire. Car si je les prévoyais, que resterait-il d'étonnant ? ».

Dessiner cet horizon étonnant en retirerait la saveur. Mais n'est-ce pas dans l'exercice de la prédiction que l'étonnement et le plaisir sont de mise ?

La banque en mouvement permanent

L'avenir de la banque est-il aussi prévisible que cela ?

En 1978, le rapport Nora-Minc sur l'informatisation de la société prédisait déjà un avenir sombre du secteur tertiaire, celui des services : « La télématique[1] apportera un gain considérable de productivité. Cela, en première instance, aggravera le chômage, notamment dans le secteur des services ». Un an plus tard, le 22 février 1979, deux économistes prospectivistes, Michel Godet et Jean-Pierre Plas, annonçaient dans *Le Monde* que la banque serait la sidérurgie de demain. Ils s'appuyaient sur des similitudes de situations entre ces deux secteurs d'activité, comme la saturation du marché, l'excédent de capacité de production, des dizaines de milliers d'emplois peu qualifiés

---

1. Terme encore utilisé aujourd'hui par des directions informatiques.

et menacés, une concurrence croissante et bien armée, etc. Ces constats sont d'ailleurs encore d'actualité près de quarante ans plus tard. Le nombre de banques a diminué de 80 % alors que leurs effectifs ont augmenté dans le même temps de près de 60 %. Cela étant, les dangers auxquels est confrontée la banque ont changé de visage. Le temps où faire l'apologie des banques de petites tailles ou craindre l'arrivée sur le territoire français d'un acteur majeur étranger semble bien révolu.

Des observateurs continuent toujours d'annoncer de nos jours la fin des banques. Effet de mode ? Marketing personnel ? Vraie conviction ? Ou pessimisme mêlé de peur ? Nous traversons une période où l'expression « la fin de… » a pris le dessus sur « le début de… ». Les prédictions positives ne font plus recette, sont douteuses et pas prises au sérieux. Seules sont relayées les prédictions négatives. Leurs auteurs oublient qu'ils touchent à un sujet des plus sensible et qui est du ressort des États. Les caractéristiques de la banque de demain dépendront du rôle que les États laisseront aux banques traditionnelles et de leur volonté ou non d'encourager l'ouverture de ce marché à de nouveaux entrants en maintenant la sécurité des transactions. Les banques évoluent dans un environnement très contraint sur le plan réglementaire et sont donc sous haute surveillance. Elles sont les seules à pouvoir ouvrir ou fermer des comptes de dépôt[1]. Elles restent, à ce titre, incontournables. Annoncer leur fin relève de la gageure. Le phénomène d'ubérisation observé dans les transports, l'hôtellerie ou la presse ne peut être transposé à l'identique sans tenir compte de ces paramètres.

---

1. À distinguer des comptes de paiement gérés par les établissements de paiement qui ne peuvent être à découvert.

Trois grands chocs percutent la banque

La banque doit faire face à trois chocs d'ampleur et de nature différentes : un choc de réglementation, un choc de concurrence et un choc dans la relation client (transparence, confiance).

Une réglementation qui ne cesse de se développer et de peser

La chute de Lehman Borthers le lundi 15 septembre 2008 à deux heures du matin a mis en péril l'économie mondiale. Les banques sont rendues responsables par l'opinion publique, c'est-à-dire par leurs propres clients, de la période d'instabilité économique que nous traversons, voire des répercussions qui entraînent des difficultés rencontrées à titre individuel, comme la baisse du pouvoir d'achat ou la hausse du chômage. La confiance est durablement rompue.

Depuis, le législateur et le régulateur ont été très productifs. Pas question que cela se reproduise. Les ratios de fonds propres ou de solvabilité auxquels les acteurs bancaires sont soumis afin d'assurer leur solidité sont autant de barrières à l'entrée, notamment pour les géants de l'Internet qui préfèrent investir en recherche et développement plutôt que d'immobiliser des sommes colossales pour donner des gages aux institutions internationales. À titre d'exemple, plus de 51 000 textes auraient été changés en 2015.[1]

Rappelons que les banques françaises sont encadrées par des couches de réglementations locales, européennes ou mondiales, patinées par le temps et les contextes économiques. La loi bancaire de 1984 définissait la banque par ses opérations : elles comprennent (1) la réception de fonds du public, (2) les opérations de crédit, ainsi que (3) la mise à la disposition de la

---

1. Sources : *Les Échos* et le cabinet Boston Consulting Group.

clientèle ou la gestion de moyens de paiement. Depuis, des opérations de banque peuvent être réalisées par des établissements de paiement, des établissements de monnaie électronique ou, plus récemment, par des plateformes de financement participatif. Les activités de flux de paiement leur échappent, les poussant à s'interroger sur leurs modèles économiques si elles ne veulent pas être cantonnées à la seule gestion de comptes bancaires.

Une concurrence polymorphe

La banque est attaquée par les GAFA (Google, Apple, Facebook, Amazon), les BATX (Baidu, Alibaba, Tencent, Xiaomi), les Fintech, ces jeunes start-up qui viendraient les désintermédier ou, dans une moindre mesure, par des technologies comme la blockchain. Les géants de l'Internet et les Fintech se développent à moindre frais sur les métiers à flux comme les paiements. Le régulateur a allégé les conditions d'exercice de ces activités. Ainsi, Apple Pay poursuit son déploiement en France, tandis que Facebook Messenger a annoncé en 2016 la mise en service d'un moyen de paiement. L'application WeChat de Tencent, acteur central en Chine, intègre une solution de paiement sur mobile, WeChat pay. Alipay d'Alibaba se déploie en Europe. Un mouvement de fond qui va se poursuivre.

Le danger ne s'arrête pas là. Les banques en ligne pointent le bout de leur nez. Filiales ou marques commerciales de grandes banques, elles mènent leurs vies en parallèle du canal traditionnel que constituent les agences bancaires dont la fréquentation est en perte de vitesse. Leurs portefeuilles de clients peinent à se développer, oblitérant leur profitabilité alors que leurs services à distance sont opérationnels. Cette situation restera-t-elle en l'état avec l'arrivée d'Orange Bank ? Les Fintech quant à elles ont été portées aux nues en 2015. Elles devaient précipiter la fin des banques. Perçues comme les Uber de la banque, elles sont loin du compte. Ces bizarreries sont rachetées les unes après les autres par celles-là même qui ne voyaient pas leur utilité et qui leur prédisaient un avenir sombre, c'est-à-dire les banques. Une manière de répondre aux faibles performances de recrutement de nouveaux clients par les réseaux historiques. Enfin, les initiatives autour des monnaies alternatives ou complémentaires restent pour l'heure très limitées. Faut-il tout de même y voir la preuve que des clients sont prêts à sortir des circuits traditionnels dont les banques sont les garantes ?

Favorisée par la pénétration des supports numériques, la plateformisation de services aux particuliers a fait émerger des pures players d'Internet qui bâtissent leur modèle économique sur la transparence. La réputation est un label, voire un actif. Notre avis compte (enfin) au sens propre, comme au sens figuré. Ces entreprises vous le demandent et savent le monétiser : TripAdvisor, La Fouchette, Uber, etc. L'information est accessible à toute heure. Les clients veulent encore plus savoir, comprendre et noter. Le monde du commerce en ligne est *open*. La banque a bâti sa réputation sur le culte du secret. Le monde change. Cet actif d'hier peut vite se transformer en passif d'aujourd'hui ou de demain. Les banques ne peuvent pas ne pas réagir. Quelle va être leur réponse ?

Une numérisation à marche forcée

Les banques sont également dépassées par les géants de l'Internet sur un point essentiel : la relation client ou l'expérience utilisateur (UX). Les GAFAMI[1] ou les plateformes de services, Internet ou mobile, sont « auto » et *easy*. Le client est rendu *auto*nome par des interfaces homme-machine intuitives. Dans le même temps, les échanges à distance sont interactifs et fluides, sans rupture, où l'on veut, quand on veut. Simples, c'est-à-dire *easy*. Les banques ont tardé à se concentrer sur les canaux

---

1. Ajouter Microsoft et IBM aux GAFA.

numériques, « empêtrées » dans leur patrimoine informatique qui date des années 1990 et qu'il faut entretenir à grands frais, ne serait-ce que pour les mettre en conformité par rapport aux nouveaux textes en vigueur.

La numérisation transforme les internautes ou « mobinautes » en Petit Poucet. Ils laissent derrière eux des traces numériques qui en disent long sur leur comportement et sur leur propension à consommer à l'avenir. En tous les cas, ils y sont incités par des recommandations issues des modèles prédictifs qui s'améliorent à chaque passage. Les parcours client sont scrutés, analysés, modélisés et optimisés : plus on utilise, plus on est tenté, plus les algorithmes progressent et ainsi de suite. Bientôt, les acteurs non bancaires en sauront au moins autant sur nous que notre banque. Ils recrutent des bataillons de data scientists, fusion de statisticiens, de mathématiciens et d'informaticiens, pour exploiter leurs données, en capter encore plus et les monétiser. Ils mettent les moyens pour gagner beaucoup avec peu de données. Les banques sauront-elles leur damer le pion et mieux anticiper les besoins des clients avec beaucoup de données ?

Si la banque est percutée par ces trois chocs, elle recèle des atouts qu'elle peut mettre en avant dans un monde en perpétuel mouvement.

Trois atouts de la banque

Une dimension internationale

Les grandes banques françaises sont devenues internationales. D'une certaine manière, elles possèdent des capteurs aux quatre coins du monde qui les irriguent en signaux faibles ou en innovations, et ce sur des marchés de maturité très différente, avec des contraintes réglementaires qui n'ont souvent rien à voir. Pour faire des bons choix, il faut comprendre l'environnement dans lequel on évolue, extraire des facteurs d'influence[1] et prendre en considération leurs interactions :

- sur le plan économique : la déflation pour certains pays, l'inflation non gérable pour d'autres, l'augmentation du chômage, l'effondrement d'une ou plusieurs institutions financières, les crises fiscales, les bulles sur le prix de certains actifs ;

- sur le plan écologique : les catastrophes naturelles ou d'origine humaine, le réchauffement climatique, le développement de l'énergie renouvelable ;

- sur le plan géopolitique : la chute de gouvernements, les conflits militaires entre États, l'utilisation d'armes de destruction massive, les attaques terroristes ;

- sur le plan sociétal : l'économie circulaire, la crise alimentaire, la profonde instabilité sociale, la pandémie d'infections virales, le tout conduisant entre autres à des migrations involontaires à large échelle ;

- sur le plan éthique : les freins et les interdits dans la recherche médicale, la position vis-à-vis du transhumanisme, le contrôle des géants de l'Internet ;

- sur le plan technologique : les pannes informatiques de grands systèmes, la fraude ou le vol de données, les cyberattaques.

Quelles sont leurs visions de l'avenir à moyen et long termes ? Quel dirigeant bancaire l'a exposée dans une tribune ou dans un livre ? Lequel a participé à des débats sociétaux dans les médias ?

Les banques jouent un rôle de stabilisation ou d'amortisseur dans les crises que nous traversons. Ils leur arrivent aussi de les amplifier par la généralisation de conduites spéculatives comme

---

1. Les facteurs d'influence listés dans ce chapitre sont extraits de « La Lettre de la Française » du 25 janvier 2015 (« Ca va péter ? ») et enrichis.

en 2008, un exemple de crise systémique. Sauront-elles préserver notre société de nos propres turpitudes ? Pourront-elles être le contre-pouvoir crédible des géants de l'Internet pour lesquels les États font la preuve de leur incapacité à reprendre la main sur les plans fiscal et éthique notamment ?

Une tuyauterie résiliente, invisible et fiable

Imaginez un instant que les cartes bancaires ne fonctionnent pas pendant dix jours. Imaginez que votre compte bancaire soit vidé en un claquement de doigts, que vos économies partent en fumée. Ce serait l'émeute assurée ! Sommes-nous seulement conscients de la robustesse des systèmes informatiques et de leurs tuyauteries, du nombre de cyberattaques dont ils font l'objet ?

Confieriez-vous votre argent à quelqu'un à qui vous ne faites pas confiance ? Les GAFA ou leurs collègues chinois, les BATX, pourraient rendre ce service. Il reste toutefois des doutes à lever sur l'utilisation qui sera faite de vos données par ces mastodontes qui pèsent plus lourds que bien des États. Dans un monde dématérialisé et digital, où les échanges s'opèrent sans se voir, où nous aurons plusieurs employeurs, la banque a toutes les cartes en main pour attester et authentifier de l'existence des parties prenantes. Le rôle de tiers de confiance était dévolu au XIXe siècle aux concierges et au XXe siècle aux employeurs. La banque pourrait aujourd'hui le préempter et même le revendiquer avec force.

Enfin, les banques démontrent quotidiennement leur maîtrise dans l'organisation sécurisée d'échanges et dans la gestion de comptes. Leur terrain de jeu pourrait s'étendre à des comptes personnels non monétaires[1]. Elles en ont l'expérience et disposent de la tuyauterie nécessaire. Sont-elles prêtes à déformer leur modèle économique ? En auront-elles le choix ?

____

1. À titre d'exemple, le compte personnel d'activité.

Un actif unique, envié et fragile

Les banques possèdent des millions de clients actifs. Nous utilisons régulièrement leurs services, donnant ainsi des informations sur nos entrées et nos sorties financières, voire plus. Notre argent les intéresse, et pour cause, elles le stockent et le gèrent. Ces commerçants, qui n'aiment pas se définir comme tel, savent tout de nous : nos revenus, nos achats, notre comportement financier – cigale ou fourmi –, les lieux où nous consommons, notre patrimoine. Elles brassent tous les jours des milliards de données. Mieux anticiper les projets de leurs clients reste un challenge de taille qui passe par le développement de nouveaux modèles prédictifs plus puissants et opérables aujourd'hui.

Sans pousser trop loin l'innovation sur le traitement de la donnée, les banques pourraient tout simplement nous, c'est-à-dire ses clients, mettre en relation comme le font des plateformes d'échanges. Elles ont des clients particuliers et des clients professionnels. Rien n'est vraiment organisé pour favoriser leurs rencontres. Notons que les offres de BNP Paribas, de BPCE ou du groupe Arkéa vont dans ce sens. Activer un tel réseau, faire émerger une communauté renforceraient ainsi le lien social qui tend à se déliter, et probablement l'attachement à une marque. Que perd vraiment un client finalement en changeant de banque aujourd'hui ? Que gagne-t-il en y restant ? Il existe des banques où des nouveaux clients ne paient pas leurs cartes bancaires, à l'inverse de clients fidèles depuis des décennies. Certes, les taux d'attrition sont très largement inférieurs à ceux que connaissent des secteurs d'activité comme les télécoms ou les médias. Ils peuvent dépasser les 20 %. Mais, rien ne dit que les banques ne doivent pas s'y préparer. Le régulateur n'a de cesse de vouloir faire jouer la concurrence pour intensifier la bataille sur les prix et redonner ainsi du pouvoir d'achat aux clients bancaires.

Cet actif perd petit à petit sa valeur économique, tant de nouveaux océans de données se créent en dehors des banques. Celles-ci en sont même exclues. Accepteront-elles longtemps cette mise à l'écart ?

Partant de ces trois atouts, quels seraient les challenges autour du big data et de l'intelligence artificielle que doit relever la banque ?

TROIS NOUVEAUX CHALLENGES CONCOMITANTS ET INCONTOURNABLES

Combien d'heures par semaine faudrait-il consacrer pour se tenir au courant des dernières avancées sur le big data ou sur l'intelligence artificielle ? Probablement des centaines, si ce n'est plus, tant la production d'articles de presse, d'études, de publications scientifiques ou d'ouvrages sur l'intelligence artificielle s'est intensifiée depuis cinq ans. À la fois attractives et repoussantes, poison et remède, ces technologies sont perçues comme un *pharmakon*[1]. Elles divisent. Elles clivent, même. D'un côté, leurs promoteurs nous prédisent la suppression de tâches fastidieuses, des gains de temps, l'accroissement de notre bien-être, l'apparition de nouveaux métiers, l'émergence d'une nouvelle démocratie. De l'autre, les sceptiques prévoient un chômage de masse, l'explosion de notre modèle social, un danger à terme de voir les machines se retourner contre l'Homme. Au fil du temps, le second groupe voit ses rangs grossir.

Le secteur bancaire et celui de la santé réunissent toutes les caractéristiques pour que les technologies de big data et d'intelligence artificielle puissent donner leur pleine mesure : des masses de données, des capacités d'investissement élevées

---

1. Sources : *La société automatique, Dans la disruption* (voir bibliographie).

dans les infrastructures techniques, des statisticiens aguerris. Il ne suffit plus de collecter la matière première pour assurer sa pérennité et pour conserver une position dominante, voire un monopole. Tout réside aujourd'hui dans l'utilisation qui est faite de ce matériau de base abondant et dans les interprétations qui concourent à la prise de décision. Le secteur pétrolier en est une bonne illustration. La valeur s'est déplacée vers les acteurs qui assurent la transformation de cette matière première fossile.

Une meilleure lecture de la donnée

Tout devient donnée

Définir un concept, en particulier celui de *donnée*, est un exercice périlleux. Plusieurs universitaires s'y sont essayés. Roger E. Bohn a distingué trois notions en 1994 : la donnée, l'information et la connaissance : « *Data* are what come directly from sensors, reporting on the measured level of some variable. *Information* is "data that have been organized or given structure – that is, placed in context – and thus endowed with meaning". Information tells the current or past status of some part of the production system. *Knowledge* goes further; it allows the making of predictions, causal associations, or prescriptive decisions about what to do[1] ».

La *donnée* est une matière première brute qui n'a subi aucune transformation. Elle est produite ou extraite de supports qui nous entourent sous forme d'enchaînements de 0 ou de 1. La donnée en tant que telle n'a pas de valeur économique. L'ajout d'une dimension contextuelle et temporelle, à savoir le passé ou le présent, oui. La donnée a une histoire, un sens. Avec cette première transformation, elle devient une *information*. Troisième

---

1. Source : sloanreview.mit.edu/article/measuring-and-managing-technological-knowledge/

notion, la *connaissance*. Elle permet l'élaboration de liens de cause à effet dont elle est composée. Elle peut être considérée comme une capacité de l'homme à utiliser l'information d'un domaine donné avec pertinence, qu'elle soit développée par un apprentissage académique ou issue d'une expérience personnelle prolongée d'un phénomène. La connaissance nous projette pour prendre des décisions. L'enjeu économique pour les banques est de passer le plus rapidement possible de la donnée à une connaissance utile qu'il est souvent délicat de prouver.

Les progrès des ordinateurs, de leurs mémoires et le recours à des processeurs graphiques[1] permettent de traduire en données exploitables en temps réel des volumes toujours plus impressionnants de supports. C'est ainsi que la reconnaissance des formes retrouve ses lettres de noblesse après un long hiver. Le directeur de la recherche de Facebook, le Français Yann LeCun, utilisait en 1989 des réseaux de neurones convolutifs pour lire des chiffres écrits à la main. Il peut aujourd'hui les faire tourner sur des millions d'images. Tout ou presque peut être numérisé sous forme de 0 ou de 1 en une fraction de seconde. Les sources sont multiples[2] :

- les données signalétiques et socio-démographiques ;

- les données de comportement (utilisation du téléphone, de la carte bancaire, du véhicule…) ;

- les données issues du CRM3 (contact avec un service client, fidélisation, accès à l'espace client…) ;

- les données externes provenant des mégabases de données privées ou des administrations (open data) ;

---

1. Appelés également GPU (*Graphics Processing Unit*).
2. Source : blogperso.univ-rennes1.fr/stephane.tuffery/public/Tuffery_-_Master_Rennes_2013-2014_-_Data_Mining_-_Presentation.pdf
3. *Customer Relationship Management* ou « gestion de la relation client ».

- les informations remontées par les capteurs industriels, routiers, climatiques, puces RFID1, NFC2, objets connectés (caméras, compteurs électriques, appareils médicaux, voitures…) ;

- la géolocalisation par GPS3 ou adresse IP4 ;

- les données de tracking sur Internet (sites visités, mots-clés recherchés…) ;

- les contenus partagés sur Internet (blogs, photos, vidéos…) ;

- les opinions exprimées dans les réseaux sociaux (sur une entreprise, sur une marque, sur un produit, sur un service…) ;

- etc.

Avec l'augmentation croissante de notre durée de connexion, nos moindres faits et gestes sont tracés. Ce flot accru et continu de données va conférer un avantage concurrentiel à celui qui saura les exploiter en temps réel, un atout qui devient un standard de marché. Les banques devront faire leur mue technologique pour augmenter leur capacité d'extraction et d'exploitation des

---

1. La radio-identification, le plus souvent désignée par le sigle RFID (de l'anglais *Radio Frequency Identification*), est une méthode pour mémoriser et récupérer des données à distance en utilisant des marqueurs appelés « radio-étiquettes » (« *RFID tag* » ou « *RFID transponder* » en anglais).

2. Source : Wikipédia. La communication en champ proche (CCP) (*Near Field Communication* – NFC), est une technologie de communication sans fil à courte portée et à haute fréquence, permettant l'échange d'informations entre des périphériques jusqu'à une distance d'environ dix centimètres dans le cas général.

3. Source : Wikipédia. Le *Global Positioning System* (GPS) est un système de géolocalisation par satellite.

4. Source : Wikipédia. Une adresse IP (*Internet Protocol*) est un numéro d'identification qui est attribué de façon permanente ou provisoire à chaque appareil connecté à un réseau informatique utilisant l'Internet Protocol. L'adresse IP est à la base du système d'acheminement (le routage) des messages sur Internet.

données, et pour basculer dans l'immédiateté et quitter ainsi le temps différé, toujours appelé « *batch* ». La marche à monter pour y arriver peut paraître peu élevée. Mais c'est un changement culturel radical qui s'accompagne d'une transformation en profondeur des systèmes d'information.

En finir avec la confusion entre corrélation et causalité

Faire parler les données dans un océan toujours plus grand pour en extraire de la connaissance est critique. C'est une évidence. Cependant, il arrive très souvent que l'on confère à ces analyses des propriétés qu'elles n'ont pas. Elles sont vues comme des causalités alors que ces calculs statistiques sur lesquels elles reposent établissent des corrélations. La distinction corrélation/ causalité est fondamentale.

Nous devons la notion de corrélation en tant que concept statistique à Sir Francis Galton en 1888. Karl Pearson, son successeur au London College, donne à cette mesure de corrélation un statut mathématique et philosophique un peu différent et beaucoup plus précis : il établit en 1896 une formule du coefficient de corrélation linéaire. Elle est introduite en économie en 1902 par Arthur Lyon Bowley. La portée de cette mesure pour quantifier la dépendance entre deux variables est contestée, notamment en 1934 par Maurice Fréchet, un mathématicien français.

Plus récemment, un ouvrage publié en 2013 sous le titre *Big Data: A Revolution That Will Transform How We Live, Work, and Think* annonçait un changement de paradigme qui voyait la fin des causalités au profit des corrélations : « Quand la société va se rendre compte qu'elle doit mettre un bémol à son obsession de causalité et se fonder sur de simples corrélations, il ne s'agit plus de connaître le pourquoi, mais seulement le quoi. […] Car la nouvelle démarche remet en question la façon dont nous concevons fondamentalement la prise de décision et l'appréhension de la réalité. »

Comment illustrer ces deux notions ? Prenons un exemple : « Le paléontologue américain Stephen Jay Gould aborde la question corrélation/causalité dans son ouvrage *L'éventail du vivant*. Il prend l'exemple d'un statisticien qui avait noté une corrélation entre l'augmentation du nombre d'infractions pour ivresse et celle du nombre de prêcheurs baptistes au XIXe siècle. Il n'y avait aucun lien causal entre ces deux phénomènes. Ils étaient en revanche liés à un troisième phénomène qui était l'évolution grandissante de la population américaine.

Comment illustrer les différences entre corrélation et causalité à partir de cet exemple ? Admettons que l'on vous donne pour mission de mettre fin à l'augmentation du nombre d'infractions pour ivresse. S'il y a réellement un lien de causalité, c'est-à-dire que les prêcheurs baptistes font ouvertement l'apologie de l'alcool et de l'état d'ivresse, la seule interdiction de leur développement mettrait un terme à l'augmentation des infractions. Dans le cas d'une simple corrélation, il faudrait identifier d'autres causes pour l'éradiquer et, de fait, laisser les prêcheurs baptistes tranquilles. La lecture que vous avez des liens entre ces deux phénomènes influence les recommandations que vous pourriez produire pour mener à bien votre mission[1]. »

Ce changement de paradigme sous-entend trois postulats :

* le cerveau recourt à des procédés statistiques pour inférer sur la nature et sur les relations qu'entretiennent entre eux les phénomènes physiques. Les liens de cause à effet ne seraient ainsi qu'un artifice de l'esprit conçu pour une appréciation la plus représentative possible des aléas de l'environnement ;

---

1. Source : *On manage comme on nage* (voir bibliographie).

- les machines exploitent les statistiques plus efficacement qu'aucun cerveau et, de ce fait, circonscrivent plus efficacement les liens de cause à effet si chers à l'homme ;
- les liens de cause à effet imaginés par les humains sont sensiblement plus sujets aux biais d'analyse que ceux délimités par une machine.

Le débat mérite bien d'être ouvert. Les réponses ne sont pas neutres dans un monde où les décisions politiques, économiques et environnementales s'appuient sur des chiffres. La compréhension des causes qui précèdent l'effet voulu serait la clé pour prendre la bonne décision. N'est-ce pas le lot commun de tout dirigeant ? En théorie, certainement. En pratique, c'est moins sûr. Le recours à l'inné existe dans des circonstances hors champs professionnels. Remettre en question ce paradigme reviendrait à réfuter le fait qu'un phénomène est le résultat de plusieurs facteurs qui se succèdent et influent les uns sur les autres pour changer leurs états respectifs. Une (vraie) révolution !

Alors, pourquoi vouloir opposer ces deux notions coûte que coûte ? Pourquoi en choisir une plutôt que l'autre ? Comment peut-on tirer un trait sur la causalité alors que nos formulations orales ou écrites expriment des liens de causalité entre des faits ? Il s'agit là d'un constat. Il n'est pas question ici de philosophie ni de faire le choix entre le déterminisme causal ou le libre arbitre, mais juste d'observer ce qui se passe autour de nous. La structure grammaticale de type sujet + verbe + complément génère de fait des causalités. Celles-ci donnent du relief aux échanges et rendent le monde qui nous entoure intelligible et vivant, là où la corrélation mesure froidement une intensité de relation.

Et si, finalement, causalité et corrélation n'étaient pas la matérialisation de la vraie complémentarité entre les Hommes et les machines ? Les causalités aux Hommes et les corrélations aux machines. La description aux machines, et l'interprétation et la prescription aux Hommes. La décision finale à un problème donné incombe à l'Homme pour le meilleur… comme pour le pire. Il faut avoir conscience de ces limites pour agir en connaissance de cause à partir de la lecture des données étudiées, et ne pas faire dire des choses erronées aux données.

Chasser les biais de confirmation

Les réseaux sociaux jouent le rôle de caisse de résonnance et d'amplificateur. Les géants de l'Internet nous facilitent la vie pour utiliser et pour échanger avec leurs outils, pour rerouter des messages d'autrui. Autant de traces ou d'indices qui en disent beaucoup plus sur notre personnalité qu'une ligne sur un compte bancaire.

Bien souvent, la moindre information est extraite de son contexte, puis formatée avec dextérité pour renforcer la thèse de départ. Prenez les débats sur l'avenir de l'emploi dans les banques. Les commentateurs ont tendance à projeter leur propre vision de l'avenir sur celui des banques, voire de les exagérer pour augmenter leurs chances d'être remarqués. Ils viennent tous des mêmes grandes écoles ou universités, ont suivi les mêmes formations avec le même contenu pédagogique, se sont pliés au même système d'évaluation, et travaillent dans des entreprises semblables. Pourquoi leurs analyses différeraient-elles ? Que vous soyez convaincu(e) que ces deux technologies vont créer ou détruire des emplois, vous allez de toutes les façons chercher à renforcer vos arguments par des faits qui attestent leur bien-fondé. La pensée sélective s'accommode d'éléments sans vérification. Et il ne manque pas de sources d'informations avec la fulgurante montée en puissance des réseaux sociaux. Tout le monde devient un média en relayant des *posts* pas toujours vérifiés. Ce phénomène est symptomatique d'une dérive souvent peu visible, et liée à l'un des biais les plus répandus : le biais de confirmation.

Plutôt que d'être transformé en mouton de Panurge, il est encore temps de prendre le contrepied de notre propre opinion et de l'ériger comme règle… pour réduire notre biais de confirmation.

L'âge d'or des algorithmes

Les technologies de big data et d'intelligence artificielle font de plus en plus l'objet de critiques qui ont trait à leur caractère intrusif dans nos vies personnelle et professionnelle. Outre les données, l'objet du délit se concentre sur les algorithmes. Nous avons l'impression d'être cernés. Pour résoudre les problèmes qui leur sont posés, les entreprises et les administrations ont besoin d'algorithmes. Mais de quoi parle-t-on au juste ?

Une histoire ancienne

Nous devons le terme « algorithme » au grand mathématicien perse Muhammad Ibn Mūsā al-Khwārizmī (780-850 après Jésus-Christ). Les premières traces d'algorithmes remontent aux Babyloniens. Une tablette d'argile babylonienne datant de 1800 à 1600 avant Jésus-Christ donne une approximation du calcul de la racine carrée de 2. Autant dire que l'algorithme est une création de l'être humain et qu'il n'existerait pas sans l'être humain.

Mais que recouvre le terme « algorithme » ? Philippe Flajolet[1] définissait l'algorithme[2] comme *« une méthode, une* façon de décrire dans ses moindres détails comment procéder pour faire quelque chose : trier des objets, situer des villes sur une carte,

---

1. Chercheur français en informatique et en mathématiques, décédé en 2011. Source : interstices.info/jcms/c_5776/qu-est-ce-qu-un-algo rithme
2. Un algorithme a été défini par la jurisprudence comme une « succession d'opérations mathématiques traduisant un énoncé logique de fonctionnalités » (Cour d'appel de Paris, 23 janvier 1995).

multiplier deux nombres, extraire une racine carrée, chercher un mot dans le dictionnaire… ». Il ajoute qu'il « répond donc à des questions du type : "Comment faire ceci, obtenir cela, trouver telle information, calculer tel nombre ?" ».

Ces questions, tout un chacun se les pose à longueur de journée. À tel point que nous pourrions nous demander si nos propres actions quotidiennes ne sont pas le résultat de la combinaison de multiples algorithmes : nous trions, classifions, priorisons, sélectionnons, calculons… consciemment ou non. À ce propos, des neuroscientifiques comme le professeur Stanislas Dehaene du Collège de France, parlent de cerveau statisticien ou bayésien, en référence au mathématicien britannique Tomas Bayes (1702-1761). Un cerveau algorithmique en quelque sorte.

Pour faire simple, les algorithmes peuvent être catégorisés en deux grandes familles[1] qui portent respectivement les noms de classification et de régression. La première famille répartit les données en paquets, la seconde calcule une valeur. L'augmentation de la puissance et de la rapidité de calcul des machines accélère le développement des techniques à base d'apprentissage – le *machine learning* ou le *deep learning*, utilisées, par exemple, pour la reconnaissance des formes ou le traitement automatique du langage naturel. Si bien que les fonctions cognitives de l'Homme pourraient être émulées unitairement en temps réel avec des taux d'erreur proches des nôtres, voire meilleurs. C'est un saut technologique qui fait basculer le big data et l'intelligence artificielle dans notre quotidien, et qui explique l'effervescence croissante à leur encontre.

La banque en consomme régulièrement, et ce depuis longtemps. Rappelons que les premiers systèmes experts et scores

---

1. Cette distinction est volontairement très simplifiée. Elle omet de mentionner les algorithmes de clustering (cas de données non lablellisées) ou de réduction de dimension.

bancaires sont apparus dans les années 1950, c'est-à-dire dès la reconnaissance de l'intelligence artificielle[1] comme un domaine scientifique.

Une question = un algorithme, et non l'inverse

Ces technologies ont remis les statisticiens sur le devant de la scène. Stars de la banque dans les années 1980 et 1990, ils ont connu un long hiver et une perte de vitesse et d'intérêt par rapport à des profils comme les marketeurs, les financiers ou les auditeurs. Pourtant, leurs algorithmes continuent de développer avec efficacité les revenus ou de limiter les risques. L'affluence de nouvelles données les place à nouveau au centre de l'échiquier. À tel point qu'une nouvelle catégorie de statisticiens s'arrache à prix d'or : les *data scientists*. Ils maîtrisent, en plus des mathématiques et des statistiques, à l'instar des *data miners*, les outils informatiques. Les géants de l'Internet en recrutent des bataillons issus des meilleures universités. Les entreprises en raffolent, mais peinent à les attirer : environnement plus contraint et moins stimulant, cas d'usage moins pointus, possibilité de publication scientifique quasi nulle, rémunération plus raisonnable, etc. Il y aurait donc une pénurie en France de plusieurs milliers de *data scientists* à horizon 2020. Mais en est-on aussi sûr ? Pour, au final, leur faire faire quoi de différent que ne saurait pas faire un *data miner* ? Cette bulle ne va-t-elle pas finir par éclater ?

Les statisticiens sont des orfèvres de la donnée et de son traitement. Ils composent les bons algorithmes pour tirer le maximum d'informations et de connaissances utiles. Ces algorithmes n'ont rien d'une baguette magique qui transformerait une citrouille en carrosse. Encore faut-il poser une question précise. Plus elle l'est, meilleur sera le résultat.

---

1. Pour rappel, l'expression « intelligence artificielle » a été employée la première fois le 31 août 1955 dans l'invitation à la conférence de Dartmouth qui s'est déroulée à l'été 1956.

Il faut remonter au XVIIe siècle pour trouver les premiers calculs de coefficient de régression linéaire. Ruđer Josip Bošković en 1755-1757, Pierre-Simon de Laplace en 1789, Adrien-Marie Legendre en 1805 ou Carl Friedrich Gauss qui dit les avoir utilisés à partir de 1795, les ont peaufinés. Les progrès réalisés sur les algorithmes d'intelligence artificielle sont étroitement liés aux neurosciences et aux découvertes sur notre compréhension des mécanismes du cerveau. Le neurone formel de McCulloch et Pitts date de 1943. Yann LeCun de Facebook s'est inspiré des travaux d'Hubel et Wiesel (prix Nobel de physiologie en 1981) sur la façon dont le système visuel des mammifères traite les informations pour concevoir son réseau de neurones, dit « convolutif ». C'est un aspect trop souvent passé sous silence dans l'histoire de l'intelligence artificielle. Son développement n'est pas seulement dû à la massification des données et à la puissance de calcul. Les neurosciences y jouent un rôle majeur. Cette volonté de comprendre et de copier, ou plutôt d'émuler, le fonctionnement du cerveau est explicite dans le texte adressé aux chercheurs américains conviés à l'université d'été au Dartmouth Collège en 1956 : « […] The study is to proceed on the basis of the conjecture that every aspect of learning or any other feature of intelligence can in principle be so precisely described that a machine can be made to simulate it. An attempt will be made to find how to make machines use language, form abstractions and concepts, solve kinds of problems now reserved for humans, and improve themselves.[1] »

Tout est disponible sur Internet. Les fameuses *cheat sheets*[2] sont accessibles au plus grand nombre. Les géants de l'Internet, comme Facebook ou Google, publient les travaux de leurs

---

1. Source : "A proposal for the Dartmouth Summer Research Project on Artificial Intelligence", August 31, 1955.
2. Ou « pompes » en français.

équipes de recherche. Le monde de l'intelligence artificielle est beaucoup plus *open* qu'il n'y paraît, et qu'il y a vingt ans.

Cela étant, la maîtrise de ces algorithmes composites peut ne plus être entre les mains des statisticiens. N'est pas statisticien qui veut.

Vers une mise sous surveillance des algorithmes

Véritables bouc-émissaires des maux de notre société tels que la discrimination, le maintien ou l'accroissement des inégalités, certains pensent que les algorithmes pourraient même menacer notre démocratie. Il est vrai qu'ils sont partout dans les applications digitales : les réseaux sociaux, les sites de e-commerce, les assistants personnels. Les robots industriels ou domestiques, les avions, les trains, les voitures, le secteur bancaire, la médecine, l'agriculture, les objets connectés, etc. en regorgent. Ils nous envahissent. L'omniprésence des algorithmes devient dérangeante parce que nous avons le sentiment de nous faire manipuler. Notre capacité de jugement et notre libre arbitre sont captés. Notre attention est détournée pour nous influencer dans le but d'orienter nos intentions, nos décisions ou nos actions (achat, vote à une élection, recommandation, etc.).

Outre le fait que ces algorithmes nous mettent à nu parce qu'ils savent interpréter et exploiter nos comportements une fois numérisés, et bien que nous en soyons à l'origine, la perte de leur contrôle crée un malaise. D'une certaine manière, ils peuvent amplifier les biais non éliminés lors de leur conception ou dans la phase d'apprentissage, d'où, par exemple, les cas de discriminations raciales ou homme/femme. Ils nous renvoient notre propre image. C'est une sorte de révélateur ou de lanceur d'alerte moderne qui devient insupportable à tolérer. Et si nous étions beaucoup plus indulgents avec nous-mêmes qu'avec les algorithmes ?

Les entreprises et les administrations mettent l'accent sur la capture, la structuration, la conservation et la protection des données. La création du poste de *Chief Data Officer* (CDO) en est une illustration, tout comme les investissements massifs dans les infrastructures techniques telles que les lacs de données (*data lakes*). Il est, en fait, question ici de l'utilisation des données. Aussi, n'est-ce pas le bon moment pour muscler le CDO et pour le transformer en *Chief Algorithm Officer* (CAO) ? Un poste à très forts enjeux : celui qui a la main sur l'algorithme auto-apprenant détient un pouvoir bien supérieur à celui qui l'a sur les données. Cette position lui confère une forte responsabilité, en particulier d'un point de vue éthique. Le choix des données d'apprentissage doit être validé au plus haut niveau. Et notamment celles qui permettent de contrôler que l'algorithme ne s'égare pas.

Y aurait-il alors beaucoup de candidats pour ce poste à haut risque ? Être le garant du résultat des algorithmes pour, entre autres, savoir les expliquer, n'aurait pas que des inconvénients. Le CAO aurait un droit de veto. Il éviterait ainsi leur prolifération, les dérives constatées et l'absence de maîtrise de plus en plus pointée du doigt. Son leitmotiv ? « Ce qui ne s'explique pas ne s'utilise pas ». Son credo ? La transparence et l'ouverture. Arrêter un algorithme n'est pas aujourd'hui une opération complexe en soi : il suffit de le supprimer ou de « tirer la prise ». Mais qu'en sera-t-il demain ?

Une banque sans banquier ?

L'abondance de données, des algorithmes rendus plus performants, des machines autonomes et des procédures toujours plus nombreuses rendent plausible le scénario d'une « banque-tout-numérique ». La banque s'exercerait-elle alors sans banquier, comme la médecine sans médecin pour paraphraser le professeur Guy Vallancien[1] ?

Banque et médecine, mêmes débats

La comparaison du secteur bancaire avec celui de la santé peut éclairer les débats actuels sur l'emploi dans la banque sans pour autant se laisser aller à un copier-coller simpliste. Prenez la médecine. C'est un secteur d'activité qui est percuté de plein fouet par les NBIC (nanotechnologies, biotechnologies, informatique et sciences cognitives). Les questions se bousculent :

- Quelles règles régiront l'accès et la mise à jour de nos données personnelles de santé ? Comment éviter les discriminations ?

- En quoi l'autodiagnostic rendu possible pour les patients va-t-il changer la relation avec le médecin ? Où seront réalisées les consultations, les soins ?

- Comment sera exploité le séquençage de notre ADN à coût réduit ? Quelle place sera donnée à des technologies qualifiées d'intrusives ? Jusqu'à quel âge vivrons-nous s'il est possible de limiter les dommages de pathologies rendues prédictibles ? Qu'est-ce qu'un Homme augmenté ? Est-ce souhaitable ?

- De quel profil aurons-nous besoin à l'avenir ? D'un généraliste ou d'un spécialiste ? En quoi consistera demain le métier de médecin ? Comment sera valorisée l'expérience ?

- Quel poids aura la formation initiale ? Comment garantir le maintien des connaissances et des compétences dans un monde de plus en plus technologique et changeant ?

---

1. Le professeur Guy Vallancien est un chirurgien français, professeur d'urologie à l'université Paris Descartes, membre de l'Académie nationale de médecine et de l'Académie nationale de chirurgie. Il publiait en avril 2015 un ouvrage au titre évocateur *La médecine sans médecin* (voir bibliographie).

- Quels effets anticiper sur la tarification des actes ? Des primes d'assurances ? Des remboursements par notre système de sécurité sociale ?

- Etc.

Toutes ces questions nous sortent de notre zone de confort tant elles nous touchent directement. Elles nous dérangent parce qu'elles nous interrogent sur nous-mêmes. Les réponses que nous apporterons préfigurent le monde de demain. C'est pour cette raison qu'elles doivent être instruites au plus haut niveau de l'État. Gageons que les responsables politiques encouragent les débats et défendent une vision humaniste.

Des chercheurs réalisent des modifications génétiques sur des embryons malgré les moratoires. L'éthique est bousculée aux États-Unis et en Chine. Les fondamentaux de la médecine moderne établis il y a des siècles sont ébranlés quand il est envisagé un Homme non plus réparé mais augmenté. Faut-il revoir le contenu des serments d'Hippocrate ou de Galien avant qu'ils ne deviennent obsolètes et ne soient réécrits par des géants de l'Internet qui occupent petit à petit une place politique ? Des professionnels de la santé commencent à se saisir de ces questions avec un niveau de profondeur que l'on peine à retrouver dans les débats sur l'avenir du secteur bancaire. Et pourtant, la situation est similaire. Les banquiers gagneraient à établir régulièrement des parallèles avec le secteur de la santé.

Et s'il n'en restait qu'un : le généraliste ou le spécialiste ?

Deux questions taraudent les banquiers historiques sur l'avenir de leur réseau commercial physique : le maintien de leurs agences bancaires et l'évolution du métier de leurs conseillers. Rien n'est tranché pour l'instant. Là aussi, deux camps s'affrontent : ceux qui voient une hyper-spécialisation des conseillers bancaires et ceux qui, au contraire, voient une primauté aux compétences dites transversales, c'est-à-dire celles qui sont liées au comportement, au relationnel et moins à l'exercice du métier de banquier. Les réponses à ces deux questions ne sont pas neutres sur le plan de l'emploi, des modalités d'accompagnement des collaborateurs ou de la politique de recrutement.

D'ores et déjà, le conseiller bancaire s'appuie sur des outils informatisés pour connaître la situation financière de ses clients, pour préparer ses entretiens, pour mieux appréhender les conseils ou les propositions qu'il lui délivrera. La machine est désormais capable d'analyser en temps réel des milliards de données (mouvements bancaires, visites sur le site Internet de la banque, interactions avec le conseiller), de vous classer dans des familles de clients proches, de prédire des événements futurs et, *in fine*, d'aiguiller le conseiller vers la bonne action, celle qui maximisera le taux de réussite. Elle réalise les mêmes tâches que le cerveau du conseiller, mais avec une puissance de calcul (mémoire, rapidité) nettement supérieure. La fonction d'apprentissage supervisé réduit la probabilité d'une erreur similaire à l'avenir. Elle renforce la justesse des actions proposées. Il lui manquerait juste la parole… et la chaleur d'une relation humaine que l'on peine à définir pour pouvoir l'émuler. La différence entre un conseiller robotisé et une machine humanisée n'est-elle plus de la taille d'une feuille de papier à cigarette ?

À propos des médecins, le professeur Guy Vallancien évoque un nouvel âge d'or du généraliste. Cette vision va à l'encontre des chiffres 2016 de la démographie médicale en France. Le nombre de médecins généralistes a baissé de 8,4 % depuis 2007, alors que celui des médecins spécialistes a crû de 7 % sur la même période. Pour étayer son propos, il s'appuie sur les arguments suivants[1] : « […] il [l'homme] garde en lui cette inestimable capacité de relation et d'empathie qui fait toute la différence.

---

1. Source : Hors-série du *Monde*, « La santé et la médecine » (2017).

Le médecin généraliste restera de plus en plus recherché, lui qui connaît mieux que quiconque l'homme, la femme ou l'enfant malade dans sa détresse. […] Ce rôle de conseiller bienveillant, qui a en partie été abandonné au prix d'une médecine hypertechnicisée et trop rapide, redeviendra primordial. L'expérience personnelle fera toute la différence entre l'instrument, aussi puissant soit-il, et l'homme de l'art, dont l'écoute sera de plus en plus précieuse. »

Le Professeur Guy Vallancien confirme que la machine va absorber de plus en plus de connaissances techniques. De fait, elle va renforcer son niveau d'expertise et la pertinence de ses diagnostics. Ce transfert est inéluctable. Tout comme dans la banque.

Parler de conseiller bancaire augmenté laisse penser que la réalisation des tâches sera laissée à la main du conseiller, et oblitère les réflexions sur les compétences de demain et sur la réorganisation du temps de travail. Cette formule marketing achète à court terme une acceptabilité qui repose sur des fondations friables. En matière de travail, l'Homme plus la machine feraient deux. Cela reste à prouver. À défaut d'être augmenté, le conseiller n'est-il pas plutôt allégé de tâches transférées à la machine ? Se dessinent alors les contours d'un conseiller bancaire doté de compétences cognitives, sociales et comportementales plus prononcées, capable de donner du sens aux données prémâchées par la machine et de faire preuve de discernement. Les frontières des métiers s'estompent progressivement. Avec les progrès techniques, elles se périment beaucoup plus vite, comme les connaissances acquises pendant les études ou lors de formations professionnelles. L'entretien continu des compétences devient un facteur de réussite. Il faut aller chasser sur les terrains non propices au développement de la machine et consommateurs de temps. Ne parlez surtout pas de créativité ou d'innovation : quelle part de votre temps y consacrez-vous aujourd'hui ?

Enfin, il serait présomptueux ou fantaisiste d'annoncer la fin des spécialistes. Qui serait alors en mesure d'alimenter et de contrôler les machines ?

Si le mécano-banquier l'emportait, alors…

Les progrès technologiques ont soulagé nos jambes, puis nos bras ou nos mains, pour s'en prendre maintenant à notre cerveau. L'effet combiné du big data et de l'intelligence artificielle le concurrence. Jusqu'où irons-nous dans l'émulation ou la reproduction de nos fonctions cognitives de l'Homme par la machine ? Arrivera-t-on un jour à le « craquer » ? Quels autres facteurs vont influer sur le contenu du métier de banquier ?

D'un côté, ce mouvement de « vampirisation » des tâches du banquier, et donc du travail, par la machine pourrait être freiné par les montants d'investissement nécessaires pour renouveler l'infrastructure technique, par la limitation même des performances des machines, par de nouvelles mesures encore plus contraignantes fixées par le régulateur sur l'utilisation des données ou sur la transparence des algorithmes ou sur la consommation d'énergie. D'un autre côté, il pourrait se poursuivre sous l'impulsion du régulateur et des autorités de contrôle réclamant une application plus stricte de procédures explicites par le banquier pour réduire les risques de fraudes, de contravention à la législation ou de défaillance, toujours plus prolixes, en vigueur.

Faire référence à des textes codes, disposer de procédures écrites noir sur blanc et les appliquer à la lettre sont trois conditions préalables qui se prêtent parfaitement à l'informatisation. En d'autres termes, les procédures internes et la réglementation dictent au banquier ce qu'il doit faire dans telle ou telle situation. Elles lui donnent des instructions de type « si… alors… » qui déterminent son action. Elles sont omniprésentes dans la banque. Plus celles-ci prendront une part importante de son temps de travail, plus la machine fera concurrence au banquier, pour *in fine* se substituer à lui et lui prendre sa place. Avec le renforcement des moyens de contrôle, la taylorisation du banquier n'est pas près de s'arrêter. À l'extrême, le banquier deviendrait un automate humain ou une machine humanisée dont les actions seraient régies par des procédures. À ce rythme, en 2025, la banque ressemblera à une salle de machines pilotées par un superviseur entouré d'informaticiens, de mathématiciens et d'auditeurs. Une telle banque sera tout simplement invisible, et le banquier fait de 0 et de 1. Les consommateurs se laisseront-ils faire ? Quel sera le seuil d'acceptatibilité sociale des citoyens que nous sommes ?

Qu'en conclure ? Le banquier ne disparaîtra pas *in fine*, mais les caractéristiques techniques et financières qui font la spécificité de son métier s'effacent avec le recours de plus en plus important au big data et à l'intelligence artificielle. Le déversement dans la machine du savoir-faire bancaire n'a aucune raison de s'arrêter. Au contraire. Les directions des ressources humaines ont alors un véritable défi à relever : intégrer dorénavant les machines dans leur périmètre d'activité, et veiller à l'équilibre Homme-machine et au développement continu des compétences des collaborateurs. Ces deux technologies touchent toutes les directions et tous les niveaux hiérarchiques d'une organisation. Véritables juges de paix, seules les DRH peuvent comprendre, anticiper, accompagner les transformations à venir et la redistribution du temps de travail libéré par la machine. Elles n'ont rien à gagner. En auront-elles la mission et les moyens ?

Quel avenir pour le « data-algo-banquier » ?

Beaucoup d'observateurs ont annoncé un peu (trop) vite la fin de la banque. La période que nous traversons est sans précédent dans l'histoire de l'humanité. Il est vain de vouloir appliquer au big data et à l'intelligence artificielle la même trajectoire que celle de la roue, de la vapeur, du pétrole ou de l'électricité. Vouloir les rendre comparables en termes d'effet sur notre société est une erreur. Elles ne s'en prennent pas qu'aux tâches que nous exécutons, mais bien aux compétences ou aux capacités cognitives que nous mobilisons, qu'elles soient techniques ou transversales.

Peut-on anticiper l'effet de ces deux technologies sur la banque ? Oui, à coup sûr, si l'on sort de cette vision mécaniste pour s'attacher aux compétences, c'est-à-dire passer d'une mesure de tâches à une évaluation des compétences. Il est nécessaire de changer d'angle d'analyse.

La machine, au travers du big data et de l'intelligence artificielle, sera alors pensée pour rendre la banque plus humaine. Elle redonnera du temps au banquier pour avoir plus d'attention et de considération envers ses clients, deux domaines où les algorithmes sont moins pertinents que les Hommes. Finalement, le banquier de demain ressemblera beaucoup au banquier d'hier, ou plutôt d'avant-hier, sauf qu'il ne fonctionnera plus à tâtons, mais de manière éclairée et interactive :

- un banquier entrepreneur, un banquier à l'écoute ;
- un banquier qui travaille sur le long terme car le court terme est forcément bizarre (plein de petits et grands imprévus) alors que le long terme inclut la manière d'absorber les imprévus ;
- un banquier qui accompagne les mutations de notre société ;
- et un banquier qui mute, comme nous finalement.

Les actionnaires devront changer leurs référentiels et les indicateurs de performance. Davantage d'indicateurs sociétaux ou environnementaux, et moins d'indicateurs financiers. Une autre vraie révolution qui serait toutefois balayée le jour où une cyberattaque paralyserait cet océan algorithmique, ou si la réglementation sur l'usage des données et des algorithmes se durcissait.

S'interroger sur la place du banquier demain dans la société, c'est s'interroger à la fois sur notre place – celle de l'Homme –, sur celle de la machine et sur l'utilisation des technologies sous-jacentes. C'est se projeter et décrire la société dans laquelle nous voulons vivre. Aussi, avant de décréter la fin de la banque (ou des banques), prenons cinq minutes pour réfléchir aux conséquences parce que c'est de nous tous dont il est question.

BIBLIOGRAPHIE

Ouvrages

Athling, *La banque, reflet d'un monde en train de naître*, 2015.

Athling, *L'intelligence artificielle dans la banque : emploi et compétences*, 2017.

Blanc Pierre, *On manage comme on nage*, Éditions du Palio, 2014.

Bouzou Nicolas, *L'innovation sauvera le monde*, Plon, 2016.

Bouzou Nicolas, *Le travail est l'avenir de l'homme*, Les éditions de l'observatoire, 2017.

Crawford Matthew B., *Éloge du carburateur. Essai sur le sens et la valeur du travail*, La Découverte, 2009.

Cukier Kenneth et Mayer-Schönberger *Viktor, Big Data: A Revolution That Will Transform How We Live, Work, and Think*, HMH, 2013.

Davadie Philippe, Kempf Olivier et Teboul Bruno, *La donnée n'est pas donnée*, Éditions Kawa, 2016.

Espinoza Miguel, *Théorie du déterminisme causal*, L'Harmattan, 2006.

Friedman Thomas L., *Merci d'être en retard. Survivre dans le monde de demain*, Saint-Simon, 2017.

Hyeans Andy, *Sport data revolution*, Dunod, 2016.

O'Neil Cathy, *Weapons of math destruction*, Crown, 2016.

Stiegler Bernard, *La société automatique*, Fayard, 2015.

Stiegler Bernard, *Dans la disruption, Comme ne pas devenir fou ?*, Les liens qui libèrent, 2016.

Teboul Bruno, *Robotariat*, Éditions Kawa, 2017.

Vallancien Guy, *La médecine sans médecin ? Le numérique au service du malade*, Gallimard, 2015.

Vallancien Guy, *Homo artificialis. Plaidoyer pour un humanisme numérique*, Michalon, 2017.

Études, publications, articles de presse

Blanc Pierre, « La banque sans banquier ? », *Les Échos*, 2016.

Blanc Pierre, « C'est vraiment le moment de s'occuper des algorithmes », *Les Échos*, 2016.

Blanc Pierre, « Les robots vont-ils remplacer les conseillers ? », *Revue Banque*, 2016.

Blanc Pierre, contribution à *L'évolution du modèle bancaire à l'ère digitale*, Fabrice Lamirault & Collectif, 2017.

Blanc Pierre, « L'intelligence artificielle est-elle victime du biais de confirmation ? », *Les Échos*, 2017.

Blanc Pierre, *Les machines vont rendre les banquiers plus humains*, TEDx Issy, 2017.

Bohn Roger, *Measuring and Managing Technological Knowledge*, sloanreview.mit.edu/article/measuring-and-managing-technological-knowledge/, 1994.

Schwerer Charles-Antoine, « La concurrence au défi du numérique », Fondapol, 2016.

Sites Internet, blogs spécialisés

Actu d'actuaires : actudactuaires.typepad.com/

Berci Mesko : medicalfuturist.com/

C'est pas mon idée ! : cestpasmonidee.blogspot.fr/

Cornell University Library: arxiv.org/

Data Science Central : www.datasciencecentral.com/

France Stratégie : www.strategie.gouv.fr/

KDnuggets News : www.kdnuggets.com/

La Tribune : www.latribune.fr/

Les Échos : www.lesechos.fr/

Medium : medium.com/

Michel Volle: michelvolle.blogspot.fr/

MIT Technology Review : www.technologyreview.com/

O'Reilly : www.oreilly.com/

Scientific American : www.scientificamerican.com/

Score advisor : score-advisor.com/

Stépahne Tuffery : blogperso.univ-rennes1.fr/stephane.tuffery/

TechCrunch : techcrunch.com/

Topol Eric : www.stsiweb.org/

WIRED : www.wired.com/

L'émergence de nouveaux modèles

Chapitre 11

Vers une nouvelle esthétique bancaire

Jean-Jacques Pluchart

La banque de détail conventionnelle est engagée dans un mouvement sans précédent de reconstruction de sa chaîne de valeur, qui affecte à la fois sa stratégie, son organisation, ses services et sa culture. Elle est en effet confrontée à une révolution de son environnement technologique, économique et social. Elle doit s'adapter aux nouvelles technologies de l'information et de la communication, qui intensifient la désintermédiation de son front office et l'automatisation de son back office. Elle doit affronter la concurrence des banques en ligne, dont la compétitivité repose sur l'agilité des services et les économies de coûts. Elle doit coopérer ou rivaliser avec les Fintech, qui offrent divers services financiers plus pratiques et moins coûteux aux clients, ainsi qu'avec les GAFAM[1] et les opérateurs téléphoniques (comme Orange), qui développent des systèmes de *daily banking* (paiements en ligne, gestion de comptes…). Elle doit développer de nouveaux concepts de « néo-banque » ou « banque mobile » (100 % numériques), ciblant principalement les « clients de moins de 35 ans, urbains, actifs et connectés ». C'est notamment le cas de la Société Générale avec Boursorama (créée dès 2005), de BNP Paribas avec Hello bank!, du Crédit Mutuel avec Fortunéo… La banque universelle assiste par ailleurs à la montée du *shadow banking* (Mellios, Pluchart, 2014), notamment des courtiers en crédit immobilier et des gestionnaires

---

1. Google, Amazon, Facebook, Apple, Microsoft.

indépendants de patrimoine. Elle est observée en permanence par les comparateurs de tarifs en ligne. Elle se heurte ainsi à des mouvements de perte de confiance et de mécontentement (*bank bashing*) de la part de certains de ses clients, qui désertent les agences et s'orientent vers la banque en ligne, la multi-bancarisation, la finance collaborative (*crowdlending…*). « *We need banking, no banks* », déclarait Bill Gates en 1994. La banque de détail est également confrontée à un durcissement de la réglementation financière, à une multiplication des normes prudentielles et à des *stress tests* qui l'obligent à renforcer toujours plus ses fonds propres. Elle doit faire face à la menace permanente d'intrusions dans ses systèmes informatiques.

Ces multiples facteurs, conjugués à une baisse tendancielle des taux d'intérêt, contribuent à éroder ses marges commerciales et à menacer son avenir (Herlin, 2016). Le cabinet de conseil Bain & Co estime que 40 % des agences bancaires européennes occidentales seront fermées à l'horizon 2020.

Les banques de détail sont donc contraintes de reconcevoir leurs modèles d'affaires et de restructurer leurs réseaux d'agences conventionnelles et de sites internet (Pauget, 2010). « Les banques ne seront plus jamais les mêmes » (Mathieu, 2014). Mais la reconquête de ses espaces matériel et virtuel – en « dur » et en « ligne » – soulève des problématiques d'autant plus complexes que leur résolution implique de conjuguer des concepts et des techniques relevant de divers domaines : finance et marketing bancaire, technologies de l'information et de la communication, sociologie économique, psychologie…

La transformation des agences et des sites bancaires ne peut reposer uniquement sur la compétitivité et l'originalité de leurs offres de produits et de services (en face à face ou en ligne). Elle implique également une déconstruction des mythes du « guichet bancaire » et de « l'employé de banque » traditionnels. Elle exige la maîtrise des dimensions à la fois fonctionnelle et émotionnelle de la relation avec la clientèle. Elle impose la construction d'une nouvelle « esthétique bancaire », qui recouvre à la fois l'identité de la banque, sa marque, son logo, ses slogans, le graphisme, l'architecture et le design de ses espaces de vente. Mais la banque de détail ne constitue pas un terrain propice à la création artistique ou esthétique, en raison du « caractère indolore et inodore de l'argent » (Simmel, 1967). L'immatérialité de ses produits lui impose d'offrir des services et de créer des images ne relevant pas du domaine bancaire. La transformation de la banque de détail nécessite de faire appel à de nouvelles techniques de création, de marketing et de communication, destinées à « ré-enchanter » les clients et les prospects, en sollicitant leurs perceptions sensorielles, à la fois visuelles, auditives, tactiles et olfactives. La banque de détail doit transformer des « plateformes de transaction financière » en « espaces de bien-être et de culture ». Elle doit à la fois se moderniser et se réhumaniser, en assurant une double fonction utilitaire et culturelle. Elle doit placer « l'humain et le digital » – le « phygital » – au service de la finance. Elle doit inviter ses clients « à conquérir leur autonomie, à exprimer leurs opinions, à satisfaire leurs désirs. L'enjeu est d'autant plus important qu'en Europe, la relation client en agence génère les opérations les plus rentables, mais que seulement 15 % des clients fréquentent régulièrement les agences.

Ce chapitre explore les nouveaux concepts expérimentés par les banques de détail européennes afin d'attirer, de fidéliser et de réenchanter leurs clients et leurs prospects.

UNE BRÈVE GÉNÉALOGIE DE L'ESTHÉTIQUE BANCAIRE

Le marketing bancaire a réalisé des avancées significatives depuis un demi-siècle, sans pouvoir enrayer le nomadisme de la clientèle et la chute de la fréquentation des agences.

Les leçons des Trente Glorieuses

À partir des années 1950, la reconstruction et le développement des échanges ont entraîné un développement des réseaux bancaires et une massification des modes de consommation sous l'effet des campagnes publicitaires. Dès 1957, Packard et Miller ont montré les effets sur les choix des consommateurs des messages subliminaux contenus dans les publicités, révélant ainsi pour la première fois aux banquiers que les décisions d'emprunts ou de placements par les clients dépendaient de données objectives mais aussi d'impressions subjectives, de comparaison de conditions financières et d'évaluation du risque, ainsi que d'effets de mode et de recherche d'émotions.

Le développement du marketing bancaire

À partir de la fin des années 1970, marquées par le déclin des Trente Glorieuses, les observations de Packard et Miller ont été étendues des messages publicitaires aux logos, slogans, chartes graphiques et codes architecturaux des lieux de vente. Les banques de détail se sont alors efforcées de rendre plus attractifs leurs espaces de vente, afin d'inverser la baisse de fréquentation par les clients et les prospects. Elles ont fait appel à des agences de publicité, de communication, de design, d'aménagement d'espace ou d'architecture commerciale…, qui ont testé de nouveaux « concepts », « modèles », « formats » et « univers » bancaires. Les agences sont devenues des « espaces fonctionnels et des univers d'expériences », afin de répondre à la fois à des besoins financiers et à des désirs d'identification sociale. Les

banques ont fait appel à des pratiques et à des symboles couvrant
« la satisfaction des besoins élémentaires et la stylisation de modes
de vie » (Bourdieu, 1979). Les nouveaux concepts devaient permettre un meilleur « encastrement » bancaire dans le tissu social
et une « osmose » entre la culture bancaire et celle des groupes
sociaux dominants. Ils visaient à réorienter les perceptions des
produits et des services bancaires, suivant des « axes sémiotiques »
liés principalement à la gestion de l'argent et des risques, mais
aussi, plus marginalement, à la satisfaction de certains goûts artistiques, culturels et/ou ludiques. Mais la relation client semble
avoir été insuffisamment repensée puisque ces actions de marketing bancaire n'ont pu enrayer la perte de confiance dont ont été
victimes la plupart des banques à partir des années 1990.

La montée de nouveaux enjeux bancaires

Depuis le tournant du siècle, le développement des banques en
ligne et des réseaux sociaux a accéléré le mouvement d'indivi-
dualisation – ou de *customisation* – des comportements des clients.
Les banques de détail n'ont pu se contenter de projeter dans
leurs agences une image accueillante centrée sur leurs produits
et services. Elles se sont efforcées de concevoir des « sphères d'activités » au sein desquelles les individus peuvent exprimer leur
appartenance à un ou plusieurs groupes sociaux. L'aménagement
d'un magasin doit ainsi pouvoir renseigner sur le type de commerce mais également sur le profil des clients. Il doit créer des
outils de « distinction du goût » permettant à un groupe social
de « mettre à distance » les autres groupes (Bourdieu, 1979).
Il doit projeter un ensemble de représentations et de connaissances destinées à influencer les manières de pensée et d'agir des
clients. Il doit contribuer à « enrichir leur capital social et leur
aptitude à s'adapter à de nouveaux univers culturels ». Plus que
dans d'autres activités, la standardisation et l'automatisation de
la plupart des opérations bancaires impliquent la transformation

d'espaces fonctionnels en lieux affectifs « d'émerveillement » – ou de réenchantement – des clients. Plus l'échange marchand est déshumanisé, plus les clients expriment le besoin de partager leurs émotions (Baudrillard, 1981).

La technologie numérique contribue à améliorer l'efficience et la productivité des opérations, mais aussi à créer de nouveaux objets virtuels (ou « réels augmentés ») et à stimuler l'imaginaire collectif. Elle permet d'enrichir l'échange économique par une communication symbolique basée sur des « mises en scène » d'univers virtuels formant sens, à l'instar de l'art contemporain (Baudrillard, 1981). Cet enrichissement fait appel à de nouveaux avatars, qualifiés d'« esthétiques », de « poétiques » ou d'« artistes » (Lipovetsky, Serroy, 2013). La création esthétique est ainsi devenue un levier incontournable d'avantage concurrentiel pour la banque de détail, au même titre que les ingénieries financière et numérique.

LA MÉTAMORPHOSE DES ESPACES BANCAIRES

Les banques traditionnelles cherchent à concilier qualité de service et logique de rentabilité, mais aussi à tisser de nouveaux liens avec les citoyens et à mieux s'enraciner dans la cité.

L'optimisation des tâches des conseillers bancaires

Les banques de détail tentent d'abord de se libérer de certaines tâches pouvant être digitalisées et/ou effectuées directement par le client. Elles font appel à différentes méthodes de management, comme le *lean management*[1], afin de répondre aux besoins

---

1. Le *lean management* est un système d'organisation de tâches impliquant tous les acteurs concernés, dans le but d'éliminer les contraintes qui réduisent l'efficacité et la performance d'une organisation.

de base des clients (virements, consultations de comptes…) par des systèmes réactifs, fiables et conviviaux. À l'instar des start-up, elles s'efforcent de mettre en place des organisations « collaboratives » et « agiles », dotées d'une grande faculté d'adaptation aux changements de leurs environnements technologiques et socio-culturels. Leur conception requiert une maîtrise de l'intelligence artificielle et une connaissance approfondie des comportements des clients. Par la technique du big data, les banques et les opérateurs téléphoniques captent et analysent les interactions entre les clients et les conseillers bancaires sur différents canaux (téléphone, Web, blog, réseaux sociaux…). Les informations pertinentes (réactions face aux nouveaux produits et services, aux messages publicitaires, aux fluctuations de cours boursiers, à une nouvelle réglementation bancaire, à la conjoncture économique…) sont extraites automatiquement puis analysées afin d'identifier les causes d'insatisfaction des clients et les solutions à mettre en œuvre. L'identification des tâches sans valeur ajoutée permet d'optimiser l'activité du conseiller en le recentrant sur son « cœur de métier ». Le recours à l'intelligence artificielle vient profondément modifier l'organisation du travail des conseillers bancaires et leurs relations avec les clients. Des logiciels « auto-apprenants » peuvent désormais répondre aux questions des clients et imiter le langage humain (*chatbots*).

Ce diagnostic et cette redéfinition des processus et des routines bancaires constituent un préalable à toute réflexion sur le réaménagement des espaces de la banque de détail.

La création d'espaces multifonctionnels digitalisés

Les nouvelles technologies affectent directement plusieurs types d'opérations bancaires. Les modèles classiques sont directement concurrencés par les systèmes de paiement en ligne PayPal, Apple Pay, Google Android Pay… Or, un quart du résultat d'exploitation de la banque généraliste est assuré en France par la gestion des cartes bancaires, dont la technologie évolue rapidement, avec les opérations par distributeurs automatiques, par porte-monnaie ou portefeuille électronique, par mobiles avec ou sans contact… Dans la gestion d'actifs, la multiplication des *robo-advisors* (robots conseillers) et des simulateurs de crédit en ligne, évite de recourir aux conseillers en agence. Les plate-formes de finance participative (*crowdfunding* et *crowdlending*) permettent notamment, à une échelle encore limitée, de faire face aux demandes de fonds propres et de crédit des PME.

Face à ces relations d'un nouveau type, les banques de détail équipent leurs « agences du futur » (« agences nouvelle génération », « agences 3.0 »…), des dernières technologies répondant à la demande (réelle ou supposée) « d'hyper-connectivité » et de recherche « d'immédiateté » du client : entrée par identification avec son téléphone portable, murs d'annonces animées, tables tactiles, outils interactifs, bureaux ouverts équipés de visioconférence, comptoirs à Ipad, distributeurs de boissons, jeux pour enfants, musique et parfum d'ambiance… Le degré d'innovation varie sensiblement selon les *concept stores* (ou *flagships*) expérimentés par les banques depuis 2008, comme « l'agence Q110 » de la Deutsche Bank, le « 2 Opéra » de BNP Paribas, le « Foncier Home » du Crédit Foncier, « l'agence 100 % innovante » de la Caisse d'Épargne, inaugurés en 2010, le « Web Café » d'ING, lancé en 2013… :

- la Deutsche Bank a ainsi ouvert en 2008 à Berlin une « banque du futur » – « l'Agence Q110 » – qui offre des services bancaires au travers d'un ensemble « d'espaces expérientiels » (notamment artistiques contemporains) conçus avec différents partenaires comme le magasin anglais Harrods. Son taux d'attraction de nouveaux clients y serait 50 % supérieur à celui des autres grandes agences du réseau ;

- l'agence « 2 Opéra » de BNP Paribas propose une « expérience nouvelle » à tous ses clients et prospects. Son espace vise à « réinventer la relation bancaire » basée sur « l'information et la pédagogie ». L'agence est présentée comme un « laboratoire de l'innovation » fournissant les mêmes services que sur le site internet de la banque, mais offrant également une relation personnalisée avec des conseillers ;

- avec « Foncier Home » du Crédit Foncier, le client « a accès à tous les services de la banque en un même lieu ». Il est invité à un « parcours immobilier », avec des outils pédagogiques simples d'accès pour « aborder un projet immobilier qui nécessite d'appréhender des réglementations complexes » et pour « connaître l'offre de la banque » : crédits immobiliers, crédits travaux, diagnostics techniques, expertise de biens immobiliers, commercialisation de biens locatifs, offre haut de gamme et patrimoniale, services aux non-résidents… Le site internet *foncierhome.com* propose des outils de simulation : calcul de la capacité d'acquisition, évaluation des charges futures, simulation de prêts, aide à la recherche immobilière. Le nouvel espace accueille également des expositions temporaires consacrées à « l'habitat durable ou comment vivre écologique et économique » ;

- la Caisse d'Épargne a mis en place à Metz « une agence 100 % innovante » sur deux niveaux, avec un écran interactif sans contact à l'extérieur, une borne d'accueil tactile pour se signaler directement aux conseillers, un bar à tablettes, un accès wifi, une table tactile dans le bureau du conseiller et des jeux pour enfants. Elle expérimente la technologie iBeacon qui « permet d'entrer en relation avec les clients dès leur arrivée à proximité de l'agence via leur smartphone ».

La création d'espaces collaboratifs ouverts

Les clients souhaitent plus de proximité, d'écoute, de disponibilité et de convivialité de la part de leurs conseillers, avec un lieu ouvert à tous les publics et la présence d'espaces dédiés à leurs besoins spécifiques. En supprimant les guichets et en créant des espaces ouverts, les relations clients passent de la fonctionnalité au partenariat. L'accueil convivial des clients dans des salons semi-ouverts (aux parois de verre dépoli) transforme la relation de pouvoir et l'asymétrie d'information entre le client, le conseiller et le spécialiste (éventuellement accessible par visio-conférence). L'implantation des guichets automatiques situés généralement au fond de l'agence permet de sécuriser les opérations standard et de s'informer, grâce à des écrans tactiles, sur les nouveaux services et sur les événements marquants de la vie de la banque. Ces aménagements sont complétés par des actions multicanales (ou *cross canal*) qui portent sur les mobilisations conjointes des réseaux d'agences, des sites bancaires en ligne (consultés sur PC ou téléphones mobiles) et des réseaux sociaux.

L'offre bancaire est généralement construite à partir de l'expérience des conseillers, des observations des organismes de *benchmarking* et des enquêtes d'agences de sondage ; cette offre est enrichie par les données (big data) issues des transactions de toutes natures avec les clients. Mais certaines banques universelles favorisent également la génération d'idées collectives en recourant à la « co-création » de produits et de services avec leurs clients. Cette démarche permet de mieux mesurer l'effet possible d'une innovation tout en renforçant l'attachement à la marque. Cette double contribution de l'intelligence artificielle et de l'intelligence collective mobilise plusieurs segments de clientèle et divers collaborateurs bancaires, qui deviennent ainsi des accompagnateurs et des formateurs.

Le «Web Café » d'ING, lancé en 2013, constitue à cet égard un exemple intéressant. Il comporte des « alcôves » pour ouvrir des comptes ou découvrir les produits financiers, et des iPads pour consulter les comptes bancaires ainsi que la presse. Un « Labo » assure la collecte et le filtrage des idées des clients, à la fois par eux-mêmes grâce à un système de vote et par des conseillers chargés d'apprécier leur faisabilité technique et financière. Cette organisation de la banque permet de réduire le *time-to-market*, c'est-à-dire le délai entre l'idée et son exécution.

Des choix stratégiques difficiles

L'observation des nouveaux espaces bancaires montre qu'ils doivent avant tout respecter la liberté de choix souhaitée par les clients et leur volonté de s'affranchir de certaines contraintes : liberté d'obtenir des informations ou de réaliser des opérations ; libre arbitre entre autonomie avec des technologies innovantes ou accompagnement par un conseiller ; choix ouvert entre des services purement bancaires et/ou des activités non bancaires, culturelles ou ludiques. L'agence bancaire du futur se présente à la fois comme un lieu d'accueil multiservice pour les clients et un espace de travail multitâche pour les conseillers. Ses équipements (réseau informatique, standard téléphonique, meubles de rangements…) restent généralement invisibles aux yeux des visiteurs, laissant place aux écrans vidéos et/ou tactiles.

La tendance s'oriente vers des opérations simples gérées directement sur PC ou sur mobile, des besoins spécifiques assurés par des conseillers et éventuellement, des espaces dédiés à la satisfaction d'autres désirs (selon une étude du BCG, 2016). L'aménagement est généralement organisé en :

- un « espace libre-service », destiné à effectuer des opérations de retrait ou de remise d'espèces ou de chèques, de consultation de comptes… avec des horaires d'accès élargis ;

- une « boutique bancaire », présentant les réponses de la banque aux besoins particuliers de ses clients et prospects (payer, épargner, placer, emprunter, assurer des personnes ou des biens, réaliser un projet immobilier, voyager, aider un proche, préparer sa retraite…) ou professionnels (financer un investissement ou un besoin en fonds de roulement, gérer la trésorerie, souscrire une assurance…) ;

- une « boutique extra-bancaire », visant à informer, par des tables interactives, les clients et prospects sur différents thèmes (produits d'épargne, cours boursiers, conjoncture économique, réglementations…) en libre accès ou avec l'aide d'un conseiller, afin de simuler un échéancier d'emprunt, une capacité d'épargne… ;

- dans certains cas, un « espace pédagogique », avec des programmes d'informations économiques et financières télévisuelles en français et en anglais, et éventuellement des ateliers pédagogiques sur des thèmes monétaires et financiers plus ou moins techniques ;

- le cas échéant, un « espace artistique et/ou culturel », avec des expositions temporaires d'œuvres d'art le plus souvent contemporaines. Selon Mc Goun (2000), les établissements financiers privilégient l'art moderne non figuratif car l'appréciation des œuvres implique un effort intellectuel (de co-création avec l'artiste) de la part des visiteurs, à l'instar de certains produits financiers.

Les stratèges réseaux sont donc partagés entre diverses options de nature géographique et temporelle :

- la création ex nihilo d'un nouveau concept, la modernisation du concept existant du réseau ou l'adaptation d'un benchmark expérimenté par un autre réseau commercial ? Certains flagships bancaires s'inspirent notamment de ceux de Starbucks et d'Apple, en mélangeant les expériences d'univers associant la mode, l'art et les services. Les « ING Direct cafés » doivent beaucoup au concept des cafés Starbucks. L'agence « Eight Inc » de Citibank est une version bancaire de l'Apple Store… ;

- la recherche d'un équilibre entre l'espace fonctionnel et l'espace ludique, ou bien la priorité accordée à l'un d'entre eux ? Les flagships des banques les plus innovantes semblent s'orienter vers cette dernière option ;

- l'extension du nouveau concept à l'ensemble du réseau ou la focalisation sur une ou plusieurs « agences-vitrine » ? La Banque Postale semble se limiter à quelques « laboratoires d'innovation », tandis que BNP Paribas programme la modernisation de l'ensemble de son réseau ;

- la standardisation du nouveau concept à l'échelle internationale, nationale ou régionale ? La Caisse d'Épargne n'adhère pas à la formule d'un « concept store » unique, et privilégie la déclinaison locale de sa formule « Nouvelle définition » ;

- le choix entre l'agence « multiformat » ou l'agence « à horaires modulés » ? BNP Paribas prévoit de diviser son réseau en agences « express », avec automates et tablettes pour les opérations quotidiennes, en agences « conseil » avec des conseillers généralistes et experts en visio-conférences, et en agences « projets » avec des conseillers spécialisés. La Société Générale et la BPCE prévoient plutôt des fermetures d'agences certains jours de la semaine pour préserver leurs réseaux de proximité ;

- la poursuite ou l'interruption de la logique d'expérimentation de nouveaux concepts ? Le Crédit Agricole multiplie les expériences : le « Store by CA » à Grenoble, imaginé comme un espace de shopping ; « L'autre Agence » en Champagne-Bourgogne, où le cœur du concept est le « rendez-vous immédiat » ; les agences parfumées dans la caisse régionale Centre Est ; « l'agence Active » numérique du Crédit Agricole Île-de-France… ;

- la transformation rapide ou progressive du réseau ? BNP Paribas a programmé sur sept ans la refonte de son réseau, tandis que d'autres banques restent dans l'expectative ;

- la création d'une seconde marque uniquement digitale, comme BNP Paribas avec « Hello bank! » ou comme le Crédit Agricole avec BforBank.

Ces choix sont d'autant plus délicats qu'ils ne peuvent faire l'objet d'études fiables de rentabilité prévisionnelle et qu'ils dépendent d'axes stratégiques, de modes de changement organisationnel et de logiques identitaires qui évoluent en fonction des innovations technologiques et des initiatives esthétiques des banques concurrentes, classiques et en ligne.

La recherche d'une nouvelle identité bancaire

Les banques du XXIe siècle, à l'instar des autres commerces, se servent de l'esthétisation de l'espace pour affirmer leur positionnement stratégique et leur identité, qui contribuent à la reconnaissance de la marque, à la diffusion des valeurs et à la promotion de l'image de la banque. La nouvelle stratégie d'identification institutionnelle (*corporate identity)* vise à transformer des « espaces rationnels de services en lieux affectifs de culture et de bien-être » (Bargenda, 2014). Elle fait notamment appel au marketing bancaire qui mobilise nouveaux concepts, langages et métiers, comme celui de *digital brand manager*, en charge de la valorisation d'une marque, de la notoriété numérique et de l'« e-réputation » de la banque, celui de *social media manager*, chargé d'animer les réseaux sociaux, celui de *UX manager*, dont la mission est de valoriser l'expérience client…

Des identités bancaires en phase avec l'homme post-moderne

L'identité sociale est définie par Erikson (1968) comme étant un « espace-temps » original hérité des générations précédentes et construite par les nouvelles générations. Les interactions entre les banques et leurs clients conditionnent leurs processus respectifs d'identification. Les stratèges bancaires assistés par les agences de marketing appliquent des techniques de plus en plus sophistiquées de veille, d'études de marché et d'analyse des comportements des clients et des prospects (grâce au big data), qui permettent de mieux cerner le profil du « consommateur du XXIe siècle », généralement qualifié de « post-moderne », étant à la fois un citoyen du monde et un acteur de plusieurs « tribus ». Ces dernières sont définies par Maffesoli (1988) comme étant des « microgroupes sociaux » – amicaux, sportifs, culturels, artistiques, créatifs… – partageant des expériences et des émotions communes. Cette nouvelle forme de tribalisme ou de communautarisme recouvre un esprit alliant archaïsme et progrès, à l'instar de certaines communautés de « l'économie 3.0 », qui se livrent à du troc grâce à Internet. Le client devient de plus en plus « éclectique, hédoniste et tribaliste ». Il ressent le désir de partager de nouvelles expériences (le marketing est de plus en plus expérientiel), revêtant des dimensions affectives et esthétiques. Il doit être « assisté » dans ses gestes courants, « accompagné » dans ses démarches exceptionnelles et « enchanté » – ou « émerveillé » – dans ses migrations quotidiennes. Cette triple mission est d'autant plus difficile à conjuguer que les comportements du consommateur changent rapidement en fonction des problèmes affrontés, des situations vécues et des univers traversés. L'esthétique bancaire revêt inévitablement un caractère « *post-truth* » (post-vérité), en s'adaptant aux circonstances dans lesquelles les faits objectifs ont moins d'influence sur la formation d'une opinion, que l'appel aux émotions et aux croyances personnelles.

Les concepts de « banque du futur » ou « banque nouvelle génération » s'efforcent d'attirer et de fidéliser notamment la clientèle « de moins de 35 ans », composée « d'urbains actifs et connectés », d'entrepreneurs, de consommateurs et d'épargnants des générations Y et Z. La première – née au cours des années 1980 et 1990 – également qualifiée en 1982 de « native numérique » (Prensky) ou de « *digitale native* » (*Time magazine*) – a été éduquée et formée avec la première vague des NTIC (micro-ordinateurs, Internet 1.0). Elle se caractérise par une attitude individualiste et une quête de changement social. La seconde – née au tournant du millénaire et donc appelée « millenniales »[1] – est marquée par l'Internet 2.0 et les communautés verticales (comme les « tribus ») et horizontales (comme les écosystèmes). Ces deux générations s'opposeraient à la génération X et à celle des baby-boomers – contemporaines des Trente Glorieuses et prisonnières des paradigmes socio-économiques de la société industrielle. Pour les générations Y et Z, il semble que le capital recouvre des capacités créatives et cognitives plutôt que des capitaux financiers.

La stimulation des sens de ces nouvelles générations de clients fait appel à divers artefacts dictés par des effets de mode et/ou d'imitation de *benchmarks* bancaires ou non bancaires.

Des marques, des slogans et des sagas en phase avec les identités bancaires

Les nouveaux types de marques, de slogans et de sagas publicitaires reflètent les visions des stratèges des banques et les traits originaux de leurs identités institutionnelles (ou *corporate*). La plupart des slogans et des sagas bancaires ont été modifiés ou adaptés depuis les années 1990 autour des thématiques suivantes :

------

1. "Millennials: Burden, Blessing or Both", *Mc Kinsey Quaterly*, 2016.

- la proximité, la solidarité et/ou l'amitié : « Conjuguons nos talents ! » de la Société Générale ; « L'ami financier » de la Caisse d'Épargne ; « Banque et populaire à la fois » de la BPCE ; « J'aime ma banque » de Fortunéo ; « Mon banquier c'est moi » de BforBank ;

- l'authenticité et/ou le bonheur : « Le bon sens près de chez vous » du Crédit Agricole ; « La banque à qui parler » du Crédit Mutuel ;

- la modernité et/ou le futur : « La banque d'un monde qui change » de BNP Paribas ; « Parce que le monde bouge » du CIC ;

- la féérie et/ou le ludique : « Une autre vision de la banque » du Crédit du Nord ; « Une banque pas comme les autres » ou « Y'a pas écrit la poste là ! » de La Banque Postale ;

- la compétence, la puissance et/ou le pouvoir : « Le pouvoir de dire oui » de LCL ; « Investissez dans la réussite » ou « Votre banque, partout dans le monde » d'HSBC ; « L'argent c'est de l'argent » de Barclays ; « Aujourd'hui, je l'ai fait » d'ING ; « La passion de la performance » de Deutsche Bank ;

- l'histoire, les arts et/ou la culture : « Crédit du Nord fondé en 1847 » ; « Una storia italiana dal 1472 » et « La banque est un art » de Banca Monte dei Paschi di Siena ; « L'UBS art collectif » d'UBS.

Les tendances paradoxales suivantes sont observées :

- le positionnement (base-line) est de plus en plus centré sur une coopération authentique et confiante entre la banque et son client ;

- les valeurs de proximité, d'agilité (ou de réactivité) et de modernité (symbolisée par le digital et le ludique), sont de plus en plus privilégiées ;

- les références à la sécurité, au pouvoir et à l'histoire sont de plus en plus évitées.

Des architectures et des logos en phase avec les identités bancaires visuelles

Les banques se servent essentiellement de l'esthétisation de l'espace pour exprimer leur identité visuelle, mais elles adoptent des formes expressives différentes. Elles misent de plus en plus sur l'architecture, l'organisation de l'espace et le design pour créer des expériences sensorielles et des événements mémorables. L'architecture monumentale inspirant puissance et sécurité laisse progressivement place à une architecture fonctionnelle et symbolique. « C'est dans la conversion de la valeur monétaire en capital symbolique que réside la nouvelle déontologie bancaire » (Mc Goun, 2000). La comparaison de quatre modèles architecturaux (Bargenda, 2014) permet d'esquisser une cartographie esthétique de la banque du XXIe siècle :

- les principaux établissements de la Banca Monte dei Paschi di Siena (MPS), « la plus vielle banque du monde », fondée en 1472, sont construits dans le style néo-florentin des palais de la Renaissance. La statue d'un humaniste philanthrope qui orne sa cour d'honneur incarne son identité. Les bâtiments accueillent les œuvres des artistes siennois. Le logo historique de la banque rappelle ses origines italiennes remontant au quattrocento ;

- le siège de l'Union Bank of Switzerland (UBS) à Zurich comporte une façade classique monumentale à colonnes doriques, ornée de figures allégoriques inspirant la puissance et la pérennité. Le bâtiment est doté des dernières technologies numériques, d'un web museum et d'une agora ouverte aux artistes européens. Son logo représente trois clés entrecroisées symbolisant les trois banques à l'origine d'UBS ;

- le siège berlinois de la Deutsche Bank (DB) est un « espace géométrique hybride » dont la façade néo-classique a été recouverte de verre (« la matière du futur » selon Baudrillard).

Son atrium a été transformé en « espace onirique de sociabilité », accueillant notamment des expositions du Deutschland Guggenheim. Le logo de la DB superpose en 3D deux carrés (slash in square) sur fond « bleu Deutschland » ;

- la migration du siège historique Art nouveau de la Société Générale (SG) aux trois tours de verre « post-modernes » évoquant un vaisseau dans le quartier de la Défense, symbolise le passage de la banque du XXe au XXIe siècle. Le nouveau logo de la banque est un simple carré rouge (symbole de puissance) et noir (couleur du luxe et de la création). Le logo de la SG est original car les chartes chromatiques des banques privilégient le rouge et le bleu, qui sont les couleurs les plus appréciées des européens (Aaker, 1997).

L'identité visuelle de la banque MPS est ancrée dans la Renaissance italienne, celle de l'UBS dans le classicisme européen, celle de la DB dans le néo-classicisme cosmopolite et dans l'art contemporain et celle de la SG dans le futurisme et la postmodernité. Les premières offrent des univers réels et figuratifs à leurs clients, les seconds leur présentent des univers virtuels et imaginaires dépassant les fonctions bancaires essentielles.

Conclusion

Le capital symbolique des banques exprime, sous des formes variées, leurs fonctions à la fois économiques, sociales et sociétales. Ce capital est notamment au service de leurs rôles philanthropiques – artistiques, culturels et/ou ludiques – auprès de la société contemporaine. Il repose sur une interpénétration des sphères marchande et artistique de la cité. Il établit un nouveau rapport créatif entre l'argent et les arts. Il constitue une réponse sociétale au rejet du modèle bancaire traditionnel observé dans une fraction croissante de la clientèle. Il modifie

« l'espace-temps bancaire », car, contrairement à la sophistication des instruments financiers, des fonctionnalités et des tactiques commerciales, la construction d'une nouvelle esthétique bancaire s'inscrit dans une stratégie à long terme. Cette analyse exploratoire des stratégies d'adaptation de la banque de détail aux avancées de l'économie numérique et collaborative, montre qu'elle engage des actions conjuguées de réorganisation de l'espace et de reconfiguration des identités, des marques, des design, des architectures, des chartes graphiques, des logos et des esthétiques publicitaires des réseaux et des sites bancaires. Elle vérifie la vision prémonitoire de Mc Luhan (1967), selon laquelle « la banque deviendra un espace esthétique ».

BIBLIOGRAPHIE

Aaker J.-L., « Dimensions of brand personality », *Journal of Marketing research, n° 34,* 1997.

Bargenda A., *La communication visuelle dans le secteur bancaire européen. L'esthétique de la finance,* L'Harmattan, 2014.

Baudrillard J., *Simulacra and simulations*, Standford University Press, 1988.

Boltanski L., Chapiello E., *Le nouvel esprit du capitalisme,* Gallimard, 1999.

Bourdieu P., *La distinction du goût,* Éditions de Minuit, 1979.

Erikson E.H., *Adolescence et crise. La quête de l'identité,* Flammarion, 1968.

Herlin Ph., *Apple, Bitcoin, PayPal, Google : la fin des banques,* Eyrolles, 2016.

Lipovestsky G. et Serroy J., *L'esthétisation du monde. Vivre à l'âge du capitalisme artiste*, Gallimard, 2013.

Lyotard J.-F., *La condition postmoderne. Rapport sur le savoir,* Éditions de Minuit, 1979.

Mc Kinsey, "The Fight for the Consumer, global banking 2015", Report, 2016.

Mc Goun E.G., "Form, function and finance : architecture and rational economics", 6ᵉ Conference on Perspectives of Accounting, 2000.

Maffesoli M., *Le temps des tribus : le déclin de l'individualisme dans les sociétés de masse,* Méridien Klincksiek, 1988.

Mathieu M., *Nouvelles banques. Les banques ne seront plus jamais les mêmes,* Débats publics, 2014.

Mellios C, Pluchart J.-J., *Shadow banking,* Eyrolles, 2014.

PackardV., Miller M.C., *The Hidden Persuaders,* Paper back, 1957.

Pauget G., *La banque de l'après-crise,* La Revue Banque, 2010.

Chapitre 12

L'avenir, désormais numérique, de la pure banque de dépôts

François Meunier

On veut joindre ici deux réflexions : la première reprend un débat très actif au sortir de la grande crise de 1929 et qui connaît un regain suite à celle de 2008 : ne doit-on pas mettre en place des pures banques de dépôt, ne faisant pas de prêts, de façon à isoler le système de paiement des risques de crédit et de marché que prend la banque commerciale dans son activité de prêts ? La seconde réflexion porte sur les effets de la révolution numérique en cours sur l'industrie des paiements, ouvrant, c'est l'hypothèse suivie ici, de nouvelles opportunités pour une pure banque de dépôts. La première réflexion vient sur la table surtout pour des motifs prudentiels, en vue de stabiliser le système financier ; la seconde est d'origine technologique, avec la baisse considérable du coût des transactions monétaires. Mais les deux se confortent et rendent plausibles de nouveaux modèles d'affaires dans le métier bancaire. Voyons cela par ordre.

Dans un schéma de séparation totale entre dépôts et crédits, la banque de dépôts reçoit les liquidités des agents et prend la responsabilité de les placer de façon sûre et liquide, par exemple auprès de la banque centrale ou en titres courts émis par le Trésor. De son côté, la pure banque de crédit ne se finance plus par les dépôts du secteur privé et se tourne vers les marchés financiers, qui recueillent l'épargne longue du secteur privé, ou vers la banque centrale. La banque de crédit devient dans ce schéma proche d'une société d'investissement plaçant l'épargne collectée en prêts ou achats de titres financiers. En quelque sorte, la monnaie et la finance vivent séparément.

Voici une idée farfelue au premier abord, mais qui a été pourtant à l'origine historique des banques et qui reçoit aujourd'hui l'assentiment de nombreux économistes sous le terme « *narrow banking* ». Elle peut prendre différentes formes selon que les dépôts sont placés en réserves auprès de la banque centrale ou qu'ils servent à financer le Trésor public. Dans le premier cas, on aurait la fameuse proposition de Chicago formulée dans les années 1930 par un ensemble d'économistes, le plus célèbre étant Irving Fisher (1935), une proposition qui était, nous disent les historiens (voir Ronnie Phillips, 1996), à deux doigts de voir le jour. Dans cette proposition, les dépôts faisaient l'objet d'une obligation de réserve à 100 % auprès de la banque centrale. Un euro déposé dans une banque l'obligeait à remiser cet euro auprès de la banque centrale. Récemment, Martin Wolf (2014), le célèbre éditorialiste du *Financial Times*, a repris l'idée avec force. John Cochrane (2014), un économiste d'un bord politique pourtant à l'opposé, milite aussi pour une solution de la sorte.

Les banques de crédit, quant à elles, se financeraient pour l'essentiel sur les marchés[1], mais recevraient aussi un financement *ex nihilo* de la banque centrale pour faciliter la croissance de l'économie. Un comité indépendant du gouvernement déciderait de la quantité de monnaie nouvelle à injecter dans le système et l'offrirait de façon compétitive aux banques privées faisant du crédit. De la sorte, les dépôts bancaires ne seraient plus directement associés à la création monétaire.

---

1. John Cochrane préconise que ce financement soit intégralement fait par fonds propres, et que les banques, dissuadées par un système de taxe sur les crédits, évitent de se financer sous forme de dettes, et surtout de dettes à court terme.

Un tel système n'éviterait bien sûr pas que l'économie continue à connaître booms et récessions en raison du cycle du crédit, mais la composante panique bancaire disparaîtrait. Or, c'est bien elle qui aggrave les crises de crédit et qui peut, comme l'a montré la crise de 2008, paralyser l'économie en bloquant les échanges, à tout le moins entre banques, sinon pour l'ensemble des agents non financiers.

La question qui se pose alors est : pourquoi le modèle bancaire, spontanément ou sous la pression des régulateurs, n'a-t-il pas évolué de la sorte ? Pourquoi y a-t-il eu ce croisement de deux métiers différents, monnaie et finance, sous un même toit ? Un retour à l'histoire bancaire est ici nécessaire, plus précisément via la Barcelone du xie siècle, aidé en cela par Rajan (1998).

LA BANQUE DE DÉPÔTS DE BARCELONE

Les historiens s'accordent à peu près sur l'origine de la banque dans sa forme pré-moderne, et ceci à l'orée du xie siècle pour l'Europe. L'histoire de base est connue, l'articulation financière moins. Les premiers « banquiers » étaient en fait des changeurs de monnaie, placés près des foires et assis sur un « banc », nous dit la tradition. Ils recevaient et préservaient les dépôts en pièces des marchands. Les pièces étaient loin d'être toutes homogènes, certaines étaient rognées et leur poids en métal différait. Le changeur stockait les pièces pour le compte du client et en rendait l'équivalent sinon physique du moins financier au poids du métal. S'il advenait que deux de ses clients eussent un dépôt chez lui, les transactions entre les deux se réglaient non par transfert matériel, mais par simple coup de plume.

Certains changeurs acquéraient une certaine taille, de sorte qu'il leur restait toujours un certain matelas assez stable de liquidités sur les comptes de leurs clients. D'où une incitation à faire travailler cet argent en ouvrant un service de prêts. Pour parler un langage moderne, il suffisait qu'il n'y ait pas une trop forte corrélation dans les retraits de ses déposants, et plus encore entre les retraits des dépôts et les demandes de prêts par les emprunteurs, pour que les deux activités se développent de façon complémentaire.

Les historiens notent que dès l'origine, on ne prêtait pas à n'importe qui. Dans ce monde où l'information était très mal partagée, ces prémices de banque ne prêtaient qu'à leurs déposants. L'argent allait à l'argent. En effet, l'information acquise au travers du comportement du dépôt était la seule dont disposait le changeur pour juger du crédit de son emprunteur. Pour jargonner, dans son espace de « bonne information », le banquier remplissait, tout comme le banquier d'aujourd'hui, sa fonction première qui est de fournir des contrats d'assurance très spéciaux, une assurance de liquidité.

Les accidents étaient nombreux, de sorte que des restrictions ont été très vite introduites. Un exemple fascinant est la *Taula de Canvi* (banque de dépôts littéralement) de Barcelone qui a commencé à opérer en 1041. La banque avait sous un même toit deux systèmes comptables. Le premier gérait les dépôts des simples individus, qui restaient immobilisés en espèces. Le second, ceux des guildes et des marchands, qui pouvaient faire l'objet de prêts à l'État et à d'autres entités publiques. La banque s'interdisait de faire des prêts au public.

Évidemment, les gens réclamaient des possibilités de découvert. Si la *Taula* y avait consenti, ne serait-ce que de façon minimale en jouant de la loi des grands nombres, la banque moderne aurait été inventée à Barcelone et le succès aurait été extraordinaire. Les dangers qui vont avec également.

Ce qui n'est pas advenu à Barcelone l'a été rapidement après. Parce qu'une autre raison a poussé à la mise en symbiose des deux volets que sont monnaie et finance. Les déposants de la banque n'aimaient pas trop que la banque conserve des piles de monnaie en réserve de leurs dépôts. Et si ce bel argent s'envolait ? Nos yeux d'aujourd'hui ont du mal à voir les progrès considérables qu'il a fallu accomplir en matière de sécurité, de droits de propriété, de solidité juridique, etc., pour qu'on puisse sans même y penser « laisser notre argent à la banque »[1]. Les déposants d'alors poussaient donc à ce que la banque prête – surtout à eux – avec un raisonnement financier très moderne : il valait mieux des prêts de petite taille bien diversifiés au bilan (des prêts granulaires dans le langage de Bâle 3) qu'une réserve de cash parfaitement liquide, mais qu'un casse de la banque ou une indélicatesse du banquier, même improbables, pouvaient tout aussi vite volatiliser.

Ainsi, la banque moderne, à double compte, où l'actif travaillait autant que le passif, était née. L'une des logiques à l'œuvre était ce besoin d'information nécessaire au banquier prêteur pour mesurer son risque de crédit. Historiquement, c'était l'un des seuls métiers, du moins sur une clientèle de détail, où un producteur était capable sans coûts excessifs de bien connaître son client. À titre de comparaison, le marchand ne connaît guère le client qui pousse la porte de son magasin, qu'il ait fait un achat ou non. On note que la banque adopte ainsi un modèle de plateforme « biface », pour emprunter la terminologie des start-up numériques : emprunteurs et créanciers se renforcent les uns les autres, le coût de gestion des comptes étant compensé par la rémunération sur les placements des dépôts, et le fonctionnement du compte courant donnant une information sur la qualité de crédit du client.

---

1. Ils auront de nouvelles habitudes à prendre quand la monnaie sera complètement dématérialisée, les billets et pièces disparaissant, et qu'elle n'existera que sous forme d'écritures électroniques dans les bilans d'agents spécialisés.

L'AVÈNEMENT DE LA MONNAIE FIDUCIAIRE

Le modèle composite dépôts/crédits est porteur de dangers, on ne le sait que trop. La généralisation de la monnaie fiduciaire (*fiat money*), inventée dans la France de la Régence, dans les affres bien connus de son accouchement, n'a fait que les accroître. En effet, si l'on permet à une banque de « prêter » ses dépôts, l'opération inverse est plus naturelle encore : la banque commence à prêter, c'est-à-dire constitue une créance à l'actif de son bilan, et ouvre un compte à vue, c'est-à-dire un dépôt équivalent, du côté de son passif. C'est le crédit qui fait le dépôt et non l'inverse, pour reprendre la formule habituelle. La fonction de création monétaire, en raison du crédit, se voit déléguée aux agents privés que sont les banques. Cette faculté de création est potentiellement illimitée. Relevons en passant le contraste frappant entre deux modes privés de production de la monnaie : celui du faux-monnayeur, un des crimes les plus sévèrement puni ; et celui du banquier, parmi les plus estimés socialement[1].

Il reste bien sûr un lien entre les réserves à la banque centrale (la « base monétaire ») et la monnaie, qui met un frein à cette création monétaire[2], mais ce lien est assez ténu.

Le danger vient de ce que la partie droite du bilan est apportée par des déposants qui veulent à la fois une sécurité et une liquidité extrêmes, alors que la partie gauche finance des projets

---

1. Petit rappel : quand un quidam obtient un prêt d'une banque, celle-ci ouvre un compte à son client et le crédite *ex nihilo* du montant du prêt (= création monétaire). À l'inverse, le remboursement du prêt donne lieu à l'opération inverse (= destruction monétaire).
2. Ce lien provient de la nécessité pour la banque de constituer des réserves auprès de la banque centrale, essentiellement pour faciliter les transactions entre banques, de même que les particuliers détiennent des encours de monnaie pour faciliter les transactions entre eux.

risqués et immobilisés sur la durée. Le schéma ne tient qu'à la condition d'une grande rémanence statistique des dépôts. Une trop grande quantité de crédits accordée ou bien un taux de défaut trop important sur le portefeuille de crédits peut tout mettre à terre. Comme le disait au XIXe siècle Walter Bagehot, crédité d'avoir inventé le métier moderne de banquier central : « S'il y a un commencement de doute sur le crédit d'une banque, c'est d'un coup tout son crédit qui disparait. » La ruée bancaire est proche et, avec elle, une crédibilité entamée de l'ensemble du système de paiement. Un effondrement généralisé du système de paiements entre établissements financiers (sinon entre acteurs du secteur non financier, protégés par les interventions conjointes du Trésor et de la banque centrale) prend des proportions dramatiques.

Des garde-fous se sont construits au fil du temps : une assurance de liquidité donnée par la banque centrale (qui est prêteur en dernier ressort), une assurance d'actionnaire en dernier ressort du gouvernement (une fonction contestée désormais à l'échelle européenne), une assurance des dépôts et toute une régulation appliquée par des superviseurs bancaires qui exercent la surveillance que le déposant-créancier n'est pas en mesure d'assumer.

LES CRITIQUES AU MODÈLE DE RÉSERVES À 100 %

Le cloisonnement strict entre crédits et dépôts a donc des avantages. Pourtant, les banques centrales restent très réticentes à introduire un tel changement dans la réglementation des dépôts. Par exemple, la Bundesbank (2017) a produit récemment un argumentaire serré en ce sens. Quels arguments met-elle en avant ?

Le premier d'entre eux reprend l'explication de Rajan, reposant sur l'asymétrie d'information. Un second argument est que cela supprimerait la transformation de risque et de durée qui est selon certains l'essence même du métier de banquier, et qu'en échappant à la banque, cette fonction serait reprise par d'autres acteurs bancaires, dans des conditions bien moins surveillées. Comme le disent Diamond et Dybvig (1986) dans un article fondateur sur la gouvernance monétaire : « Les propositions visant à avancer vers des banques de réserves à 100 % empêcheraient les banques de remplir leur principale fonction de création de liquidité. Comme les banques constituent une part importante des infrastructures de l'économie, c'est au mieux un mouvement risqué et, au pire, cela pourrait mettre en cause la stabilité car les nouvelles entités qui viendraient combler le vide laissé par les banques hériteraient elles aussi du problème des ruées bancaires. »

Le risque de déport sur d'autres institutions n'est pas à négliger puisqu'on le voit déjà à l'œuvre, à commencer par les fonds communs de placement et autres structures à capital ouvert[1]. Dernier argument, si ce sont les banques centrales qui aident à financer les banques de crédit via des prêts qu'elles leur feraient, le risque financier des crédits ne porterait plus sur les déposants, mais viendrait alors dans le bilan de la banque centrale.

Avant de discuter de ces arguments, il est étonnant de voir que les régulateurs ont donné, dans l'analyse de la crise de 2008, un poids bien plus grand à un autre débat, celui sur la séparation entre banques commerciales (c'est-à-dire à la fois de dépôts et de crédit) et banques d'investissement, celles dont la fonction est d'être intermédiaire entre les agents privés et les marchés

---

1. Par opposition aux entités à capital fermé, comme le sont les sociétés à statut de société anonyme, où l'investisseur ne peut pas retirer ses fonds à sa discrétion, mais ne le peut que par cession à un tiers ou au travers des dividendes et rachats d'action, selon une gouvernance très formalisée.

financiers. L'idée est d'éviter que les risques pris sur les marchés financiers puissent remettre en cause l'épargne du déposant et pire encore la solidité du système des paiements. Mais l'activité de prêts bancaires porte potentiellement autant de risques que les interventions sur les marchés financiers, ne serait-ce qu'en raison des montants engagés. Après tout, si les banques d'investissement ont pu déraper, elles qui n'ont pas accès en principe à la liquidité de la banque centrale, c'est bien que des banques commerciales leur ont prêté ou accordé des lignes de liquidité[1].

LA RÉVOLUTION DE L'INFORMATION

Les critiques au modèle de réserves à 100 % portent, mais ne sont pas sans réponses. C'est la banque centrale qui prend désormais, dit-on, le risque sur l'économie. Mais c'est ni plus ni moins celui qu'elle prend déjà aujourd'hui. Dans la proposition, elle n'interviendrait que dans le financement de la croissance, c'est-à-dire dans la hausse du stock de crédit. Son avantage resterait sa taille, et donc sa meilleure diversification du risque, et sa capacité à créer de façon ultime sa propre monnaie.

Par ailleurs, les banques, en tout cas aujourd'hui dans la zone euro, semblent assez bien s'accommoder d'un système de réserves à 100 % : ne les voit-on pas retourner encore à la BCE l'essentiel des liquidités que celle-ci leur offre dans le cadre des programmes non conventionnels d'action sur le crédit et les taux d'intérêt ?

Mais surtout, c'est l'innovation technique qui force à reposer le débat. Internet, les bases de données profondes et les portables

---

1. Sauf dans le modèle de banque universelle, commun en Europe, si la trésorerie de la banque sert conjointement aux deux métiers, sans un cloisonnement strict.

en sont les trois composantes. Elles réduisent à quasi zéro le coût physique des flux monétaires et à guère plus le coût d'information sur la qualité de crédit. Le déclin progressif de la monnaie fiduciaire, billets et pièces, dont le coût de gestion est très lourd, accélère encore le phénomène. Transférer d'un compte à l'autre, d'une banque à l'autre, est le mouvement de quelques électrons et se fait désormais en temps réel. Il reste bien-sûr des coûts d'exploitation importants, pour sécuriser les comptes, vérifier l'identité du client, etc., mais on est bien dans un ordre de grandeur réduit en matière de coûts.

De même, le numérique élargit considérablement le champ des actifs qui peuvent servir de monnaie. Les particuliers auront probablement toujours besoin d'un compte bancaire ou de son équivalent. Mais les entreprises moyennes ou grandes peuvent utiliser tout actif raisonnablement liquide et sûr comme support de leurs transactions. L'entreprise A aurait un compte en bons du Trésor portant intérêt. Si elle doit payer l'entreprise B, une fraction de seconde suffit pour que le compte de A soit débité et le compte de B crédité, et cela en bons du Trésor. On voit donc arriver une notion de monnaie qui porte intérêt. Potentiellement, c'est toute la dette publique qui constitue un gisement monétaire de nature nouvelle, révélé par la technologie. Il n'en allait certainement pas ainsi dans les années 1930 quand les délais administratifs et les contraintes de vérification des droits de propriété formaient des obstacles prohibitifs.

Enfin, pour répondre à Ragan, le fonctionnement du compte de dépôts au sein d'une banque devient moins important comme source d'information sur la solvabilité de l'emprunteur potentiel, même si l'on peut penser que les banques utiliseront toujours mieux la masse de données qu'elles détiennent. Une multiplication des sources s'est opérée, même en France où sont encore interdites les notes positives de crédit. Les géants du e-commerce chinois, Alibaba avec Ant Financial, Tencent,

JD.com s'appuient sur leurs immenses bases de données clients pour bâtir des scores de crédit et ainsi créer des entités financières dans le crédit à la consommation, les services de transaction et du prêt aux PME[1]. Ces opérateurs utilisent encore les banques pour gérer les flux, mais uniquement comme « entrepôts » de monnaie, conservant pour eux l'accès au client et la donnée sur le client[2].

La technologie permet aussi de mettre en place l'infrastructure permettant de faire des virements en temps réel, y compris à l'international. C'est ce que promeut la BCE s'agissant des pays de la zone euro, faisant l'interconnexion entre les systèmes nationaux en cours de construction[3]. Les particuliers disposeront de cartes – ou de terminaux portables – de débit instantané, ce qui rendra en grande partie inutile les cartes de paiements d'aujourd'hui, un duopole entre les mains des groupes Visa et Mastercard. Cela soulève bien sûr la question de l'acceptabilité de ces nouveaux moyens de paiement par les particuliers et les commerçants, mais le mouvement semble inéluctable. On rencontre des responsables de banque qui semblent sous-estimer la menace qui leur vient des Fintech sur les paiements, avec l'argument que ce n'est pas un métier très rentable. Ils ignorent ce faisant la brèche que peut ouvrir celui qui gère les paiements,

---

1. Voir McKinsey (2016).

2. C'est en Chine que les paiements sur mobile sont de loin les plus répandus. On les estime annuellement à 8,8 Tr$. Pour éviter que se forment des monopoles captant l'essentiel des flux et de la donnée associés, la Banque populaire de Chine vient d'imposer à tous ces opérateurs nouveaux d'utiliser une chambre de compensation centralisée, sous sa gouverne. Le but, outre la solidité financière, est d'obliger à une transparence sur les flux opérés et donc de mieux partager l'information sur les clients.

3. Par la création du TIPS, *Target Instant Payment Settlement*, opérationnel à la fin 2018. La France finalise, en commun avec la Belgique, le système STET, permettant de traiter les virements en temps réel.

ce qui était, avant même le crédit, l'origine du métier de banquier. C'est la voie pour ouvrir quantité de services ancillaires, comme le conseil à la gestion des comptes permettant au client d'« arbitrer » certaines choses très rentables aujourd'hui pour les banques : les jours de valeur, le prix des découverts bancaires, l'argent qui dort sur les comptes à vue. C'est permettre aussi un appariement direct entre emprunteurs et prêteurs, sans devenir nécessairement prêteur ; c'est rendre des services de comptabilité, puisque tous les flux de cash sont centralisables. La gestion d'actifs, qui avait eu tendance à se séparer des banques universelles suite à la crise de 2008 et parce que les synergies y étaient faibles, peuvent fort bien s'y accoler, la banque de dépôts étant un relais efficace vers des structures de fonds.

Et pour finir, ce n'est pas une impossibilité que crédits et dépôts soient sous un même toit, dès lors qu'il y a des réserves à 100 % sur les dépôts, qui ne sont plus utilisables pour la fonction crédit et que le cantonnement est complet. C'est dans ce sens que va la proposition de Cochrane. Cela revient quelque peu au régime qui prévalait en France suite à la loi de 1945 établissant une séparation entre banques de dépôts, banques d'affaires et banques de crédit à moyen et long terme, une séparation qui a prévalu jusqu'à la loi bancaire de 1984. Par banque de dépôts, on entendait une banque recueillant l'épargne à vue de la clientèle et limitant son activité de crédit aux prêts à moins de deux ans[1].

Ce serait aussi le recommencement d'un cycle long, celui qu'a initié la *Taula de Canvi* de Barcelone.

---

1. Hors prêts collatéralisés du type crédits hypothécaires.

Un autre regard sur le découvert bancaire

Revenons pour finir sur un point précédent : les flux monétaires sont contrôlables en instantané. La banque ou le gestionnaire des paiements, et donc potentiellement le vendeur dans un échange de marchandise contre monnaie, sait donc si le compte du payeur est alimenté. La carte bancaire lui garantissait déjà le paiement, mais avec un coût plus élevé et un délai de trésorerie.

Le consommateur quant à lui ne demande pas forcément à être débité dans la seconde. Mais c'est aussi un avantage pour lui de savoir en temps réel où il en est de ses disponibilités. Si le découvert bancaire est né du souhait des banques de gagner de l'argent en utilisant mieux leurs liquidités, il a répondu aussi à l'impossibilité de contrôler en instantané le montant des flux. Les banques autorisaient donc, pour leurs clients dignes de crédit, un certain montant de découvert bancaire, ce qui est déjà, soit dit en passant, une forme de monnaie rémunérée.

Allant plus avant, la capacité d'imposer et de rendre effectif une limite stricte de paiement est un service non négligeable rendu à une certaine classe de clientèle. C'est le cas des cartes de débit pour les jeunes, ou bien des services de dépôts qu'a rendus la Poste pendant longtemps, quand les crédits lui étaient interdits. Il y a plus récemment le Compte Nickel, racheté par BNP Paribas, un joli succès en matière de banque de dépôts ciblée sur les bas revenus.

Ce succès met le doigt sur le service désastreux que les banques traditionnelles rendaient à la fraction de la clientèle qui a des fins de mois difficiles. Elle n'était vue que comme clientèle à problème, qu'on ne pouvait rentabiliser – pour répéter le mot cynique d'un banquier – qu'en lui soutirant le maximum d'argent à l'occasion des inévitables découverts bancaires qui vont avec la précarité. Or cette clientèle – c'est ce dont le

Compte Nickel a fait la preuve – attend surtout l'accès au système de paiements avec garde-fou contre le découvert[1].

Le Compte Nickel reste encore déficitaire. Dans ce modèle économique, la variable clé est l'importance de la base de clients. C'est elle qui donne le levier de rentabilité. Témoin, un pays qui a de longue date un Compte Nickel efficace et rendant un service très apprécié : le Chili, avec son *Compte RUT*. De quoi s'agit-il ? Tout résident chilien peut ouvrir un compte à vue, de pur dépôt, sur simple remise du numéro de sa carte d'identité, appelé au Chili le RUT. Le numéro du compte est le numéro RUT. La Banco del Estado, une banque publique au large réseau d'agences, accueille ces comptes, et d'autres banques suivent. C'est exactement le Compte Nickel avec deux différences : beaucoup plus grand, puisqu'on compte aujourd'hui 9 millions de détenteurs, soit plus de la moitié de la population ; et vraiment beaucoup moins cher[2], largement par l'effet de taille et d'un certain subventionnement public[3].

---

1. L'autre trait de génie a été de croire dans le réseau des buralistes, avides d'autres sources de revenu, bien réparti sur le territoire et lieu de passage obligé pour beaucoup.
2. Qu'on en juge. Il n'y a pas de commission de tenue de compte. Beaucoup de transactions sont gratuites, et, comme on peut le voir sur le site de la Banco del Estado, il n'en coûte pas plus de 300 pesos (0,40 euro) pour faire des virements de compte à compte. S'agissant du Compte Nickel, toujours par lecture de son site, il en coûte 20 € pour l'inscription, 20 € de gestion annuelle, 2 % de commission de transaction, et entre 50 cents et un euro pour tout retrait de cash. Le Compte Nickel a une jolie marge de progrès.
3. On peut s'interroger sur les raisons qui empêchent l'État en France, par l'intermédiaire de la Caisse des dépôts par exemple, de lancer un tel service.

BIBLIOGRAPHIE

Cochrane John H., "Toward a run-free financial system", mimeo, Chicago Booth School of Business, 2014.

Deutsche Bundesbank, "Remarks on a 100% reserve requirement for sight deposits", in "The role of banks, non-banks and the central bank in the money creation process", Monthly Report, April, n° 13, 2017.

Diamond Douglas and Philip Dybvig, « Banking Theory, Deposit Insurance, and Bank Regulation », *The Journal of Business*, vol. 59, n° 1, 1986, p. 55-68.

Fisher Irving, « 100% Money », *The Adelphi Company*, 1935.

Friedman Milton, « A Program for Monetary Stability », *Fordham University Press*, 1959.

Les Échos, « La BCE veut accélérer l'émergence du paiement instantané en Europe », 23 juin 2017.

McKinsey Global Institute, "Digital Europe: Pushing the Frontier, Capturing the Benefits", June 2016.

Ronnie J. Phillips, "The 'Chicago Plan' and New Deal Banking Reform", in "Stability in the Financial System", edited by Dimitris Papadimitriou, Palgrave Macmillan, Ltd., 1996.

Rajan Raghuram, "The Past and Future of Commercial Banking Viewed Through an Incomplete Contract Lens", *Journal of Money, Credit and Banking*, Vol. 30, No. 3, 1998, p. 524-55.

Wolf Martin, "Strip private banks of their power to create money", *Financial Times*, April 24, 2014.

Chapitre 13

Un Telco au pays des banques

Jean-Bernard Mateu

La banque de détail est moins sujette à des mouvements erratiques et brusques que les autres secteurs de la banque plus exposés aux caprices des marchés financiers et aux évolutions de l'environnement économique. Elle subit indéniablement aujourd'hui de profonds et rapides changements de ses conditions d'exercice. Cette banque de détail va devoir adapter son mode de fonctionnement en menant simultanément de multiples chantiers de transformation, parfois difficilement compatibles entre eux, qui favorisent d'ores et déjà l'émergence de nouveaux modèles de fonctionnement. Les Fintech viennent depuis quelques années empiéter sur leur domaine. Même si leur succès médiatique est parfois patent, même si leur valorisation dépasse le sens commun, elles n'ont souvent encore qu'une place marginale dans le paysage bancaire. L'arrivée d'Orange sur ce territoire fait manifestement bouger les lignes profondément, rapidement et durablement.

DES MUTATIONS PROFONDES ET INCESSANTES DE L'ENVIRONNEMENT

La réglementation

C'est sur le front de la réglementation que les changements ont les effets les plus forts et les plus rapides, d'autant que les nombreux inventeurs de ces nouvelles lois – l'Europe, le comité de Bâle, l'EIOPA[1], l'ESMA[2], les États, les banques centrales... – font preuve d'une créativité féconde et engendrent dans beaucoup de cas un mille-feuille très contraignant.

Se prémunir contre les risques de tous ordres et renforcer la protection du consommateur en sont les deux motivations majeures.

On compte dans la première catégorie l'ensemble des règles contenues dans les accords de Bâle III destinées à renforcer la solidité du système financier. À peine les banques finalisent-elles les adaptations de leur dispositif en ce qui concerne la solvabilité et la liquidité que de nouvelles évolutions normatives pointent déjà le bout de leur nez (les autorités prudentielles ont déjà complété Bâle III par un ensemble de règles nouvelles que la place financière appelle de manière non officielle « Bâle IV »). Les fonds propres des banques, et notamment des établissements suffisamment importants pour être qualifiés de systémiques, sont sans cesse ajustés à la hausse. Sécurité d'une part, barrière à l'entrée pour les nouveaux entrants, d'autre part !

Dans la deuxième catégorie, celle de la protection du consommateur, la loi Lagarde a significativement, en France, modifié les règles de calcul du taux de l'usure du crédit à la consommation et a instauré le libre choix de l'assurance par le souscripteur d'un crédit immobilier.

La pression consumériste est à l'origine de bien d'autres modifications réglementaires ou conventionnelles : service bancaire de base, diminution de la CIP[3] et ajustement à la baisse des

---

1. *European Insurance and Occupational Pensions Authority,* ou en français AEAPP : Autorité européenne des assurances et des pensions professionnelles.
2. *European Securities and Market Authority,* ou en français AEMF : Autorité européenne des marchés financiers.
3. Commission interbancaire de paiement.

commissions commerçants, directives MIF[1] 1 et 2, transférabilité des comptes bancaires d'un établissement à l'autre, possibilité de résilier les assurances à tout moment ou presque (Loi Hamon), loi Eckert sur les comptes bancaires inactifs et contrats d'assurance-vie en déshérence, la GDPR[2], la DSP 2[3]…

Si le consommateur en sort mieux protégé contre les excès, les marges des banques subissent objectivement au passage un sévère coup de rabot.

Outre les effets directs de ces mesures sur le PNB[4], les comptes de charges des établissements bancaires sont eux aussi lestés par des coûts induits, essentiellement humains, organisationnels et informatiques : mise en place de systèmes de maîtrise et de suivi des risques, de contrôle et de reporting multiples, procédures administratives obligatoires qui gênent le travail des commerciaux, information des consommateurs, lutte contre le blanchiment des capitaux et contre le financement du terrorisme, cybersécurité, protection des données, exigences renforcées sur les structures de gouvernance des établissements de crédit…

Certes, les banques ont réalisé depuis 20 ans de nombreuses économies : automatisation des traitements administratifs (chèques, titres…), synergies informatiques (notamment dans les réseaux mutualistes qui ont regroupé leurs multiples plateformes), augmentation des dispositifs permettant aux clients de réaliser eux-mêmes les opérations à faible valeur ajoutée : guichets automatiques de banque, applications mobiles ou sites internet…

---

1. Marchés d'instrument financiers.
2. *General Data Protection Regulation.*
3. Directive révisée sur les services de paiements.
4. Produit net bancaire.

Simultanément, les canaux alternatifs ont été développés a minima car il n'était pas question de toucher au sacro-saint réseau d'agences. Les plateformes d'appels, les sites internet et autres applis mobiles sont d'abord apparus comme des facteurs de coûts supplémentaires plutôt que comme des opportunités commerciales. Et l'aménagement des agences bancaires avec, dès la porte d'entrée, une barrière physique d'automates et de présentoirs de brochures commerciales a largement favorisé la désertification des agences !

Dans un contexte de marché sursaturé, la diminution des marges et l'augmentation des coûts, (y compris bien entendu le coût des réseaux d'agences) provoquent un effet de ciseau et mettent les banques de détail devant un véritable défi, d'autant que les espoirs de trouver des relais de croissance significatifs sont faibles. Certains réseaux ont annoncé, voire commencé, une décroissance du nombre de leurs agences. Mais la France reste en ce domaine très frileuse par rapport à ses voisins européens. En cinq ans, l'Espagne a perdu 20 % de ses agences bancaires, la France, le pays qui compte le plus d'agences au sein de l'Union européenne, en a fermé 2 % !

Les clients et les usages

Les clients et les usages qu'ils font de la banque évoluent eux aussi. Et les changements s'accélèrent. Pour une banque, satisfaire les attentes des clients est en même temps une nécessité impérieuse et une quête sans fin.

Pour autant, les grandes tendances se retrouvent partout et correspondent à des critiques sous-jacentes adressées aux banques : personnalisation de l'offre et de la relation, simplicité, transparence dans les processus et la tarification, compétence, disponibilité, sécurité, confidentialité et éthique s'opposent à une image brouillée d'une banque trop complexe. Les conseillers peu disponibles et dont la rotation est extrêmement rapide sont parfois pris en défaut par des consommateurs sur-renseignés qui les suspectent souvent de vouloir vendre ce qui est bon pour la banque et pas forcément adapté à leur cas.

Les paradoxes ne manquent pas non plus dans le comportement des clients. Ils attendent une personnalisation poussée de l'offre tout en demandant des produits simples. Ils sont attachés à la confidentialité mais n'hésitent pas à tout raconter sur les réseaux sociaux. Ils veulent être suivis par un conseiller personnel mais disponible tout le temps. Ils se méfient de l'exploitation des données personnelles par les banques mais donnent un accès quasi illimité à leurs habitudes de vie et à leur réseau relationnel aux GAFAM[1]. Ils ont encore dans l'esprit le côté « service public » attaché aux banques et font preuve d'une fascination envers les NATU[2] qui transforment les modèles économiques.

La génération Y, aujourd'hui prépondérante, est très bien décrite par les théoriciens du marketing. Cette génération est très autonome et de ce fait très consommatrice d'Internet, de smartphones et de réseaux sociaux. L'agence fut il y a longtemps son premier moyen de contact avec la banque. Le smartphone a en quelques années détrôné l'Internet qui avait lui-même destitué l'agence. La génération Z montante est, elle, totalement immergée dans le numérique et sa première rencontre avec la banque a lieu en ligne !

L'iPhone a 10 ans. Comment faisait-on avant les smartphones ? Si les tendances observées depuis cinq ans se confirment, en 2018 on passera en moyenne plus de temps chaque jour à consulter l'Internet sur le mobile (1h54) que sur ordinateur

---

1. Acronyme désignant les géants de la nouvelle économie : Google, Amazon, Facebook, Apple, Microsoft.
2. Acronyme désignant des champions de la disruption : Netflix, Airbnb, Tesla, Uber.

(1h42). Aujourd'hui, l'appli bancaire est l'une des trois applis que les gens utilisent le matin en se levant, avec celles de la météo et de la messagerie.

Et ce n'est qu'un début.

Le paysage concurrentiel

Le paysage concurrentiel évolue aussi, au gré des nouvelles réglementations, des nouvelles technologies et de l'infidélité croissante du consommateur bancaire.

D'abord, les établissements spécialisés dans l'épargne ont lancé la guerre des taux sur la rémunération des livrets, espérant ensuite fidéliser la nouvelle clientèle attirée par ces prix d'appel, en lui vendant des produits de placement plus longs.

La concurrence des sociétés de crédit à la consommation, que ce soit en ligne ou sur le lieu de vente, s'est trouvée largement tempérée par la conjonction de la loi Lagarde et des contraintes de liquidité imposées par Bâle III.

Les courtiers de crédit ou d'assurance ont intermédié une bonne partie des flux d'affaires nouvelles et ont participé à la double peine : augmentation des coûts (avec les commissions versées aux courtiers) et diminution des recettes (avec la mise en concurrence).

Les Fintech ont, elles aussi, commencé à saper le socle bien établi du business bancaire : plateformes de financement participatif, opérateurs de paiement, porte-monnaie électroniques, agrégateurs de comptes bancaires, comparateurs…

Enfin, dans un avenir proche, la DSP 2 permettra aux entreprises (souvent Fintech là aussi) de devenir des TPP[1] et d'avoir ainsi accès aux informations bancaires des clients (pour les

---

1. *Third Party Providers.*

AISP[1]) ainsi que d'initier les paiements directement depuis leurs applications (pour les PISP[2]). L'« open banking » concurrencera donc avec une intensité accrue les banques dans ce qu'elles ont toujours considéré comme l'épine dorsale de la relation avec leur client : les prestations de tenue de compte et de moyens de paiement. La technologie très accessible d'une part et les faibles contraintes de fonds propres, d'autre part, permettent l'émergence de nouveaux acteurs, par exemple dans le e-commerce, dans les services d'agrégation d'informations, dans le paiement sans contact ou le transfert d'argent entre particuliers.

Les technologies

Machine learning, assistant vocal, intelligence artificielle, big data, smartphones, cloud computing, blockchain, smart contracts, NFC[3], réseaux 4G et bientôt 5G, cryptage, toutes ces technologies, souvent coexistantes au sein d'une même application, ont transformé et continueront à transformer notre société dans toutes ses composantes. Ce sont autant d'occasions de modifier l'offre et la demande en même temps !

En fait, ces innovations concernent peu la nature même ou le fonctionnement des produits vendus par les établissements de crédit. En effet, les réglementations déjà évoquées ci-avant ont découragé toute tentative de créativité. C'est plutôt la manière pour les clients de les acheter puis de s'en servir qui change : immédiateté, temps réel, expérience utilisateur « sans couture »… Tout en un seul clic !

Ces innovations bien utilisées par les banques peuvent aussi permettre d'améliorer l'efficacité des processus, la maîtrise du risque et la conformité : analyses à l'octroi d'un crédit ou aide

---

1. *Account Information Service Provider.*
2. *Payment Initiation Service Provider.*
3. *Near Field Communication.*

à la décision pour des gestionnaires ou conseillers, choix de l'action la plus productive à un instant donné dans un processus en fonction des caractéristiques d'un client et de son comportement bancaire, ciblage d'actions marketing à un niveau de granularité très fin.

L'INITIATIVE D'ORANGE

Mais que diable vient faire Orange dans ce marché sursaturé, ce monde de concurrence multiforme, sur-contraint par la réglementation et dans lequel les clients sont difficiles à satisfaire ?

Les services financiers sur mobile sont l'un des piliers de la stratégie de diversification et l'un des relais de croissance prioritaires annoncés du groupe Orange. C'est une opportunité astucieusement saisie de profiter du savoir-faire du Groupe en matière de numérique pour ouvrir de nouveaux horizons. C'est surtout une manière d'être encore plus proche des clients dans leur vie numérique, au même titre que par les offres d'accès Internet, de téléphonie fixe ou mobile, de contenus ou d'objets connectés.

Il s'agit pour Orange, d'une part, de tirer parti des évolutions du marché bancaire, des technologies, du nouveau comportement des clients, et d'autre part, d'utiliser ses nombreux atouts pour lancer un nouveau modèle de banque offrant une palette complète de services bancaires afin de construire une activité rentable sur la durée.

Le capital confiance de la marque qui porte des valeurs clés (sécurité, fiabilité, solidité, qualité) indispensables dans les métiers de la banque, un réseau de boutiques (800 en France) avec un trafic envié très significatif, des commerciaux particulièrement motivés par cette nouvelle offre, une base de 28 millions de clients, un savoir-faire reconnu dans le marketing digital, une capacité à élaborer des offres croisées Telco/banque : autant d'atouts commerciaux clairement au cœur du raisonnement stratégique.

Les atouts technologiques d'Orange sont aussi indéniables : développement applicatif, expertise des smartphones, haut niveau de compréhension des techniques d'intelligence artificielle, savoir-faire historique dans le paiement sans contact et le transfert d'argent entre particuliers…

Orange effectue le cheminement inverse de celui des banques installées qui s'efforcent, elles, d'acquérir les technologies nécessaires !

Les capacités de maîtrise de la cybersécurité – autre axe stratégique d'Orange – sont à la fois un avantage technologique et un atout de sécurité.

Au chapitre de la sécurité, l'assise financière nécessaire pour garantir les investissements indispensables à la constitution d'une activité durable, que ce soit en technologie ou en coût d'acquisition d'une clientèle nouvelle, rassure les autorités (ACPR[1] et ABE[2]) à juste titre attentives aux initiatives innovantes.

La solidité financière de l'investisseur (la banque elle-même ou le groupe auquel elle appartient) est un facteur majeur de réussite et une barrière à l'entrée pour les start-up qui, de ce fait, se cantonnent plutôt à l'activité de paiement.

Enfin, et s'il était encore besoin de se convaincre des atouts d'un Telco dans le bouleversement auquel nous assistons, remarquons aussi que la data est au centre de tout. La rapidité de collecte et de traitement, la capacité de stockage et de transport, la disponibilité partout, tout le temps, l'indispensable sécurité toujours challengée et par conséquent renforcée, positionnent

---

1. Autorité de contrôle prudentiel et de résolution.
2. Autorité bancaire européenne.

les opérateurs de télécommunications au cœur de l'écosystème qui valorise justement la data. Même les GAFAM, les NATU, les BATX[1] et autres OTT[2] n'ont pas cette chance !

LE MODÈLE ÉCONOMIQUE

La banque mobile prolonge naturellement l'activité traditionnelle d'Orange.

Orange a clairement fait le choix en Europe occidentale (France, Espagne, Belgique) d'un modèle économique d'investissement long terme et à forte valeur créée en se lançant dans la banque de détail plutôt que dans les services de paiement. En effet, les modèles économiques des services de paiement et des banques de détail diffèrent. L'appellation « néo-banque », souvent reprise par les commentateurs, s'adresse en général à des établissements de paiement et non aux établissements de crédit.

Le paiement : un modèle de flux

Quelle que soit la technologie en jeu, quel que soit le média (smartphone NFC, carte, SMS…), une activité de paiement a un business model de flux. En effet, le chiffre d'affaires de l'opérateur est constitué des commissions sur paiement ou sur rechargement dans le cas d'un porte-monnaie électronique associé au moyen de paiement. De ce fait, c'est bien le flux de transactions qui engendre les recettes.

---

1. Baidu, Alibaba, Tencent et Xiaomi : les GAFAM chinois.
2. *Over the Top* : appelé parfois « service de contournement » en français. Il s'agit de transporter des données (vidéo, audio, messagerie…) en utilisant les technologies IP de l'Internet, « au-dessus des réseaux » et donc sans partage de valeur avec les opérateurs de télécommunication et sans contrôle de leur part. On peut citer à titre d'exemple : Viber, WhatsApp, Skype, Youtube, Netflix.

Dans les pays d'Europe occidentale, où le taux de bancarisation est très élevé, les clients ont pour la plupart une carte bancaire déjà facturée par la banque à l'unité ou dans un forfait de services. Il n'est donc économiquement pas rationnel pour le client de payer une commission supplémentaire pour avoir le droit de payer un bien ou un service. C'est pour cela que les offres de Fintech en matière de paiement sont soit gratuites – et la rentabilité de l'activité est impossible à assurer – soit payantes et s'adressent plutôt à un marché de niche. Dans ce cas aussi, la rentabilité est loin d'être garantie : les prix restent bas et n'absorbent pas les coûts fixes.

De plus, l'évolution des technologies ou tout simplement, ici aussi, les nouvelles réglementations et normes en cours d'implémentation – SEPA[1], DSP 2, Instant Payment – continueront de challenger les modèles économiques des acteurs du paiement. De fait, les investissements nécessaires à la sécurité et à la robustesse, donc à la confiance des utilisateurs prompts à changer de fournisseur, dépasseront certainement la capacité financière d'acteurs trop éparpillés.

Les Fintech spécialisées dans le paiement cherchent alors à se vendre à un investisseur désireux d'acquérir le savoir-faire technologique ou à s'adosser à une banque classique qui saura valoriser le fonds de commerce en équipant les clients de produits complémentaires de crédit ou d'assurance.

La banque de détail : un modèle de stock

La banque de détail, en revanche, est basée sur un modèle de constitution sur la durée d'un fonds de commerce. Les investissements initiaux en termes de conception d'offre, de processus de gestion et de système d'information sont relativement élevés,

---

1. *Single Euro Payments Area.*

le coût d'acquisition de nouveaux clients aussi comparativement à celui d'opérateurs de paiement.

La rentabilité de l'opération s'obtient sur la durée en fidéli-
sant le stock de clientèle et en l'équipant de produits porteurs
de marges : crédits, épargne, assurances de dommages et de
personnes…

Si la tarification adoptée sur les produits de « banque au quotidien » est de plus très compétitive afin de recruter rapidement
le plus possible de clients, on arrive à un point d'équilibre entre
cinq et sept ans traditionnellement.

C'est donc bien sur le stock, obtenu chèrement, que se fabrique
la rentabilité. Une fois ce stock constitué, l'activité devient très
profitable, surtout si l'on a des processus de gestion efficaces,
simples, qualitatifs et que le nombre de nouveaux clients recru-
tés devient marginal par rapport au nombre de clients déjà
acquis. Ce modèle protège le business des banques installées en
créant un obstacle pour les nouveaux entrants. Mais il peut aussi
les anesthésier…

Bien entendu, le paiement sous les formes les plus étendues
(carte de débit, téléphone mobile en NFC, virements, transfert
par SMS…) est inclus dans l'offre bancaire. Mais ce n'est qu'un
élément de cette offre, certes indispensable mais finalement
marginal dans le mécanisme de création de valeur.

La possibilité de proposer des avantages croisés entre l'offre de
télécommunications et l'offre bancaire, facteur de rentabilité et
de fidélisation du côté Telco, bonifie encore le raisonnement.

Conclusion

Le choix original du modèle de stock matérialise l'implication stratégique et à long terme du groupe Orange dans la banque de détail, véritable relais de croissance.

Il s'agit pour l'opérateur de proposer une offre de banque de détail complète à destination des particuliers, incluant bien entendu le paiement multiforme, le compte courant pivot de la relation bancaire mais aussi des produits à plus forte profitabilité et fidélisants.

Au-delà de la proximité évidente « banque/smartphone » qui donne tout son sens à cette initiative, la création de valeur se concrétisera par une rentabilité très significative une fois la phase initiale d'investissement et de recrutement de clients réalisée et donc la création d'un fonds de commerce bancaire acquis. La fidélisation attendue côté Telco légitime encore plus la vision stratégique.

Quoi qu'il en soit, Orange réunit en son sein tous les ingrédients de la réussite durable : la solidité financière, le capital confiance, la complémentarité immédiate avec l'activité cœur, les compétences commerciales, technologiques et maintenant bancaires, les clients et, *last but not least*, le réseau de distribution physique qui, contrairement à celui des banques, est très fréquenté !

Chapitre 14

Les nouveaux chemins de l'assurance

Renaud Dumora

Lors d'une réunion organisée par l'Association nationale des journalistes de l'assurance, il avait été conseillé aux dirigeants des compagnies françaises d'éviter dorénavant deux termes, omniprésents dans les discours et largement galvaudés, « disruption » et « digital ». Pourtant, la révolution digitale conduit bien à une disruption des modèles de l'assurance.

Parce que l'assurance est un service fondé sur l'échange d'informations et le transfert de risque entre deux agents, elle est particulièrement touchée par les bouleversements du numérique. Aux ruptures technologiques majeures autour de la donnée, de l'internet des objets, des blockchains, de l'intelligence artificielle s'ajoutent les ruptures comportementales qui leur sont liées et qui transforment nos pratiques de vie et de consommation. Elles conduisent à la diminution, voire à la disparition de certains risques, à l'émergence de nouveaux risques et à l'apparition de services innovants autour de la protection et de l'épargne. La masse assurable ne disparaît pas, elle mute.

Parallèlement, les technologies de la donnée et leur capacité à capter et mesurer les évolutions de nos risques individuels pourraient mettre à mal le principe même de l'assurance et de la mutualisation. Interrogeons-nous sur le cheminement des assureurs sur cette ligne de crête, entre personnalisation de l'offre et solidarité, fondements de l'assurance.

La distribution est elle-même en profonde mutation. La bancassurance d'abord, puis les grands facturiers, les agrégateurs, les comparateurs, les communautés, les réseaux sociaux offrent de nouveaux contacts clients qualifiés aux assureurs. Sous l'impulsion des *Insurtech*, la consommation d'assurance est en train d'évoluer en matière de canal de vente, d'expérience client et de conseil à distance.

Mener l'ensemble de ces changements est d'autant plus complexe que l'industrie de l'assurance traverse une période inédite de taux financier bas. L'assurance se caractérise par l'inversion de son cycle de production et donc par une sensibilité majeure à l'environnement macro-économique et aux taux d'intérêts. Lors de l'élaboration de la directive européenne Solvabilité II, aucun actuaire n'avait imaginé un scénario où plus d'un tiers des obligations cotées dans le monde seraient à taux négatif comme pendant l'été 2016. La gestion actif/passif ainsi que la politique d'investissement est au centre du changement.

Enfin, ce bouleversement des risques, de l'offre et de la distribution, ainsi que la robotisation, s'accompagnent forcément d'une transformation majeure des métiers de l'assurance. Celle-ci doit être anticipée, organisée et planifiée. Faire face à cette mutation de l'emploi dans l'assurance est la première mission des dirigeants actuels des compagnies.

LES NOUVEAUX SENTIERS OUVERTS PAR L'ESSOR DE LA DONNÉE : LA VIE MESURÉE

L'assurance est fondée sur des risques statistiques d'incidence, de durée ou de montant d'un sinistre, sur des risques comportementaux comme la fraude, l'anti-sélection ou l'aléa moral et sur des transferts de risques entre classes homogènes de clients. Pour maîtriser ces risques, les assureurs, et parmi eux les actuaires, ont placé les données et les statistiques au cœur de leur activité. Or la révolution digitale, c'est la révolution de la donnée. La multiplication des objets émetteurs d'information, la décroissance du coût de stockage et de calcul, le développement de la puissance algorithmique qui leur donne du sens autorisent à mieux anticiper, mesurer et réduire nos risques.

Les risques « disruptés »

L'assurance touche à l'intimité de chacun. Elle s'intéresse à notre santé, à nos habitudes de vie, à notre maison, à notre foyer, à notre budget. Nos comportements et nos pratiques de vie ont un effet sur nos risques. Si je conduis bien, ou au bon moment, ou sur les routes les plus sûres, si je me nourris sainement, si je pratique suffisamment de sport, si je protège ma maison, je m'expose moins aux aléas.

Or, les capteurs en tous genres, placés sur moi, dans mon téléphone, ma maison ou ma voiture, lorsqu'ils sont associés aux statistiques de l'open data ou à celles de l'assureur, permettent de mesurer en temps réel cette exposition aux dangers, puis de la réduire.

La voiture

Les « boîtes noires » embarquées qui mesurent les différents facteurs de risque de la conduite se sont très rapidement multipliées. L'acceptation par les conducteurs étant liée à la culture de chaque pays, elles sont généralisées de manière hétérogène. Depuis de nombreuses années, en Grande-Bretagne, de simples applications sur mobile permettent de mesurer précisément le lieu, l'heure et la qualité de conduite, et en utilisant l'open data ou des données historiques de l'entreprise, la nature et la dangerosité des routes pratiquées. En Italie, on décompte aujourd'hui plusieurs millions de boîtes noires embarquées, offrant ainsi des réductions du coût de l'assurance aux meilleurs conducteurs (« *Pay how you drive* »).

L'avancée technologique majeure n'est pourtant pas la mesure passive de la qualité du conducteur mais son assistance puis… son remplacement. La voiture autonome, et auparavant la multiplication des aides à la conduite, les systèmes anticollision, les technologies de sécurité en ville, les capteurs d'endormissement, réduiront fortement les dangers de la mobilité motorisée. Les constructeurs automobiles et les assureurs divergent encore sur l'échéance et l'importance de la réduction des risques induite. Elle pourrait s'élever au-delà de 85 % selon les plus optimistes.

La maison

L'essor de la domotique (ou plus généralement la « *smart home* » et la « *smart city* ») conduit à une extension des couvertures d'assurance et d'assistance du foyer. Les assureurs utilisent de plus en plus la capacité des objets connectés à détecter inondations, fumées, chocs électriques, intrusions. Ceux-ci permettent d'enrichir par la prévention les contrats d'assurance et d'assistance.[1] De manière significative, mais plus modeste que pour l'auto, les données issues des capteurs doivent permettre de réduire les coûts d'une assurance habitation.

La santé

Dans le domaine de la santé, deux familles d'objets connectés peuvent être distinguées. Les premiers, plus ludiques, peu coûteux, qui s'apparentent plutôt au bien-être, mesurent votre nombre de pas quotidiens, votre rythme cardiaque, votre sommeil, votre nutrition, etc. Les seconds correspondent à des outils plus sécurisés, compatibles avec une utilisation médicale ou professionnelle et qui, au-delà des mesures externes, évolueront rapidement, sous forme d'implants, vers la captation de nos indicateurs biochimiques.

---

1. Cardif Assicurazioni a ainsi lancé en 2014 en Italie une police d'assurance habitation assortie d'une box nommée H@bitate.

Plus encore que pour l'automobile et la maison, ces données sont particulièrement intimes. Les assureurs se concentrent donc sur les objets de bien-être et sur les données d'activité. Les utilisations effectives dans les contrats d'assurance sont encore anecdotiques, malgré leur pertinence actuarielle.

L'algorithmique disruptée

Les pétaoctets d'informations générés par les objets connectés chaque jour seraient sans utilité pour les assureurs si l'algorithmique elle-même n'avait subi sa propre révolution. L'actuariat, cette jeune science qui est au cœur des tarifications et du provisionnement de l'assurance, a connu globalement trois périodes principales. La première, antérieure aux premiers calculateurs, a permis de fonder les tarifications et le provisionnement des assureurs sur des méthodologies codifiées, des abaques de calcul et un langage scientifique propre reconnu internationalement. La deuxième a profité des avancées de l'informatique, de l'analyse des données et de l'économétrie. Dans les années 1990, des tentatives ont même été menées pour utiliser, au-delà des outils économétriques classiques, de nouvelles approches de modèles prédictifs et de modèles apprenants comme les réseaux de neurones et les algorithmes génétiques. Mais la faible puissance de calcul disponible, la pauvreté ergonomique des programmes et des instruments de visualisation des données, et une certaine timidité académique, n'ont pas permis d'utiliser ces techniques opérationnellement avant le troisième âge de l'actuariat. Les langages d'aujourd'hui (disponibles en open source pour la plupart), les environnements d'exploitation de la donnée, d'ailleurs domaine privilégié des start-up, conduisent à une pratique radicalement nouvelle de l'actuariat. Celle-ci est entièrement construite sur la donnée brute et massive et sur l'utilisation de combinatoires très élevées d'algorithmes de toutes sortes. La puissance des outils et la richesse des données disponibles autorisent enfin une méthodologie de validation pragmatique fondée sur le test plutôt que sur une preuve économétrique a priori. C'est cette avancée-là vers l'analytique qui valorisera les données pour améliorer l'offre d'assurance.

Mutation et non pas réduction de la masse assurable

Les objets connectés embarqués, les progrès de la technologie médicale, la domotique, les vêtements intelligents et l'automatisation entraîneraient une baisse des risques et donc de la masse assurable si l'industrie restait figée sur son offre et son approche actuelles.

Pourtant, le besoin croissant d'assurance dans le monde, l'enrichissement de l'assurance par la prévention, l'assistance et le service, et enfin l'apparition de nouveaux aléas liés à la digitalisation du monde vont soutenir la croissance de cette industrie dans les décennies à venir.

L'assurance, terre de croissance

L'émergence des classes moyennes dans les pays en développement, l'augmentation de l'aversion aux risques individuelle qui accompagne le progrès technique, l'intensification des risques qu'ils soient financiers, environnementaux ou technologiques, et la complexification de nos parcours familiaux ou professionnels sont autant de raisons pour un appétit accru d'assurance. Les économistes et les réassureurs qui étudient ce marché mondial régulièrement prévoient d'ailleurs une croissance solide de l'activité d'assurance vie et non vie.[1] En effet, le besoin d'assurance en protection ou en retraite est loin d'être comblé.

---

1. Swiss Ré prévoit une croissance de 3 % du marché mondial de l'assurance non vie et de 4 % pour celui de l'assurance vie en 2018 et 2019.

De l'assurance à la garantie de bien-être et la prévention

Pour toutes les catégories d'assurance et tous les types de clientèle, le dynamisme des *Insurtech* mais aussi des grandes sociétés technologiques nous garantit une explosion de l'offre d'outils de mesure et parfois d'anticipation. L'assurance s'adapte donc et intègre, plutôt lentement, ces objets de prévention et de bien-être dans leurs contrats. La tiédeur ne vient pas d'une résistance a priori mais d'enjeux de protection des données individuelles d'abord, de réglementation ensuite, et de gestion de l'assurabilité enfin.

Si les assureurs sont timides sur la démutualisation des risques permise par les mesures digitales des comportements, ils ne le sont pas pour le développement de la prévention. C'est un apport « gagnant-gagnant » au contrat d'assurance.

De nouveaux risques

Notre nouveau monde technologique accélère l'émergence d'aléas inédits. Ils portent sur notre e-réputation, sur l'usurpation d'identité, sur les transactions sur Internet, sur le risque opérationnel lié à l'utilisation massive d'algorithmes et de modèles, sur la cybercriminalité en général ou sur les dérives climatiques.

Les attaques mondiales les plus récentes par des *ransomwares* (Petya, Wannacry) montrent les conséquences économiques majeures de ces risques sur les entreprises. Les spécialistes[1] estiment les pertes des entreprises dues aux cyberrisques à 400 milliards de dollars annuels. Le marché d'assurance actuel est estimé entre 1,5 et 3 milliards de dollars.

Ces domaines sont explorés par les assureurs mais les volumes de primes qui lui sont liés sont encore dérisoires à l'échelle des risques qu'ils représentent.

---

1. Sources : Lloyd's, Swiss Ré.

ASSURABILITÉ *VERSUS* DÉMUTUALISATION : LA VOIE ÉTROITE

Il fut un temps où la capacité à ne pas individualiser les tarifs d'assurance et à offrir des tarifications uniques pour tous était un réel avantage commercial de simplicité de l'offre. L'une des missions des actuaires était alors de tarifer un risque de structure et d'anti-sélection et d'offrir le même prix pour une assurance décès pour une jeune femme non fumeuse de 20 ans et un fumeur de 60 ans, alors que le prix actuariel entre les deux varie de 1 à 50. L'assureur était alors confronté à une déviation de la part des « mauvais » risques.

Ces pratiques de moyennisation à outrance des tarifs ne sont plus acceptées par les consommateurs eux-mêmes. Elles ne résistent de toute façon pas aux attaques de nouveaux entrants.

Les limites de la démutualisation

Nous avons vu que la technologie permettait de connaître les risques individuels de plus en plus précisément. La volonté des assurés d'avoir une garantie, des services et un prix adaptés le plus finement possible semble inexorable. La stratégie marketing de la gamme longue s'applique aussi à l'assurance.

Or l'assurance repose sur l'existence d'un aléa et sur des transferts entre classes de risques, les bons risques subventionnant les risques les plus élevés. Une personnalisation des risques excessive conduira à une réduction de l'assurabilité. En effet, les risques aggravés qui ne sont pas pris en charge par la collectivité sous forme d'assurance publique, par exemple, seront exclus de l'assurance privée également. Le prix offert aux segments de risques les plus élevés seront inabordables. Les prix de l'assurance diminuent, mais l'assurabilité également.

Le nouvel entrant

Un nouvel entrant suffisamment puissant et ciblant les meilleurs risques pourra remettre en cause l'équilibre instable de la mutualisation.

Les opérateurs internet qui ont accès à nos informations de loisirs, de consommation, à nos photos, aux mots que nous utilisons dans les réseaux sociaux ou dans nos recherches pourraient, avec une équipe de *data scientists* et d'actuaires, cerner de manière extrêmement précise les dangers auxquels nous sommes confrontés dans différents domaines de notre vie : santé, déplacements, loisirs, patrimoine, flux économiques du foyer. Nos parcours de consommateurs numériques permettent également de cerner précisément nos besoins et nos risques. Ainsi, la captation d'un internaute sur un site d'articles de sport pour le diriger vers une offre santé sera à titre d'exemple positivement discriminante. C'est le type de démarche qu'a mis en place l'assureur Discovery en Afrique du sud il y a quelques années.

D'autres opérateurs industriels ont également accès à ce type d'informations et s'interrogent sur les possibles utilisations en assurance, pour les établissements financiers, les opérateurs de téléphonie et, de manière plus partielle, les fournisseurs d'énergie, les chaînes de magasins…

Par ailleurs, les comparateurs d'assurance qui se sont multipliés ces dernières années, par exemple au Royaume-Uni, accélèrent eux-mêmes cette tendance à la démutualisation.

Une limite absolue : le respect de la vie privée

L'ensemble des travaux menés par les assureurs européens dans le cadre de la mise en place de la Réglementation générale de protection des données (RGPD)[1] les conduisent à poser leurs propres limites à l'utilisation des données individuelles. Ils gèrent depuis des années des données individuelles en respectant les contraintes du secret médical. Cette expérience et la mise en place par certains d'entre eux de *data lab* les incitent à déterminer le bon équilibre entre optimisation des services grâce à la donnée et respect de la vie privée. C'est de leur responsabilité.

La technologie également au service des risques aggravés

Grâce à la richesse des bases de données et aux progrès des techniques actuarielles, les assureurs élaborent des solutions d'assurance dédiées à certaines populations à risque aggravé. En santé, par exemple, beaucoup d'assureurs travaillent à la couverture de pathologies jusqu'alors mal assurables. BNP Paribas Cardif en France a ainsi mis en place des collaborations avec des associations de malades sur les maladies respiratoires ou la tétraplégie pour faciliter l'accès du plus grand nombre à l'assurance des emprunteurs. Plus globalement, la convention Aeras, qui a succédé à la convention Belorgey, a réuni l'ensemble de l'industrie et les associations de malades pour étendre l'assurabilité de certaines pathologies.

Aux assureurs de se positionner

Les régulations ont de leur côté parfois prévu des limites au nom de l'égalité de traitement. C'est le cas des tarifications non différentiables entre les hommes et les femmes en Europe. Toutefois, l'assurance étant fondée sur la liberté de sélection et de tarification, ce n'est pas au régulateur de déterminer l'ensemble des limites.

---

1. La RGPD est le nouveau réglement européen sur la protection des données personnelles qui entre en application le 25 mai 2018.

Les contraintes d'accès et d'utilisation des données individuelles contribueront également à freiner certaines démarches trop agressives de démutualisation.

Trouver la voie acceptable entre le service et le prix personnalisés et l'assurabilité du plus grand nombre est avant tout un choix politique mais aussi un choix d'utilité sociale de l'industrie de l'assurance. Comment arbitrer entre la nécessaire adaptation du prix au risque individuel, pour conserver les meilleurs clients et pour contrer les nouveaux entrants, et l'assurabilité du plus grand nombre via un transfert de risque minimal entre populations ?

LES NOUVEAUX CANAUX DE DISTRIBUTION D'ASSURANCE

L'inversion du rapport de force entre le vendeur et le consommateur affecte évidemment l'assurance. Et ce d'autant plus que l'assurance est un produit à la fois complexe, intime et quotidien. L'assuré attend avant tout une qualité irréprochable et l'immédiateté des réponses. Il exige une expérience client adaptée en temporalité, en lieu, en garantie, en dynamique, en mode de communication. Il souhaite recevoir un engagement irrévocable de son assureur tout en ayant lui-même une totale liberté de résiliation. Il souhaite de la transparence, du conseil et de la pédagogie.

La confusion des distributions

Les occasions de vendre de l'assurance se sont multipliées. Dans ce domaine, la bancassurance a initié le mouvement, notamment en Europe du sud et en France. Son succès (près de deux tiers du marché vie et de un cinquième du marché non vie pour les bancassureurs français) est indéniable et devrait se poursuivre. Les outils d'aide à la décision, l'exploitation des données, le conseil

à distance encouragent une distribution d'assurance « omnicanal » au sein des groupes d'assurance, des banques mais aussi
des grandes chaînes de magasins, des fournisseurs d'énergie, des
opérateurs télécoms, des concessionnaires automobiles, etc.

Dans cette relation triangulaire entre l'assureur, le distributeur
et le client final, les concepts de B2B2C, de B2C n'ont plus de
sens. Il s'agit aujourd'hui d'inscrire le distributeur et le producteur d'assurance dans une collaboration cohérente et optimale
au service du client. Cette collaboration s'organise autour de la
donnée de manière plus ou moins intense selon les réglementations, la culture et les pratiques de marché. La clé est simplement la capacité à atteindre le client de manière optimale dans
le temps, dans l'espace et à travers le bon média, et à lui vendre
un service d'assurance adapté à sa situation personnelle instantanée. Ce modèle-là du partenariat devient alors exponentiel.

Les robots au service du conseil, de la sélection et de la gestion des risques

Deux moments critiques dans la vie d'un contrat – la souscription et la gestion du sinistre – sont les instants de vérité au cours
desquels les clients vont pouvoir juger leur assureur. Le conseil,
la rapidité et la qualité de la réponse sont clé. Parallèlement,
l'équilibre du modèle économique des assureurs repose en
grande partie sur les coûts de ces traitements et sur la sinistralité
qui en dépend.

Ces deux instants vont être bouleversés par la technologie. La
capacité des robots à converser grâce à un espace documentaire
très étendu facilite le conseil automatique à distance lors de la
souscription. Pensons également au questionnaire médical des
contrats liés à la santé utilisé lors de la conclusion du contrat
ou de son exécution. La combinatoire finalement réduite des
situations possibles et cela même en intégrant les risques les plus

importants est parfaitement adaptée à une automatisation poussée du processus de décision, voire des examens médicaux exigés.

Au-delà de la souscription et de la gestion des sinistres, la robotisation – qu'elle remplace de simples processus existants ou qu'elle les bonifie – avec de l'intelligence artificielle et des *chatbots* permettent d'établir avec efficience un contact continu et permanent entre le client et son assureur. Cette modernité permet aux assureurs de devenir un partenaire de vie de leurs assurés et de gagner leur fidélité. Ils pourront alors concentrer les forces humaines sur les cas les plus sensibles, complexes, nécessitant une forte empathie et une sensibilité psychologique pour répondre aux attentes des clients.

L'exigence d'une meilleure communication

L'accélération des processus de vente, la multiplication des points de contact sans professionnel de l'assurance font peser sur la communication une exigence accrue de simplification et de pédagogie. La langue et tous les attributs de la communication en seront bouleversés. BNP Paribas Cardif a lancé en 2011 un programme mondial de réécriture de l'ensemble de sa documentation commerciale et contractuelle en langage dit « B1 » qui est compréhensible par une proportion importante de la population de chaque pays (B1 est l'un des niveaux définis dans le Cadre européen commun de référence pour les langues). La matière sous-jacente reste complexe. Cette traduction en langage simple contraint à une prise de risque accrue car les nouvelles rédactions sont évidemment moins précises juridiquement.

L'assurance du moment et de l'usage

La mutation de la propriété vers l'usage touche beaucoup de nos objets quotidiens : les sites de covoiturage ou de partage de véhicules, l'essor de la location longue durée pour les véhicules ou pour les téléphones. Dans ce cadre, l'assurance doit quitter l'objet sous-jacent pour s'attacher à un usage (le partenariat entre AXA et Blablacar pour assurer les utilisateurs du covoiturage en est une illustration). De la même façon, je souhaiterais m'assurer précisément lors de la pratique de tel ou tel sport. Cela existe en France depuis de nombreuses années avec la carte Neige ou certains contrats liés aux cartes de paiement. Cela est allé plus loin avec des assurances qui se déclenchent via une application ou une localisation GPS (« *one time insurance* » vendue aux golfeurs et skieurs par Tokio Marine, associée à l'opérateur Docomo au Japon par exemple). Tous les assureurs sont en recherche intense de nouveaux modèles adaptés à l'usage et à l'instant.

Le retour des mutualités

Chacun d'entre nous, par l'intermédiaire des réseaux sociaux et des différents sites d'information ou de consommation, participe à de nombreuses communautés. Ces communautés rassemblent par centre d'intérêt les fans d'une marque particulière d'électronique ou de moto, ceux qui pratiquent tel loisir ou tel sport, les voyageurs passionnés par une destination particulière. Ce sont des canaux privilégiés d'échange d'informations, de suggestions, de mises en garde. Vu du département marketing, elles regroupent finalement des prospects hyper-qualifiés. Elles peuvent se constituer en groupement d'achat. La confiance y est forte, la recommandation puissante. Vu de l'actuariat, ce sont souvent des classes homogènes de risque « naturellement » prédéterminées. Les assureurs d'aujourd'hui ne s'y trompent pas car ces communautés seront des vecteurs de distribution privilégiés. L'assurance ou la couverture mutuelle qu'on peut offrir sont parfaitement ciblées en matière d'usage, de confiance mais également de tarification. Cela peut porter sur l'extension de garantie d'appareils photo, de couverture pour des pratiques de sport dangereux, pour de l'assurance voyage. On revient finalement à l'origine de l'assurance souvent illustrée par les premières communautés d'entraide corporatistes de l'Antiquité (la plus citée étant celle des tailleurs de pierre de la Basse-Égypte…).

L'ASSUREUR INVESTISSEUR À LA CROISÉE DES CHEMINS

Investir est l'une des missions principales de l'assurance, des fonds de pension et de la réassurance. Les assureurs européens représentent un total d'actifs gérés qui avoisine les 10 milliards d'euros[1]…

Le cycle de production inversé caractérise l'assurance. Les clients versent leur prime parfois longtemps avant de recevoir en retour le service de la part des assureurs. Les assureurs doivent donc gérer financièrement ces primes avec un horizon de temps plus ou moins long. Cela exige une technologie de gestion actif/passif et de gestion financière tactique qui s'adapte à la complexité croissante des marchés financiers. Elle doit prendre en compte un environnement de taux bas, les crises successives de ces dernières années qui ont affecté les marchés des actions, de l'immobilier et des devises, l'apparition de nouveaux instruments financiers… et une réglementation prudentielle et comptable totalement bouleversée.

Les taux, bas comme jamais

Comment gérer une compagnie d'assurance dans le domaine de la vie ou du dommage avec des taux longs durablement inférieurs à 1 % en Europe occidentale ? Les assureurs doivent pourtant gérer leur promesse client, garantir le capital en

---

1. Source : Insurance Europe.

assurance vie, compenser des marges techniques qui diminuent en assurance non vie.

Prenons l'exemple des fonds en euros en France, qui reposent sur une garantie en capital mais aussi sur une relativement bonne liquidité pour les assurés. Cette garantie coûte de plus en plus cher car elle expose les assureurs à de fortes pertes (réalisation de moins-values) en cas de hausse brutale et durable des taux associée à des sorties massives des assurés. Les compagnies doivent donc faire évoluer fondamentalement leur pratique et leur modèle. Le pilotage de la collecte nette est effectué au plus haut niveau des états-majors. Les assureurs favorisent le développement de produits où le risque de marché est porté par les clients (contrats d'assurance vie en unités de compte), de produits où la garantie offerte est limitée au terme du contrat (produits eurocroissance). Certains proposent des fonds en euros avec des garanties moins élevées ou des pénalités payées par le client en cas de rachat en période de moins-values. D'autres accélèrent la diversification vers des produits de prévoyance ou de dommage. Tous s'efforcent de limiter au maximum les frais de gestion, profitant des technologies robotiques.

La gestion actif/passif (ALM), c'est-à-dire la détermination de l'allocation d'actifs optimale au regard de la performance pour le client, de la rentabilité et du risque pour l'assureur est fondée sur des modèles qui se sont fortement complexifiés. Les scénarios sous-jacents (déterminés sur un horizon au-delà de 40 ans) et les algorithmes prennent en compte une volatilité accrue, des chocs macroéconomiques non linéaires, de nouveaux actifs plus complexes à modéliser et un comportement des clients jamais mesuré dans la vie réelle. Les assureurs ont dû investir fortement dans cette technologie ALM, profitant de l'amélioration des techniques de modélisation, des masses de données disponibles, de la puissance de calcul et des nouveaux outils financiers à leur disposition.

La confiance par le sens

En raison de cette inversion du cycle de production, la confiance
est le pilier de l'assurance. Je ne verserai pas mes primes à un
assureur qui ne me… rassure pas. Il doit me persuader qu'il
tiendra sa promesse. Bien entendu, j'ai accès à sa communication financière et même en Europe au reporting public exigé
par Solvabilité II, le « SFCR » (Rapport sur la Solvabilité et la
Situation Financière). Toutefois, il faut convenir que ces com-
munications sont peu adaptées à une lecture par les assurés.

La confiance, pour les assureurs comme pour les autres industries, passera avant tout par l'exigence de sens. L'assureur donnera
de la signification à sa stratégie d'offre, à son rôle citoyen, en
tant qu'employeur et enfin en tant qu'investisseur. Les assureurs
français ont depuis quelques années collectivement compris
cette nécessité. Ils affirment dorénavant leur rôle de financeurs
de l'État, des infrastructures, des logements intermédiaires ou des
logements d'urgence, mais également des grandes, moyennes et
petites entreprises, des start-up, etc.

Puisque ce sont des investisseurs long terme, les critères ESG
(environnementaux, sociétaux et de gouvernance) ont été
introduits depuis plusieurs années dans la gestion d'actifs de
beaucoup d'assureurs. C'est ce sens-là qui rassure les clients
à long terme : la qualité citoyenne des investissements et leur
nature concrète. Ils ne s'intéressent pas à la notion de provisions
mathématiques qui correspond au total des engagements nets
vis à vis des assurés, mais beaucoup plus aux investissements
verts concrets ou au financement de telle ou telle infrastructure.
De plus en plus, et de mieux en mieux, les assureurs vont devoir
expliciter, décrire et vendre leur stratégie d'investissement à
l'ensemble de leurs clients.

La réglementation, l'inconnue inconnue ?

Au-delà des taux bas, de la nécessaire généralisation de l'investissement responsable, la révolution la plus difficile provient des… régulateurs. Elle est parfois inattendue, voire irrationnelle en matière d'utilité sociale ou de création de valeur. Ce sont des domaines abscons, peu médiatiques, qui souvent n'intéressent ni les journalistes… ni les politiques.

Les réformes de la solvabilité

L'Europe a investi des milliards d'euros pour mettre en place la nouvelle réglementation prudentielle Solvabilité II en place depuis début 2016[1]. Il s'agit d'une réforme en profondeur du calcul de solvabilité, dorénavant *établi sur la valeur de marché ou la valeur modélisée*, d'une refonte de la gouvernance des compagnies européennes et enfin de la communication vers les organes de contrôles et le public. Toutes les calibrations ne sont pas parfaites, les modèles exigés sont trop complexes, les publications trop lourdes mais la réforme a bien été digérée par l'industrie européenne et lui a permis de faire progresser sa maîtrise des risques et sa gouvernance.

Mais dans un souci d'harmonisation, mondiale, cette fois, l'IAIS, l'association mondiale des superviseurs d'assurance, a décidé d'introduire pour les assureurs opérant dans plusieurs territoires une nouvelle norme prudentielle. Les Européens espèrent évidemment qu'elle sera cohérente avec la réforme Solvabilité II, quand les Américains de leur côté souhaitent une méthode proche de leur propre système prudentiel. C'est inextricable.

---

1. L'association des assureurs anglais a estimé l'investissement total pour la mise en place de Solvabilité II à 3 milliards de livres pour leur seul marché.

Ubu chez les comptables

Le pire est à venir. Dans un même souci d'harmonisation des outils de mesure des performances financières des entreprises, l'IAS board, l'organe indépendant qui a en charge l'établissement des normes comptables internationales IFRS, a déterminé celles qui s'imposeront à la plupart des assureurs. Elles portent le joli nom d'IFRS 9, qui régit les méthodes de comptabilisation des actifs financiers pour l'ensemble du secteur financier, et d'IFRS 17 pour la comptabilisation des engagements des assureurs vis-à-vis de leurs assurés. Cette réforme devrait avoir un coût pour les entreprises d'assurance du même ordre de grandeur que celui de l'implémentation de Solvabilité II en Europe. Ces réformes sont en effet fondées sur le paradigme de la valeur de marché. Celui-ci présuppose que tout a un prix objectivable, calculable et homogène d'un environnement à l'autre. Cette juste valeur sera de nouveau calculée à partir de modélisations complexes car il n'y a pas de marché des passifs d'assurance qui permettrait de les déterminer simplement.

La prise du pouvoir par les modèles

Les assureurs vont donc encore être confrontés aux difficultés de l'hyper modélisation. Le modèle intervient dans tous les domaines du pilotage de l'entreprise, qu'il soit prudentiel, actuariel, comptable ou financier. Pourtant, malgré l'essor des données et les progrès de la science algorithmique, les modèles sont face à une difficulté majeure : ou ils deviennent trop précis, trop complexes, ininterprétables et incompréhensibles pour les décideurs et les analystes, ou ils resteront trop simplistes et ne refléteront en rien les scénarios du réel. Il leur est tout de même demandé de simuler l'entreprise d'assurance sur un demi-siècle, de prévoir ce qu'il va advenir d'un point de vue macroéconomique et financier, d'imaginer les décisions des clients et du management. Comment éviter l'illusion de précision ou le simplisme ? La voie est étroite entre ces deux écueils. C'est pourquoi BNP Paribas Cardif a décidé de lancer dès 2010 une chaire de recherche académique sur le management de la modélisation et des données[1].

Enfin, avec tous ses défauts, le modèle doit trouver une nouvelle place dans la gouvernance de l'entreprise puisqu'il est en charge des risques, de l'ALM, de la solvabilité et bientôt de la comptabilité. Il doit être compris et maîtrisé par les dirigeants. Il ne doit pas diriger lui-même l'entreprise et sa stratégie, mais il doit avoir une position maîtrisée au sein du comité de direction. Il doit rester un outil d'aide à la décision et non un acteur de la direction d'entreprises.

LES VIRAGES DE L'EMPLOI EN ASSURANCE

Nous avons évoqué les évolutions de l'assureur producteur de protection et d'épargne, les changements auxquels est confronté l'assureur distributeur, et la mutation de l'assureur investisseur. La dernière révolution concerne l'assureur employeur. Celle-ci est entièrement devant nous.

L'essor des *Insurtech*

Au cœur de la santé, de la mobilité, des risques climatiques, de la finance, de la *smart city* et de la *smart home,* l'assurance est un terreau propice aux start-up. La première vague a permis de secouer l'industrie en s'attaquant à toute la chaîne de valeur, de la distribution à la gestion des sinistres en passant par la souscription, l'assistance, la formation, la gestion financière ou les opérations.

---

1. Chaire DAMI (*Data And Models for Insurance*) avec l'université de Lyon I.

Les assureurs ont réagi en accueillant positivement ces nouveaux acteurs : accélération, partenariats commerciaux, open innovation, participation aux tours de table, rachat. Cette géométrie variable leur permet de s'appuyer sur ces nouveaux opérateurs pour innover et s'adapter aux nouveaux usages.

Mais certaines opérations financières majeures comme l'investissement d'Allianz dans la start-up new-yorkaise Lemonade ou la levée de fonds de 950 millions de dollars du chinois Zhong An montrent que la transition s'accélère, que des nouveaux acteurs significatifs apparaissent, même si les volumes de prime de l'ancien monde sont encore largement dominants.

De leur côté, les gros opérateurs du numérique sont encore prudents sur une industrie coûteuse en capital et fortement et diversement règlementée. Pour le moment.

Nouveaux savoir-faire

De tous les dangers qui menacent l'assurance, le plus important reste l'inadéquation des compétences internes au nouvel environnement et à la demande des clients. Celui-ci est létal.

Pour le gérer, les entreprises doivent engager des programmes massifs de formation et d'adaptation des compétences.

Les comptables

Une révolution comptable nous attend à l'horizon 2021. Les comptables doivent d'ici-là acquérir des compétences de type actuarielles afin de maîtriser les projections de valeur de l'entreprise.

Les actuaires

Dans le même temps, les actuaires sont confrontés aux objets connectés, à la nouvelle algorithmique et à la *data science*. Ils doivent peu à peu revenir à la donnée pure plus qu'aux outils et aux recettes de cuisine actuarielles. Ils deviendront progressivement des *data scientists*.

Les informaticiens

L'équation est plus complexe en raison de la contradiction entre l'héritage informatique et l'essor nécessaire de l'informatique de développement. Compte tenu de l'inertie du business model et de la durée des engagements, la maintenance et la transformation de l'outil de gestion des polices doivent être assurées sur le long terme tout en développant en parallèle une informatique plus agile, réactive. Il faut aux assureurs un outil de gestion des polices pérenne associé à une usine centrée sur la donnée.

Ce sont les informaticiens qui permettront que l'innovation ne reste pas un test à petite échelle, sous forme de POC (*Proof of Concept*). Ils doivent industrialiser et sonner la fin des POC.

Les gestionnaires

Enfin, en ce qui concerne les opérations, la robotisation est inéluctable pour améliorer la rapidité du service, la qualité de la réponse et les coûts de gestion. Mais si les algorithmes et les *bots* peuvent prendre en charge l'exécution des contrats dans leur dimension la plus simple, cela permettra aux équipes d'améliorer le contact client, de toujours mieux prendre en charge la gestion des dossiers complexes et difficiles humainement. L'intimité de l'assurance et les situations les plus difficiles seront toujours laissées aux humains.

Les « *analytics business translators* »

C'est aujourd'hui dans l'assurance la course aux *data scientists*. Mais l'enjeu est par-dessus tout de disposer des compétences permettant de faire un lien entre la technologie numérique et l'activité d'assurance. Ce sont ces compétences-là, celles des analytics managers, dont les assureurs manquent cruellement aujourd'hui.

On estime communément que 25 % à 40 % des métiers de l'assurance vont totalement changer. Une véritable gestion prévisionnelle des compétences doit être mise en œuvre dans toute l'industrie.

Nouveaux managers

Faire évoluer les savoir-faire sera inutile si cela ne s'accompagne pas d'une nouvelle gouvernance d'entreprise. Est-ce que nos organigrammes profonds et cloisonnés sont compatibles avec les enjeux qui nous attendent et avec les envies des générations Y et Z ? Alors qu'ils peuvent interpeler n'importe qui facilement grâce aux réseaux sociaux, doivent-ils se résoudre à s'enfermer dans un univers restreint au sein de leur entreprise ?

Le manager doit accélérer sa mue. Il doit accepter de devenir un coach, d'inciter ses équipes à travailler en contribution dans des équipes multidisciplinaires internes et externes à la compagnie. Les initiatives doivent être facilitées et décentralisées. L'organigramme doit être aplati. Les interactions verticales et horizontales doivent être encouragées.

C'est l'organigramme décisionnel et non plus managérial qui maintiendra la direction stratégique globale de l'entreprise et qui contrôlera les risques. La réforme de Solvabilité II ici ne s'est pas trompée en introduisant une « comitologie » adaptée à une bonne gouvernance.

Nouvelles ouvertures

L'innovation vient de la rencontre des cultures, des disciplines, des expertises. Elle naît de l'ouverture vers les partenaires commerciaux, vers les clients, vers les start-up, vers le monde académique. Les hackathons, les accélérateurs, le financement des chaires, l'open innovation en général sont autant de liens avec l'extérieur, indispensables pour le développement et même la survie des compagnies d'assurance. Mais c'est une nouvelle pratique managériale plus humble et qui va contre le goût du secret et l'usage du pouvoir. L'innovation est hors les murs de l'entreprise.

Conclusion

La révolution digitale a lieu. L'assurance, depuis toujours fondée sur les données et les statistiques, est au cœur de cette transformation. Elle oublie son image un peu endormie, lente, sereine et profite des opportunités ouvertes par l'essor des objets connectés, la puissance de l'analytique et la mutation des usages. Elle élargit son intervention à la prévention et aux nouveaux risques émergents du numérique. Elle garde son âme en trouvant le juste équilibre entre personnalisation de l'offre et assurabilité du plus grand nombre. Elle se marie avec toutes les distributions, toutes les industries de consommation pour offrir ses services lors de tous les contacts clients, par tous les canaux. Elle s'adapte aux évolutions des marchés financiers et aux nouvelles réglementations de tout domaine. Portée par les potentiels de croissance, elle ajuste ses organisations et ses ressources humaines aux nouvelles exigences technologiques et culturelles.

L'assureur, parce qu'il est un investisseur majeur dans nos économies, parce qu'il est un soutien de notre quotidien et de nos projets, parce qu'il sait utiliser de manière citoyenne les données est devenu, discrètement, l'un des vecteurs majeurs de nos transformations digitales.

Chapitre 15

Banque et Fintech dans l'environnement DSP 2 : quel gagnant dans la bataille de la relation client ?

Jean Coumaros, Seddik Jamaï

Alors qu'on la pensait protégée, l'industrie des services financiers a été confrontée à de profondes remises en cause depuis la dernière crise financière, selon un mouvement triple : nouvelles réglementations, nouvelles technologies et nouveaux entrants (Fintech). En Europe particulièrement, où le modèle de banque universelle domine[1] et où le financement de l'économie tant au niveau des ménages que des entreprises transite par elle, se pose la question de l'avenir des banques dans la configuration que nous connaissons. La formule bravache lancée par Bill Gates il y a près de 25 ans « Banking is necessary, banks are not »[2] est-elle sur le point de se confirmer ? Il s'agit ici d'apporter un regard nuancé sur la situation effective des banques par rapport aux Fintech, et sans s'aventurer dans un exercice de prospective hors-sol, de proposer des pistes de réflexion sur les différents modèles bancaires qui pourraient émerger en réaction au développement des Fintech.

---

1. Schildbach Jan, « La banque universelle : un modèle menacé malgré son succès », *Revue d'économie financière*, 2013.
2. www.capgemini-consulting.com/blog/customer-experience/2016/07/banking-is-necessary-banks-are-not-how-banks-can-survive-in-the

Le modèle de banque relationnelle qu'elles ont développé donne aux banques européennes une place centrale dans la vie des clients : de la simple transaction chez un commerçant, à l'entrée dans la vie active, en passant par la constitution de son foyer ou l'acquisition de son bien immobilier jusqu'à la préparation de sa retraite. Cette relation s'appuie historiquement sur un maillage dense d'agences (près de 37 000 en France) et des conseillers polyvalents ayant une bonne connaissance du fonds de commerce. Si cet état de fait s'érode depuis quelques années, les banques traditionnelles capitalisent encore largement sur leurs solides relations clients. Ces derniers accordent encore une grande confiance aux établissements bancaires ; ainsi les banques en ligne et néo-banques ne représentent-elles aujourd'hui qu'environ 10 % du marché en France.[1]

Néanmoins, les attentes des clients en termes d'expérience utilisateur et de fonctionnalités disponibles évoluent rapidement dans un environnement où la plupart des services (communication, divertissement, transports) se déploient sur des applications offrant une expérience sans couture et ludique.

Qui portera la relation bancaire dans le futur ? Lesquelles des banques ou des Fintech parviendront à agréger la chaîne de valeur bancaire au service des clients ? L'avenir de la banque de détail réside-t-il dans une forme d'« Applications Store » de services financiers, offrant un point d'entrée unique pour les consommateurs ? Quel sera l'effet de nouvelles réglementations telles que DSP 2 (Directive sur les services de paiement 2) ou GDPR (Règlement général sur la protection des données) sur ces questions ?

---

1. www.lesechos.fr/29/03/2017/lesechos.fr/0211925871649_la-percee-de-la-banque-en-ligne-s-accelere.htm

Face à la montée en puissance des Fintech (partie 1 de ce chapitre), différentes formes de coopération entre banques et Fintech s'organisent (partie 2). Mais entre alliance et concurrence, c'est à une bataille pour le contrôle de la relation client que vont se livrer banques et Fintech (partie 3). Pour ne pas se retrouver « commoditisées », voire marginalisées, c'est un véritable plan d'agilisation que les banques doivent aujourd'hui mettre en œuvre (partie 4).

L'ÉMERGENCE DES FINTECH FORCE LES RÉGULATEURS À FAIRE ÉVOLUER LE SECTEUR FINANCIER

Les Fintech entendent préempter tout ou partie des services bancaires

Avec des investissements annuels qui ont triplé en deux ans, passant de 3 milliards de dollars en 2013 à 10 milliards de dollars en 2015[1], les Fintech représentent aujourd'hui un ensemble économique en pleine croissance. Plusieurs Fintech atteignent déjà des valorisations record dépassant le milliard de dollars, comme Square (6 milliards de dollars), Lending Club (5 milliards de dollars) ou Stripe (4 milliards de dollars)[2] et le nombre de clients de ces acteurs est en constante évolution, à l'image de Lydia, start-up française de paiement qui a doublé son nombre d'utilisateurs en un an (900 000 désormais).

À l'instar du précurseur PayPal, ou encore de Trustly et iZettle, les Fintech se sont dans un premier temps positionnées

---

1. finextra.com, www.finextra.com/news/fullstory.aspx?newsitemid= 26981 ; bankinnovation.net, bankinnovation.net/2015/02/the-5-fin tech-startups-worth-1-billion-or-more/
2. finextra.com, www.finextra.com/news/fullstory.aspx?newsitemid= 26981 ; bankinnovation.net, bankinnovation.net/2015/02/the-5-fin tech-startups-worth-1-billion-or-more/

prioritairement sur les paiements. Mais on peut trouver aujourd'hui dans la plupart des pays européens une ou plusieurs start-up proposant des offres alternatives à chacun des services traditionnels des banques : crédits (AuxMoney rachetée en juillet 2017 par N26), investissement (Yomoni), ou encore assurance. Les Fintech ont même été à l'origine de nouveaux services tels que l'agrégation de compte.

Ces nouveaux acteurs se démarquent notamment par la qualité de l'expérience client offerte en s'alignant sur les standards fixés par Uber, Airbnb ou Spotify : un accès rapide, une extrême simplicité et un enrichissement permanent du service pour répondre sans cesse aux remarques des utilisateurs. C'est par ce biais que les Fintech parviennent à répondre à une part croissante des besoins bancaires. De plus, en devenant les nouveaux étalons de la relation client dans les services financiers, les Fintech contribuent à la sophistication des attentes des clients et obligent les banques traditionnelles à faire évoluer leurs propres standards.

Des évolutions majeures de la réglementation pour s'adapter à ces évolutions

L'Union européenne a souhaité adapter la réglementation pour intégrer l'émergence de ces nouveaux acteurs. DSP 2 (Directive sur les services de paiement 2), ratifiée en octobre 2015 par le Parlement européen et qui devrait entrer en application dès 2018, vise à fournir un socle légal commun pour le développement de services de paiement en zone euro (SEPA) et à faciliter l'arrivée de nouveaux acteurs (Fintech) sur le marché en standardisant les modes de fonctionnement. La mise en place de DSP 2 aura une influence majeure sur le marché des paiements, tant pour les acteurs PSP (Prestataires de services de paiement) traditionnels (crédit, paiement, monnaie électronique) que pour les nouveaux arrivants (TPP – *Third Party Providers*).

La mise en œuvre de la DSP 2 s'appuie sur la définition de standards techniques et réglementaires (RTS), élaborés par l'EBA (Autorité bancaire européenne) au deuxième trimestre 2016 à la suite de deux consultations publiques auprès des acteurs du marché, et adoptés en février 2017 par la Commission européenne. Ils devraient entrer en vigueur entre le troisième trimestre 2018 et le deuxième trimestre 2019. Les discussions concernant la mise en œuvre de DSP 2 se cristallisent autour de deux options techniques pour l'accès des Fintech aux données bancaires des clients : les API et le *webscrapping*. Les banques traditionnelles, soutenues par l'EBA, cherchent à interdire le *webscrapping* au nom d'un principe sécuritaire. Cette technique, qui consiste à confier ses identifiants de comptes bancaires à un agrégateur de comptes, est défendue par les Fintech, organisées en coalition (*European Fintech Alliance*).

En parallèle, le Règlement général sur la protection des données (GDPR), décidé fin 2015 et qui entrera également en vigueur en 2018, vise à renforcer et uniformiser la protection des données privées des particuliers au sein de l'UE. Les entreprises collectant des informations sur leurs utilisateurs devront les partager librement avec des entreprises tierces. Les États-Unis connaissent une dynamique similaire avec la constitution en janvier 2017 du *Consumer Financial Data Rights Group* défendant l'accès des consommateurs à leurs données financières.

Des formes variées de coopération entre les banques et les Fintech

Sans attendre la mise en œuvre de la DSP 2, diverses formes de coopération entre les banques traditionnelles et les Fintech ont émergé ces dernières années. De l'investissement à la coalition, les relations entre les banques et les Fintech sont protéiformes.

Pour les banques, il s'agit d'arbitrer entre diverses formes de coopération, en fonction des enjeux poursuivis et de l'effort d'intégration qu'elles souhaitent assumer : partenariat commercial, investissements de *venture capital*, marque blanche, acquisition, coalition, etc. Le Comité de Bâle[1] souligne l'équilibre que doivent trouver banques et Fintech pour ne pas mettre en péril le système bancaire international, sans pour autant freiner l'innovation dans le secteur financier.

Une logique d'investissement tactique pour accélérer la mise sur le marché de nouveaux services et sécuriser l'accès aux technologies de pointe

À travers une stratégie d'investissement diversifiée et offensive, les acteurs bancaires peuvent se positionner rapidement sur des services et technologies proposés par les Fintech, et rattraper ainsi une partie de leur retard. Ainsi, 20 % des banques « choisissent de participer à la compétition avec les Fintech » par une stratégie d'investissement, et 10 % par un programme d'acquisition.[2]

Ces rachats permettent en premier lieu de réduire les délais de mise en marché afin d'atteindre de nouveaux segments ou d'offrir une meilleure expérience utilisateur. Le Crédit Mutuel Arkéa a ainsi fait l'acquisition en juillet 2017 de 80 % de Pumpkin, start-up de transferts d'argent par mobile entre particuliers, pour construire une banque mobile à destination des jeunes, cible que les acteurs bancaires traditionnels ont du mal à capter. Le groupe BPCE a pour sa part fait l'acquisition de la néo-banque allemande Fidor pour bénéficier de son modèle de banque communautaire ouverte et élargir ainsi sa base clients

---

1. Rapport du Comité de Bâle : « Sound practices: Implications of Fintech developments for banks and bank supervisors », août 2017.
2. Statista Survey, February 2015.

en France et en Europe. Pour y parvenir, BPCE a laissé à Fidor un certain degré d'indépendance lui permettant de conserver son ADN. Plus récemment, BNP Paribas a racheté la start-up Compte-Nickel qui propose l'ouverture d'un compte bancaire dans les bureaux de tabac. Cette acquisition vient compléter le dispositif distributif du groupe comptant déjà la banque en ligne Hello Bank!

Investir dans les Fintech permet aussi aux banques de se positionner plus facilement sur de nouvelles technologies telles que la blockchain. Santander a ainsi créé le fonds d'investissement Santander Innoventures, doté de 100 millions de dollars de budget, qui a récemment investi 4 millions de dollars dans Ripple. Cette Fintech, dont l'infrastructure s'appuie sur une crypto-monnaie alternative au bitcoin, permet de supporter les paiements internationaux rapidement et facilement. Avec sa prise de participation minoritaire dans Fortia, BNP Paribas améliore son respect des mesures de conformité et sa lutte contre le blanchiment d'argent grâce à l'intelligence artificielle et au *machine learning*.

Pour autant, la banque peut aussi échouer dans l'intégration d'une start-up et assécher la valeur de celle-ci, à l'instar de BBVA avec le rachat en 2014 de Simple, banque digitale sur invitation. Trois ans après le rachat, aucun service novateur conjoint n'a vu le jour et Simple a clôturé un tiers de ses comptes en juin 2017. De même, Level1 rachetée par Capital One en 2015 a cessé de fonctionner à l'été 2017.[1]

Enfin, la coopération entre banque et Fintech peut s'avérer complexe lorsque cette dernière travaille avec plusieurs établissements concurrents. Ainsi, après le rachat par Boursorama

---

1. www.americanbanker.com/news/capital-ones-personal-finance-app-level-money-to-close

de Fiduceo, acteur proposant une offre de *Personal Finance Management* (PFM), certaines banques françaises ont décidé d'interrompre les travaux engagés jusque-là avec cette Fintech.

Vers une relation symbiotique et collaborative

Au-delà de la logique d'investissement, la coopération entre banques et start-up reste la stratégie la plus consensuelle. 91 % des banques et 75 % des Fintech se déclarent prêtes à collaborer.[1]

Cette relation peut prendre la forme de partenariats commerciaux et de distribution qui permettent aux partenaires de s'ouvrir à de nouveaux segments. Le service en marque blanche Esme Loans, lancé en février 2017 par RBS (*Royal Bank of Scotland*) et Ezbob, attribue des prêts aux PME grâce à un parcours rapide et intégralement digital. Kabbage propose le même service aux TPE, et a signé un partenariat avec des banques comme ING ou Santander. Cela peut aussi permettre à la banque de se concentrer sur son cœur de métier en confiant les briques adjacentes à des partenaires. N26 a par exemple noué un partenariat avec la start-up Transferwise, spécialisée dans le transfert d'argent à l'international en peer to peer, service que les utilisateurs retrouvent directement sur l'application de la banque.

Cette collaboration banque/Fintech s'appuie de plus en plus sur des partenariats technologiques reposant sur le partage d'API[2] (*Applications Programming Interface*) afin d'offrir une expérience utilisateur sans friction. Par exemple, grâce aux API proposées

---

1. World Banking Report, 2017.
2. Une API est une interface de programmation qui permet de se « brancher » sur une application pour échanger des données. Une API est ouverte et proposée par le propriétaire du programme. Elle facilite la circulation des informations et la collaboration entre les différents membres d'un écosystème technologique connecté.

par Dwolla, les clients de BBVA peuvent désormais réaliser des paiements instantanés directement dans leur application bancaire.

De cette relation, les institutions bancaires tirent plusieurs bénéfices : gain de temps dans la mise en marché des nouveaux services et réduction des coûts de développement et de maintenance des systèmes d'information existants. De plus, ces partenariats contribuent à moderniser l'image des banques traditionnelles et leur permet d'élargir leur réponse aux besoins des clients. À travers son partenariat avec la Fintech de crédits aux TPE Kabbage, Santander peut maintenant adresser un marché qu'elle négligeait auparavant en raison du temps d'étude des dossiers de ces entreprises à faibles revenus.

Un modèle de coalition qui émerge pour permettre à chacun de défendre ses intérêts

Des coalitions, conjointes ou en opposition, entre Fintech et banques voient le jour. L'objectif est de faire émerger des standards autour de technologies de rupture et de définir collectivement de nouveaux cas d'usage, par exemple autour de la blockchain.

Dans ce domaine, les Fintech ont une longueur d'avance, alors que 60 % des cadres de l'industrie bancaire n'ont aujourd'hui qu'une connaissance partielle du sujet et seulement 10 % une très bonne connaissance. D'où les initiatives telles que R3, consortium rassemblant 45 banques internationales majeures pour concevoir des solutions standardisées basées sur les *Distributed Ledger Technologies* (DLT). On retrouve notamment Santander, Bank of America, Barclays, BBVA, JP Morgan Chase, Goldman Sachs et Royal Bank of Canada au sein de ce consortium.

De même, le Fintech Innovation Lab d'UBS à Londres permet à la banque d'explorer en profondeur tout le potentiel de la blockchain et de rattraper son retard sur les Fintech en matière d'innovation. Il permet de mettre en place des partenariats avec d'autres banques (BNY Mellon, JP Morgan…) et de réaliser des expériences dans le cadre du protocole Ethereum (deuxième plus importante blockchain après le bitcoin).

Au-delà des standards technologiques, les banques traditionnelles peuvent s'allier pour faciliter l'interopérabilité de services sollicités par les utilisateurs. Aux États-Unis, Zelle est une coalition de banques traditionnelles qui facilite l'envoi d'argent entre différents comptes bancaires à la manière de Venmo ou Lydia. Le service s'appuie sur plus d'une trentaine de banques partenaires, et a pour but de faire émerger de nouveaux standards pour contrer les Fintech.

La bataille de la relation client bancaire

De nombreux acteurs bancaires redoutent de voir les Fintech disrupter leur activité et s'emparer de leur relation privilégiée avec le client. Au-delà de ces différentes formes de coopération, quels sont les scénarios possibles d'évolution ? Qui des banques ou des Fintech seront les plus à même de remporter la bataille de la relation client et d'en devenir ainsi les acteurs centraux ?

Le risque pour les banques d'être réduites à un simple rôle de « dumb pipes »

Les banques se retrouvent aujourd'hui face à un tournant stratégique similaire à celui qu'ont connu les grands opérateurs de télécommunication américains et européens il y a une vingtaine d'années[1], confrontés à la pression de nouveaux fournisseurs de services et contenus utilisant les infrastructures développées par les opérateurs.

---

1. sites.tcs.com/blogs/digital/smart-banks-and-dumb-pipes/

D'acteur majeur à *dumb pipe*, l'exemple du secteur des télécoms

Avec la massification d'Internet dans les années 1990, l'industrie des télécoms a vu émerger des services de distribution de contenu par contournement (*over-the-top services* ou OTT) se déployant hors du contrôle des gestionnaires d'infrastructures/tuyaux qui les supportent.[1] En tant que *dumb pipe* (littéralement « *tuyau bête* »), un opérateur d'infrastructures ne fait que faciliter la connexion entre les fournisseurs de contenu et les utilisateurs finaux, perdant ainsi une majeure partie des services à haute valeur ajoutée et des opportunités nouvelles de monétisation. Parmi ces OTT, on peut citer des acteurs tels que WhatsApp, Netflix ou encore iMessage. Ce diagnostic pousse ainsi les opérateurs à développer leur offre de contenu (médias, VOD, etc.) et de services additionnels (services financiers notamment) pour garder la main sur la relation client. Aux États-Unis, l'opérateur Verizon multiplie les acquisitions telles qu'AOL ou Yahoo, de même qu'en France Altice constitue actuellement un véritable conglomérat média. Pour sa part, Orange a notamment choisi de se diversifier dans les services financiers (Orange Cash, Orange Money, Orange Bank).

Les services bancaires déjà dans l'ombre de l'expérience offerte par les Fintech

Aujourd'hui, avec l'émergence des Fintech, on peut considérer que les banques font face à l'arrivée de FOTT (*financial-over-the-top*) qui cherchent à accaparer la relation client en utilisant les infrastructures bancaires. Ce faisant, les banques tendent à devenir de simples « tuyaux » supportant la transmission de données personnelles et financières, sans pleinement y participer. En utilisant les services d'agrégation de Bankin' ou les

---

1. la-rem.eu/glossary/over-the-top/

services de paiement comme PayPal[1] ou Venmo, les clients sont de plus en plus susceptibles de ne plus entrer en contact avec leur banque, qui reste pourtant fournisseur de service. La mise en œuvre de la DSP 2 ne fera que précipiter cette tendance, puisque les Fintech pourront directement accéder à des données de paiements et de compte facilement exploitables et offrir un panel de services associés. En négligeant la constitution d'un modèle *Bank-as-a-platform* ou *open banking* robuste, les banques vont au-devant d'un risque majeur de commoditisation et de perte de la relation client.

Cette tendance à la désintermédiation des banques s'accélère avec l'avènement du commerce conversationnel facilité par les *chatbots*. Le conseiller ou les applications dédiées sont délaissés pour des interfaces standardisées sur des plateformes comme Messenger ou Wechat permettant aux clients d'accéder à des informations ou de procéder à des opérations simples grâce à une interface de *chat*. Ainsi, en 2020, les consommateurs pourraient gérer 85 % de leurs interactions avec les entreprises via une interface de type *chatbot*.[2]

Entre une stratégie défensive se traduisant par la fermeture ou l'ouverture maîtrisée de l'accès aux données clients et une stratégie d'innovation et de lancement de nouveaux services, les banques se trouvent face à un moment charnière.

Demain, les Fintech pourraient se passer des banques

Les Fintech sont donc de plus en plus présentes à des moments clés de la relation bancaire, avec le risque de la préempter totalement. Dans des marchés où le modèle bancaire est fortement

---

1. smaudience.surveymonkey.com/rs/surveymonkey/images/mobile-payments-brand-pulse-report.pdf
2. Gartner 2017, CRM Strategies and Technologies to Understand, Grow and Manage Customer Experiences.

fragmenté comme les États-Unis, il n'est pas inenvisageable qu'une Fintech décide d'acquérir une banque afin d'atteindre une taille critique et contourner les démarches d'obtention d'un agrément. Ainsi, la Fintech de cartes de pré-paiement Green Dot (devenue Green Dot Bank) a racheté en 2011 une petite banque américaine[1] lui permettant de rapidement proposer de nouveaux produits plus sophistiqués tout en délivrant une expérience client digitale optimale.

Alors que les Fintech se sont jusque-là principalement concentrées sur le *front-end* de l'expérience bancaire, de nouveaux acteurs s'intéressent de plus en plus à l'optimisation du « *core banking* ». Parmi cette seconde vague de Fintech, on peut citer Thought Machine et son produit VaultOS qui visent à devenir l'équivalent d'Amazon Web Services en matière de « *core banking system* », ou encore 10x Future Technologies fondée par Antony Jenkins, ancien CEO de Barclays, qui propose un « *core banking system* » entièrement délivré sur le cloud. En collaborant, ces deux types de Fintech pourraient constituer un modèle durable de plateforme bancaire alternative, délivrant des services et produits innovants grâce à un « *core banking system* » agile et sécurisé.

Les banques disposent encore de nombreux atouts et opportunités

Face à l'arrivée des Fintech, les banques traditionnelles peuvent déployer plusieurs stratégies concomitantes afin de conserver une position centrale dans la production et la distribution de services financiers.

---

1. www.americanbanker.com/news/moven-green-dot-bank-aim-to-make-slow-payment-process-transparent

Capitaliser sur leur rôle essentiel dans l'économie et leur maîtrise de la réglementation

Le poids essentiel des banques dans le financement de l'économie[1] leur assurent une certaine résilience face aux nouveaux entrants. Les pouvoirs publics et régulateurs comprennent l'importance des banques pour favoriser la prospérité des ménages et l'investissement des entreprises.

Leur maîtrise de la réglementation et leur capacité à s'y conformer constituent aussi une compétence clé développée par les banques. Leurs lacunes en la matière peuvent s'avérer coûteuses pour les Fintech et constitue ainsi une barrière à l'entrée. Ainsi, Ripple, entreprise américaine développant un système de paiements internationaux par token, s'est vu infliger une amende de 700 000 dollars par le Trésor américain pour non-conformité avec les directives de lutte anti-fraude[2], forçant la start-up à pivoter et à abandonner son modèle B2C.

De plus, dans un écosystème fragmenté, les banques peuvent profiter de leur assise historique de tiers de confiance pour incarner la centralisation des services au sein d'un modèle de hub ou de plateforme, garantissant aux utilisateurs une gouvernance aisée et sécurisée de leurs données personnelles et financières.

Enfin, en reprenant le parallèle avec le secteur des télécoms, les banques financent aujourd'hui les principales infrastructures qu'utilisent les Fintech gratuitement, de nombreuses banques, comme le Crédit Agricole en France, contestent cet état de fait et appellent à la mise en place d'un système de péages, ce

---

1. www.fbf.fr/fr/espace-presse/communiques/financement-de-l%27 economie---le-moteur-du-credit-bancaire-fonctionne-bien

2. www.fincen.gov/news/news-releases/fincen-fines-ripple-labs-inc-first-civil-enforcement-action-against-virtual

qui affecterait fortement la structure de coûts des nouveaux entrants.[1]

Compte tenu de la complexité du marché et de la confiance des clients dans les acteurs institutionnels, les banques bénéficient de garde-fous leur offrant un avantage pour rester centrales sur la relation client.

Réinvestir l'expérience client en valorisant les données

Pour mieux s'adapter aux besoins de leurs clients et ainsi leur offrir un service personnalisé dans tous leurs moments de vie, les banques peuvent s'appuyer sur l'important capital de données dont elles disposent.

La valorisation de ces données requiert notamment la mobilisation de nouvelles technologies et compétences pour initier une analyse plus fine des comportements. Le positionnement de Corporate VC de certaines banques leur permet d'accéder plus rapidement à des technologies de pointe de valorisation de la donnée. Santander avec son fonds Santander Innoventures affiche l'ambition la plus forte dans ce domaine ; depuis le début de l'année 2017, elle cible des entreprises de personnalisation prédictive et de technologie conversationnelle mobilisant l'intelligence artificielle et le *machine learning*.[2]

Cet impératif autour de la donnée rapproche les banques des préoccupations des GAFA (Google, Apple, Facebook, Amazon), d'où les déclarations de banques comme BBVA ou Goldman Sachs qui communiquent sur leur statut de « *tech company* », la

---

1. www.lesechos.fr/finance-marches/banque-assurances/02120
   65557821-credit-agricole-monte-au-creneau-contre-les-fintechs-
   2086040.php
2. www.agefi.fr/fintech/actualites/quotidien/20170712/santander-
   innoventures-investit-dans-trois-fintech-223227

banque d'investissement se vantant d'avoir déjà autant de développeurs que Facebook[1].

En combinant leur force de frappe financière et les bases de données à leur disposition, les banques ont ainsi l'opportunité de contenir les nouveaux entrants dans la maîtrise et la valorisation de la relation client.

Construire de nouveaux business modèles autour du partage des données

À plus long terme, l'exploitation et la mise à disposition des données à des tiers peut devenir une nouvelle source de revenus pour les banques. La directive DSP 2 ne constitue que la première inflexion vers un mouvement général de libération des données clients. Aux États-Unis également, les banques s'adaptent aux nouveaux usages. Ainsi, JP Morgan et Wells Fargo ont conclu des accords avec les développeurs de solutions PFM Intuit (Mint, QuickBooks) et Xero, leur donnant accès aux données de comptes de leurs clients via un système d'API mais leur interdisant de revendre celles-ci à d'autres tiers.[2] À terme, une extension du modèle devrait reposer sur l'ouverture à d'autres types de données pouvant être valorisées par des Fintech (crédits immobiliers, assurance, placements, etc.).

LES FINTECH OBLIGENT LES BANQUES À ACCÉLÉRER LEUR TRANSFORMATION

Pour éviter une possible désintermédiation, les enjeux de transformation pour les banques traditionnelles sont nombreux :

---

1. www.businessinsider.fr/us/goldman-sachs-has-more-engineers-than-facebook-2015-4/
2. www.americanbanker.com/news/jpmorgan-chase-and-intuit-partner-to-share-data-via-api

digitalisation et ouverture des modèles opérationnels, mise à niveau des compétences et transformation des organisations, génération de nouveaux business modèles et de nouveaux produits et services font partie des chantiers prioritaires que les banques doivent intégrer à leur feuille de route.

APIsation : la transformation vers un modèle « Bank-as-a-platform »

Le rôle des API est primordial dans la transformation vers un modèle « *Bank-as-a-platform* » dans lequel les Fintech et les institutions financières privilégient la collaboration plutôt que la compétition pour créer des solutions centrées sur le client. Mais les API des banques traditionnelles ont jusqu'à cinq ans de retard sur celles des Fintech. À titre d'illustration, la solution de PFM Yodlee reçoit 27 millions de requêtes API par jour. Ce sont donc non seulement la réglementation (DSP 2) mais également des opportunités de marché qui encouragent les banques à rattraper leur retard.

Bien que les API soulèvent quelques inquiétudes concernant la sécurité et la confidentialité des données (75 % des banques et des Fintech soulèvent ce point), elles sont perçues comme un outil essentiel aux banques pour tirer parti de l'ingéniosité des Fintech sans avoir à modifier en profondeur les infrastructures existantes. « Les banques qui réussiront le mieux sont celles qui utiliseront des API ouvertes pour collecter des informations sur leurs clients et générer de nouvelles sources de revenus, tout en améliorant l'expérience client », affirme Vincent Bastid, secrétaire général de l'Efma. « Actuellement, de nombreuses banques se servent des API en interne pour faciliter la circulation des informations entre les systèmes existants. Au-delà, certaines de ces banques pionnières n'hésitent pas à conforter leur rôle dans l'open banking en mettant leurs systèmes et leurs données à la disposition de tiers afin de créer de nouvelles sources de revenus. »

Contrairement aux Fintech qui sont « *digital natives* », les banques ne font que découvrir l'open data, avec des degrés d'accessibilité divers. Le Crédit Agricole a ainsi créé CAstore, une plateforme qui permet à des développeurs extérieurs à l'entreprise d'utiliser certains services de la banque pour créer de nouvelles applications à destination des clients du Crédit Agricole. Les banques peuvent également choisir de monétiser leurs API (43 % des banques préfèreraient cette solution) et ainsi générer de nouvelles sources de revenus.

Agilisation, guerre de talents, transformation des modes de travail et de la culture d'entreprise

Pour les banques, gagner la bataille de la relation client passe également par la transformation de leur modèle opérationnel pour l'adapter aux nouvelles exigences des clients (immédiateté, digitalisation…). La transformation des modes de travail doit notamment faciliter l'intégration des partenaires externes via l'adoption de standards sectoriels et un plus grand partage de services et de données pour travailler plus vite tout en réduisant les coûts.

Tous ces changements dans la façon de travailler doivent être couplés à une évolution de la culture d'entreprise vers plus d'agilité. Si les banques ont fait de remarquables progrès en front office, notamment à travers des interfaces intuitives, elles peinent encore à transformer les back office. Les acteurs bancaires traditionnels doivent donc s'inspirer des Fintech mais aussi emprunter les codes des entreprises digitales d'autres secteurs comme les GAFA, qui mettent constamment à jour leurs applications et sont en constante mutation.

Les banques doivent aussi s'engager dans la guerre des talents en promouvant l'innovation, le bien-être au travail et l'autonomie. C'est dans cette optique que la Société Générale, par exemple, a créé en 2015 un campus qui repense l'environnement de travail en s'inspirant des start-up californiennes.

Cybersécurité et émergence
de la « *cognitive compliance* »

Seulement 29 %[1] des banques et compagnies d'assurance ont mis en place une stratégie de sécurité satisfaisante et de fortes mesures de protection des données de leurs clients, et seulement 20 % de ces entreprises (6 % en France, taux le plus bas au monde) s'estiment suffisamment capables de détecter une faille dans leur système de cybersécurité. Pourtant, les consommateurs conservent une grande confiance envers les banques, 83 %[2] d'entre eux faisant confiance à ces acteurs en matière de protection des données.

Dans le cadre de GDPR, les banques n'auront plus que 72 heures pour révéler qu'elles ont été victimes d'une cyberattaque. En plus de s'économiser des amendes prohibitives, les banques peuvent transformer leurs mesures de cybersécurité en stratégie commerciale. En effet, 3 consommateurs sur 4[3] se déclarent prêts à changer de banque en cas de cyberattaque. Les banques doivent atteindre ces objectifs de cybersécurité sans pour autant détériorer l'expérience client ni complexifier la coordination des systèmes.

La prochaine étape pour les banques consiste à développer la « *cognitive compliance* », qui s'avère totalement adaptée aux problématiques de compliance, de régulation et de risk management. Grâce à cette « *automated security* », les banques pourront analyser automatiquement les ouvertures de compte et les KYC (mécanisme de vérification de l'identité du client), comme le fait déjà la néo-banque N26 où l'on peut ouvrir un compte en signant directement dans l'application et en photographiant sa pièce d'identité. Les autorités de réglementation bancaire et

---

1. Capgemini, The Currency of Trust, Report, 2017.
2. Capgemini, The Currency of Trust, Report, 2017.
3. Capgemini, The Currency of Trust, Report, 2017.

financière encouragent également ce nouveau type de dispositifs car ils permettent de réduire les coûts, d'améliorer la qualité des contrôles de sécurité, et ainsi de concentrer les efforts sur des tâches à plus haute valeur ajoutée.

CONCLUSION

Qu'elles choisissent de s'allier ou au contraire de se construire en opposition aux banques, les Fintech sont aujourd'hui devenues incontournables. Occupant une place toujours plus grande dans l'industrie bancaire, certaines Fintech sont devenues si prépondérantes qu'elles parviennent à supplanter les banques sur leur terrain, à l'image du précurseur PayPal. Une recomposition de l'écosystème des services financiers se dessine autour de l'émergence d'acteurs aux profils variés : banques historiques ayant réussi à se transformer en profondeur, nouveaux acteurs majeurs issus du monde de la Fintech, nouveaux entrants toujours plus disruptifs, l'ensemble de ces acteurs contribuant à offrir aux clients des parcours personnalisés et augmentés par les données. Dans cette perspective, la transformation digitale des banques ne fait que commencer, les Fintech ayant largement contribué à l'accélération de cette révolution. C'est au prix d'une transformation en profondeur que les banques pourront garder leur rôle central dans la relation client et assurer leur développement pérenne.

Chapitre 16

Les derniers remparts de la banque de détail ?

Frédéric Monssu

Selon les praticiens, le vieil adage « les crédits font les dépôts » conduit à expliquer que ce sont les banques qui créent la monnaie par la voie des emprunts de leurs clients. Cependant, pour certains théoriciens, l'inverse de ce raisonnement serait l'essence-même du système. Sans rentrer dans le détail de l'une ou l'autre de ces thèses, il semble évident aux deux parties que monnaie (dépôt) et crédit sont les deux piliers sur lesquels le banquier a construit son métier.

Deux fondamentaux qui, aujourd'hui, sont bien chahutés au sein de la banque de détail. Les enjeux sont de taille, sachant que cette dernière représente 67,2 % du PNB[1] de la banque universelle en France, le tiers restant étant réparti entre la banque de financement et la gestion d'actifs. La distribution et l'industrie bancaires ne semblent pas échapper aux phénomènes de disruption et d'uberisation, qui bousculent bon nombre de modèles… La banque de détail française, malgré sa réglementation très protectrice, résistera-t-elle aux assauts répétés de nouveaux entrants qui s'engouffrent dans la voie de la simplification du parcours client et des processus associés grâce aux nouvelles technologies ?

---

1. Source : Fédération bancaire française, le PNB étant le produit net bancaire, 2016.

La mutation de la monnaie

Si l'on considère que les dépôts collectés par les banques de détail sont liquides ou quasi liquides (à terme ou à vue), cela nous conduit à nous interroger sur la manière dont cet argent, cette monnaie, va venir saper lentement mais sûrement l'un des remparts de la « forteresse bancaire ».

Au gré des grands rythmes de l'Histoire, la monnaie n'a cessé de muter et avec la mondialisation, elle est devenue internationalement virtualisée à plus de 97 %[1]. Seuls les marchés domestiques font de la résistance en utilisant encore une monnaie fiduciaire, mais jusqu'à quand ?

Tout s'est accéléré au cours de la seconde moitié du XXe siècle ; d'abord grâce à l'informatique, qui a facilité la virtualisation croissante des transactions financières, puis grâce au numérique, qui a permis la dématérialisation de la monnaie et des supports de paiement avec un enchaînement de plus en plus rapide. En 1992, au temps du Minitel et du premier Mac, Bernard Sadoun, alors rédacteur en chef des *Cahiers du Crédit Mutuel*, rédigeait à partir d'une enquête réalisée auprès de ses lecteurs un article au titre accrocheur : « 2012, que sera la banque dans vingt ans ? ».

25 ans plus tard, partageons quelques-uns de ses propos visionnaires et prémonitoires, qui décrivent si bien l'accélération des technologies ouvrant la porte aux nouveaux acteurs et, de ce fait, marginalisant petit à petit une partie des métiers de la banque : « La véritable révolution concernera vraisemblablement les moyens de paiement. [...] Les espèces pourront-elles encore jouer le rôle qu'elles assument depuis de longs siècles ? Que restera-t-il du chèque, qui a dominé si longtemps le système des moyens de paiement ? [...] Il est probable que l'on

---

1. Peter Koening, « L'effondrement du système fiduciaire occidental », avril 2016.

fera rapidement appel à des terminaux portables à l'image du Newton, que viennent de présenter les dirigeants de la firme Apple. [...] Ce *personal assistant digital* offrira une incroyable capacité de communication dans un boîtier de l'épaisseur d'un portefeuille (cumulant) les possibilités d'un téléphone, d'un Minitel [...] De plus, il devrait être capable de lire les cartes de crédit [...]. »

Eh bien, Monsieur Sadoun, nous y sommes ! Aujourd'hui, des masses considérables d'argent se déplacent d'un pays, voire d'un continent à un autre d'un simple clic. La banque de détail a su jusqu'à ce jour résister à toutes ces mutations sur le marché domestique en s'adaptant ou en accompagnant les évolutions des modes de paiement et de transfert d'argent. Comment se présentent désormais les évolutions des acteurs et des technologies d'échange d'argent dématérialisé ?

La monnaie dématérialisée, sa prolifération d'innovations et sa galaxie de start-up

En 2008 apparaît sur le marché la première monnaie virtuelle : le bitcoin[1]. C'est une crypto-monnaie, c'est-à-dire une monnaie 100 % électronique, cryptée et anonyme, qui ne s'appuie sur aucune régulation de marché. Le bitcoin ouvre la voie à un nouveau type d'acteurs non bancaires comme la société française Paymium, première place de marché européenne en ligne à proposer un service d'échange bitcoin/euro en conformité avec la réglementation européenne sur les services de paiement.

Ether, Litecoin, Ripple et d'autres complètent désormais cette offre de monnaies certes alternatives, mais qui pourraient devenir le pire cauchemar des institutions bancaires dans le cadre de leur démocratisation, leur fonctionnement restant encore peu

---

1. Bitcoin : de « bit », *unité d'information binaire*, et « coin », *pièce de monnaie. Terme* inventé en 2008 par Satoshi Nakamoto.

connu du grand public. Mais peut-être que les banques pourraient se positionner en tiers de confiance ?

Aujourd'hui, sur le marché domestique de notre Hexagone, le gros des flux transite par les acteurs traditionnels ; mais en tout état de cause, les flux de monnaie dématérialisée rebattent de plus en plus les cartes des acteurs d'origine.

Si, en France, les principaux acteurs du paiement (émetteurs et acquéreurs) restent les banques traditionnelles (Société Générale, BNP Paribas, groupe Crédit Agricole, groupe BPCE, Crédit Mutuel CIC, La Banque Postale), une première directive européenne[1] sur les services de paiement (DSP) puis une seconde sur la monnaie électronique (DME) ont ouvert la voie à de nouvelles opportunités tout en protégeant le marché du paiement.

Plus souples et plus agiles que les banques grâce aux contraintes moins fortes auxquelles elles sont soumises en termes de fonds propres et de capital, de multiples Fintech[2] se sont ainsi engouffrées dans la brèche. Un large spectre d'innovations – souvent françaises – a alors envahi le marché du paiement et des services associés : PayTop, un outil de transfert d'argent ; Linxo ou Bankin', des agrégateurs de comptes qui fournissent à des clients finaux, via une application mobile, une vue consolidée de l'ensemble de leurs comptes bancaires ; S-Money Solution, créée par le groupe bancaire BPCE, qui offre des solutions de paiement sur smartphone… Et ce ne sont que quelques exemples !

---

1. DSP 1 est une directive européenne (2007/64/CE) adoptée le 13 novembre 2007 concernant les services de paiement dans le marché intérieur, qui a été publiée au *Journal Officiel* du 5 décembre 2007. Celle-ci est abrogée et remplacée par DSP 2, adoptée le 25 novembre 2015. Cette dernière impose aux prestataires de services de paiement sans carte de crédit d'être désormais soumis aux mêmes normes de réglementation et de surveillance que tous les autres établissements de paiement.

2. Fintech : contraction de « finance » et « technologie ».

Les nouveaux entrants

Afin de couvrir un panorama plus large mais non exhaustif des acteurs qui s'attaquent à la forteresse des banques de détail, il ne faut oublier ni les néo-banques ni les banques de la grande distribution.

Résolument tournées vers l'avenir « sans liquide », les néo-banques (ou *Uber banking* pour certains !) veulent révolutionner les usages bancaires, notamment par le biais de parcours clients simplifiés et digitalisés. Contrairement aux banques en ligne issues des grands groupes bancaires, comme Hello Bank! (BNP), Boursorama (SG) ou encore BforBank (CA) les dernières-nées désirent réinventer la manière d'utiliser le compte de dépôt. Comme N26, la banque allemande sans agence, 100 % mobile, ou le compte Nickel, une solution phygitale[1] distribuée dans notre Hexagone par les buralistes et activée en ligne.

Que ce soit autour du compte Nickel, racheté dernièrement par BNP, de Fidor, absorbé par le groupe BPCE, ou de Linxo, dont le capital est dissous par les prises de participation du Crédit Agricole et du Crédit Mutuel Arkéa, toute cette effervescence démontre à quel point les banques restent sur leurs gardes. Au-delà de ces prises de contrôle, les banques développent en parallèle des usines de paiement dont l'objectif premier est d'atteindre une masse suffisante de transactions pour réduire le coût de leur traitement et contrôler les flux de paiement. Mais à tirer chacune de leur côté en créant pour chaque enseigne bancaire une usine, le risque de taille critique se pose, notamment pour endiguer l'installation de spécialistes de l'industrie acquéreur[2]

---

1. Phygital, contraction entre les mots «physique» et «digital», c'est la combinaison des réseaux de commerce physiques et des technologies.
2. Un acquéreur est une institution financière qui fournit aux commerçants la prestation d'acceptation cartes de paiement, l'émetteur étant celui qui émet et distribue les cartes de paiement.

qui émergent dans d'autres pays – à l'instar des acteurs américains comme First Data ou Evalon qui ont une présence de plus en plus importante en Europe.

Si l'on observe les évolutions récentes en France, on constate sans grande surprise que les deux premiers acteurs du paiement sont des banques de détail ; cependant, on voit émerger en troisième et quatrième positions deux banques de la grande distribution : Carrefour Banque et la Banque Edel (Groupe E. Leclerc). Qui aurait pu prédire cette percée, si ce n'est ceux qui, tenant compte du nombre de transactions des grands distributeurs français, ont compris qu'ils seraient naturellement amenés à s'affranchir des acteurs se rémunérant grassement sur leur travail ?

Présents sur le traitement des paiements, les grands distributeurs ne sont pas en reste sur les fonctionnalités et positionnements innovants des comptes bancaires. En rachetant Morning, la banque Edel s'est dotée d'un outil original et collaboratif de co-construction des comptes bancaires de ses clients. En lançant en avril 2017 son compte courant C-zam, accessible sans condition de revenus mais sans possibilité de découvert, Carrefour a de son côté intégré d'emblée la simplification du KYC (*know your customer*, connaître son client) qui se fait intégralement en ligne via l'envoi par le client des pièces justificatives (copie de la pièce d'identité et justificatif de domicile). Pour conclure notre tour de piste des innovations les plus marquantes, n'omettons pas les innovations d'autres continents qui cherchent à pénétrer le marché européen. Outre-Atlantique, Zele, un système de paiement entre particuliers présenté lors de la dernière édition du salon Money de Las Vegas, prévoit de convaincre 76 millions d'utilisateurs. En Chine, le groupe de restauration Yum (propriétaire des marques KFC, Pizza Hut…) s'est associé au système de paiement mobile Alipay – du géant chinois du commerce électronique Alibaba – pour concevoir et déployer des bornes de paiement avec reconnaissance faciale !

La poussée des nouveaux entrants à beau inciter les acteurs traditionnels à bouger leur ligne métier, on ne perçoit pas un changement fondamental des périmètres des banques de détail françaises. Il vrai qu'à l'heure actuelle, elles se sentent peu menacées. Ce n'est pas en revendiquant un million de clients que Bankin' va concurrencer les clientèles de plusieurs dizaines de millions du réseau Caisse d'Épargne, même si les offres de la start-up ont su attirer des clients recherchant la simplicité digitale. Le grand réseau mutualiste a su réagir rapidement en développant son propre agrégateur de compte. Alors, d'où la révolution viendra-t-elle ?

LES VRAIES MENACES POUR LES BANQUES

La véritable concurrence ne viendrait-elle pas des GAFA (acronyme de Google, Apple, Facebook, Amazon) ? Ces géants du Web, dont la capitalisation boursière est supérieure à celle du CAC 40 (soit 1 500 milliards de dollars), ont porté leurs premières offensives sur les services de paiement, en lançant leurs solutions de paiement sans contact (Apple Pay), de transferts de fonds express entre particuliers (Messenger Payments par Facebook) ou de portefeuille électronique. Ces rois du Net, au nombre de contacts (et de données) sans cesse grandissant, s'attaquent à un domaine facile à installer, dans la suite logique des attentes de leurs utilisateurs, et rapidement rentabilisable par les volumes. Des capacités financières impressionnantes et un grand nombre de données clients : voilà deux atouts exceptionnels pour progresser sur le terrain de l'innovation des paiements… Et peut-être ébranler l'un des derniers remparts de la banque ?

En 1992, le rédacteur des *Cahiers du Crédit Mutuel* sur la banque de demain avait déjà perçu, seulement 15 ans après la création d'Apple, que les inventions de la jeune firme américaine serviraient la concurrence bancaire d'aujourd'hui. Mais la menace peut venir d'ailleurs, comme l'annonçait Jean-Bernard Mateu, directeur des services financiers mobiles Europe et France chez Orange Bank, dans la revue *Point Banque* de novembre 2016 : « Au niveau réglementaire, c'est le bon moment pour créer la Banque Orange avec la loi Macron[1] qui facilite la mobilité bancaire. »

Au-delà de l'opportunité de marché, les opérateurs mobiles bénéficient de nombreux atouts pour attaquer le marché domestique de la banque grâce à leur volume de clients, et surtout au type de relation qu'ils ont su établir avec eux. Ces gestionnaires de la relation client ont développé en quelques années une vraie relation multicanale, alliant un mix judicieux entre réseau physique et contact à distance. N'oublions pas que dès 2003, quatre opérateurs mobiles (Vodafone, T-mobile, Telefonica et Orange) ont créé la surprise avec Simpay, un standard de micropaiement. Sur le continent africain, où le smartphone est devenu l'outil indispensable à tous les échanges, Orange a su implanter dans la quasi-totalité des pays son service de transfert d'argent et de paiement mobile, permettant à Orange Money de compter aujourd'hui 15 millions de clients. En France, l'opérateur télécom n° 1 avec près de 29 millions d'abonnés ambitionne la conquête de 2 millions de clients bancaires d'ici 2027. Un chiffre qui paraît dérisoire, en tout cas, pas de quoi chambouler le poids des acteurs !

Si moins de 5 % des Français sont prêts à changer de banque (sur les 99 % de ceux qui possèdent au moins un compte bancaire), les Millennials (les 18-25ans) sont plus sceptiques quant à la pérennité de leur relation bancaire. Cette génération digitale,

---

1. Loi Macron : décret n° 2016-73 du 29 janvier 2016 relatif au service d'aide à la mobilité bancaire mentionné à l'article L. 312-1-7 du Code monétaire et financier.

qui représente un potentiel de 6 millions de clients en France, exprime, selon une dernière étude Roland Berger/Facebook[1], de très fortes exigences en matière de simplicité de souscription, de réactivité et de disponibilité de la part des banques. De nouvelles attentes qu'une banque nouvelle génération comme Orange pourraient avec plus d'ambition, probablement satisfaire. Loin de son lourd héritage, l'opérateur est désormais aguerri au service 24h/24, au 7j/7, à la simplification de ses processus, à la compétitivité et au phygital.

Est-ce une fiction ou une nouvelle histoire qui s'écrit sans les banques, avec des firmes dont l'ADN du « tout simple, tout de suite et au bout des doigts » a préparé les futurs clients ?

Le crédit immobilier : second talon d'Achille de la banque

Pour revenir à mes propos préliminaires « les crédits font les dépôts », et en partant simplement du concept de fonction de production, il semble hasardeux d'affirmer que l'on « produit des crédits » avec des dépôts. En effet, l'activité bancaire étant protéiforme, le crédit est inclus dans une chaîne de fabrication de la marge composée de la collecte de l'épargne, de la distribution du crédit et des assurances associées, du rôle d'intermédiaire pur, de celui de conseil et j'en passe, auxquels s'ajouteront les coûts de la ressource, du risque, etc.

De ces principes découlent un crédit immobilier jusque-là indissociable d'un acte de gestion global de la relation client et de sa fidélisation. Ainsi, un client qui, par le biais du crédit immobilier, est entré dans une banque ou est devenu emprunteur de celle-ci, y reste en moyenne neuf années[2] (période au terme de laquelle il revendra son bien pour diverses raisons : acheter plus grand ou

---

1. Études Roland Berger/Facebook : « Adresser les Millenials avec les outils de demain », février 2017.
2. Source : Crédit Foncier.

plus petit, séparation, etc.). N'allant donc pas jusqu'à l'échéance de son prêt, l'emprunteur rentrera alors dans une zone de fragilité pouvant compromettre sa relation avec sa banque…

Comme évoqué dans le paragraphe précédent, la loi Macron s'est avérée être un facteur de la mobilité bancaire à saisir pour les nouveaux entrants. De plus, la facilité offerte par cette loi de renégocier son assurance emprunteur (ADE) au fil de l'eau pourrait accentuer encore ce phénomène. D'ailleurs, si les courtiers ont bien saisi ces fenêtres d'opportunités, il semble qu'à l'inverse, les banques n'ayant pas constaté de mouvement majeur de leur fonds de commerce ne se soient pas emparées du sujet pour revisiter leur approche de leurs clients emprunteurs. Depuis une bonne dizaine d'années, les banquiers ont même laissé s'installer confortablement des intermédiaires qui exercent désormais le métier de conseil à leur place.

Ces intermédiaires, en l'occurrence des courtiers en crédit, se sont tellement bien établis qu'ils ont réussi à influencer la loi d'intermédiaire en opérations de banque et services de paiement (IOBSP) en évinçant certaines professions immobilières qui s'approchaient trop près de leurs plates-bandes.

Ainsi, en quelques années, les banquiers se sont eux-mêmes imposé une double peine en laissant ces intermédiaires s'immiscer entre eux et leurs clients. D'abord, les courtiers ont en effet été les activistes de renégociations farouches entre établissements financiers (voire parfois au sein d'un même groupe bancaire), alors qu'un comportement bancaire transparent et responsable aurait dû permettre ces réajustements de taux sans l'intervention d'un tiers. Puis, plus grave encore, ces intermédiaires ont intensifié la dégradation de l'image bancaire, déjà bien écornée suite à la crise des subprimes, en démontrant par leur professionnalisme et à chaque montage de dossier de crédit qu'ils étaient de meilleur conseil que les banquiers !

Perte de confiance pour un établissement de crédit, c'est un peu antinomique !

Si l'on se fie à l'étymologie du terme crédit (du latin *credere*, croire), faire crédit signifie faire confiance ; autrement dit, c'est fonder un comportement actuel sur une certaine représentation de l'avenir.

Le courtier s'est glissé dans la relation entre le banquier et son client, en obtenant souvent des conditions d'emprunt bien meilleures que celles que le client obtiendrait avec son conseiller historique, ce conseiller bancaire à qui il a confié pendant des années tous ses avoirs et ressources. On peut donc en déduire que le courtier a plus de crédit auprès de la banque, qui a elle-même plus confiance en l'avenir de ce dernier qu'en celui de son propre client. Pourtant, c'est bien le client qui s'engage à la rembourser, mais il faut rappeler que de son côté, le courtier s'engage à apporter un certain volume de crédit à la banque… Cherchez l'erreur !

Alors pourquoi avoir laissé filer le métier de conseil au profit des volumes ? La satisfaction des clients ne serait-elle plus génératrice de parts de marché ou la déspécialisation des conseillers bancaires aurait-elle dégradé leur professionnalisme à tel point que le métier n'est plus exerçable en agence ? Il est vrai que faire vendre 300 produits à un conseiller bancaire qui gère un portefeuille de 500 clients est une vraie gageure. C'est même probablement l'antithèse du professionnalisme et de la fidélisation, une équation aussi incompréhensible que cette prédominance des intermédiaires dans un monde qui tend à se désintermédier chaque jour un peu plus.

À l'heure où les effectifs bancaires sont devenus pléthoriques au sein d'agences désertifiées, une solution phygitale semblerait pouvoir répondre à une partie de la demande, notamment lorsqu'il s'agit de produits très impliquant comme le crédit. Certes, l'augmentation constante des opérations à distance accélère la baisse de fréquentation des points de vente, mais c'est aussi lié aux horaires peu adaptés aux modes de vie des clients et à des conseillers souvent incompétents en termes de conseils, parfois démunis face aux nouvelles attentes de leur clientèle. Aujourd'hui, il faut avoir la chance d'être géré par un conseiller en banque privée pour se retrouver face à un interlocuteur compétent en matière de crédit immobilier.

La banque de détail abandonnerait-elle la distribution des crédits ?

L'emprunteur n'a pas toujours besoin d'un crédit investisseur à effet de levier ou des services d'une banque privée. Ce qu'il attend peut se résumer en une seule phrase : obtenir simplement, de la part d'un professionnel identifié compétent et disponible, un montage avantageux reprenant les aides auxquelles il a droit (prêts aidés) avec des mensualités absorbables par ses revenus, et un taux en rapport avec sa fidélité et/ou son antériorité dans la banque. Une démarche simple et saine, qui ne demande pas de passer par un intermédiaire si le banquier exerce correctement son métier !

Le courtier a su exploiter un créneau abandonné et enrichir son métier en le diversifiant avec d'autres offres, dont les assurances. Dès le 1er janvier 2018 est entré en vigueur l'amendement Bourquin[1] qui autorise l'emprunteur à changer d'assurance de prêt en cours de crédit immobilier. Conséquence logique, les banques sont en train de se poser la question de la refonte en profondeur d'un modèle de distribution des crédits qui s'équilibrait en grande partie grâce à la contribution majeure de cette assurance à leurs résultats (PNB et RBE).

---

1. La loi Hamon du 17 mars 2014 permet de résilier son assurance de prêt à tout moment pendant les 12 premiers mois suivants la signature de l'offre. L'amendement Bourquin permet quant à lui sa résiliation en cours de crédit immobilier, mais uniquement à date anniversaire.

Les courtiers sont-ils les mieux placés pour distribuer les crédits ?

Les emprunteurs se comportent désormais en consommateurs avertis : ils considèrent le crédit immobilier et les assurances sur crédit comme des produits de consommation courants, qui doivent offrir le meilleur rapport qualité/prix. En d'autres termes, le crédit s'est banalisé, alors qu'il représente souvent près de la moitié de l'endettement du ménage… Calculé trimestriellement par l'Insee, le taux d'endettement des Français (résultat du quotient entre le montant des crédits des ménages et leur revenu disponible) a augmenté de près de 80 % en une décennie.

Au-delà de cette progression vertigineuse, ce qui est plus inquiétant pour les observateurs, c'est la hausse du revenu brut des ménages qui n'est que de 24,7 % pour la même période. C'est bien de rendre le crédit facile, mais c'est encore mieux lorsque l'on donne une vision globale et consolidée à son client. Qui est mieux placé que le banquier pour présenter cette vision consolidée ? Le courtier ne possède qu'une vue parcellaire des avoirs de son client, tandis que l'agrégateur de compte, de par son approche globale, semblerait plus adéquat pour faciliter l'obtention d'un prêt. Alors peut-être que l'association de ces deux acteurs sera l'un des nouveaux canaux de distribution ? Ou encore l'instauration d'un fichier « à l'américaine » pourrait répondre à l'objectif de sécurisation de l'endettement.

Quels seront les acteurs sur le marché du crédit de demain ?

En tout état de cause, si le crédit continue à se banaliser et à être distribué aussi facilement, il sera non seulement primordial d'améliorer le reporting client, mais aussi de simplifier la collecte des pièces justificatives et le processus de montage du dossier.

En se basant sur les mêmes principes que ceux évoqués dans le paragraphe précédent à propos des paiements, il paraît évident que l'avenir du crédit passera par une simplification certes maîtrisée, mais nécessaire. La plupart du temps, le client constitue son dossier après avoir signé l'avant-contrat, le compromis ou la promesse de vente. Pour être aussi complet que possible, et afin d'éviter les allers-retours avec l'établissement qui va lui accorder le prêt, il doit lui fournir au minimum huit documents à photocopier : un justificatif d'identité, le ou les justificatifs de situation familiale, un justificatif de domicile, etc. À titre de comparaison, l'ouverture d'un compte pour un prospect dans un établissement de paiement digitalisé, en l'occurrence chez Morning (la néo-banque de l'enseigne E. Leclerc), ne prend que cinq minutes après un scan de cinq documents et l'envoi d'un selfie : tous les contrôles et rapprochements sont réalisés instantanément.

Pas besoin de pousser plus avant la démonstration. Même si le risque pour la banque qui octroie un crédit est plus élevé que pour l'ouverture d'un compte, donc nécessitant plus de contrôles, il semble cependant évident de revoir en profondeur la question des documents réellement utiles et non redondants, notamment pour les clients ayant déjà une antériorité dans l'établissement bancaire. Un processus simplifié, couplé à la numérisation des pièces, nous paraît être une évidence à l'heure du tout digital et de la blockchain.

Quand demain, tout ceci sera possible en un clic, quels seront les interlocuteurs pour nos crédits ? Le banquier se limitera-t-il à fournir une usine à crédit à des courtiers ou à des Fintech qui les distribueront ? La banque s'alliera-t-elle à des agrégateurs pour avoir une vision globale du client et accorder des crédits en ligne, retrouvant de fait son rôle de conseil, de « coach financier » ? L'un des membres des GAFA, capable de mobiliser des ressources et d'investir dans l'intelligence artificielle, fera-t-il tomber ce dernier rempart de la banque en assurant une chaîne crédit digitalisée de bout en bout ? Ou simplement, le dernier spécialiste du crédit immobilier en France, le Crédit Foncier, saura-t-il mobiliser son métier historique, la digitalisation de ses processus, son trafic sur le Net, ses partenariats et sa maîtrise des montages complexes pour fournir des leads qualifiés en amont de l'achat aux banques de la place, permettant ainsi à ces dernières de reprendre la main sur ce marché ?

Y aurait-il une dichotomie, avec d'un côté des banquiers limités au rôle de fabricants et de l'autre, des distributeurs courtiers ou Fintech ? En revisitant leurs stratégies par le prisme du parcours client 24/7, du conseil, de la transparence et de la simplification, tous ces acteurs vont devoir se remettre en cause en inventant un nouveau modèle… à moins qu'un géant des télécommunications ne leur grille la priorité !

En 2016, on recensait en France 364 établissements de crédit dûment agréés dont 160 sont des banques traditionnelles, 85 des banques mutualistes ou coopératives et 90 des établissements de crédits spécialisés (le solde étant réparti entre les succursales de banques de pays tiers hors espace économique européen et les caisses de crédit municipal). L'ensemble de ces établissements possède un parc de 37 567 agences (soit 570 agences pour 1 million d'habitants). Qu'en sera-t-il demain ?

La banque de détail : une forteresse aux remparts fragilisés

Convoitée par les GAFA, vampirisée par les courtiers, chahutée par les Fintech, la banque résistera-t-elle à ces nombreux coups de boutoirs ? En marge de ces prédateurs, la banque, qui arrive à maturité sur ses marchés (faible perspective de PIB, niveau de bancarisation élevé), est également cernée par un univers métier de plus en plus contraignant (taux de marché, contraintes réglementaires). Confrontée à un bouleversement sans précédent, la banque saura-t-elle réinventer son modèle économique ? Pourra-t-elle s'adapter à l'accélération du comportement de ses clients (exigence, transparence, instantanéité 24/7, standards de simplicité, mobilité et personnalisation) ?

BIBLIOGRAPHIE

Bernard Patrice, « Open Bank : une aubaine pour les GAFA ? », *Revue Banque*, 27 janvier 2017.

Chauveau Thierry et Saidane Dhafer, « Le pouvoir des banques sur le marché du crédit : essai de comparaison internationale ».

Chocron Véronique, « Qui sont les nouveaux acteurs de la banque ? », *Le Monde*, 20 avril 2017.

Herlin Philippe, *Apple, Bitcoin, PayPal, Google. La fin des banques* ?, Eyrolles, 2015.

Villieu Patrick, « Monnaie – Théorie économique de la monnaie », Encyclopædia Universalis

Experts consultés : Laurent Bortoli, Camille Lemay, William Levy, Réda El Mejad, Alain Siegrist.

Chiffres clés : Fédération bancaire française.

Architecture informatique de la banque de demain

Emmanuel Yoo

INTRODUCTION

Les récentes évolutions technologiques et leurs prolongements futurs portent en eux les germes de changements qui pourraient durablement affecter le modèle de la banque de détail en général, même si nous nous concentrerons ici sur la banque des particuliers. Comme toujours, c'est la capacité d'acceptation et d'assimilation de ces innovations par les clients qui conditionnera le rythme et l'ampleur des changements des modèles bancaires. Dans ces conditions, la faculté de pouvoir expérimenter et de modifier l'expérience client de manière proactive constituera l'enjeu majeur des prochaines années pour les acteurs du secteur. Cela suppose une agilité accrue et une transformation culturelle des processus de décision, des modèles d'organisation et des pratiques de management. Finalement, c'est bien le facteur humain, à savoir le comportement des clients et celui des organisations bancaires, qui déterminera la profondeur des transformations déclenchées par l'innovation technologique.

Au cours des quinze dernières années, la vitesse de l'innovation technologique connaît une forte accélération dans l'univers de la banque de détail aux particuliers.

DE LA RÉVOLUTION DES SMARTPHONES À L'OMNICANALITÉ

Nous sommes passés en une décennie d'un modèle de distribution centré sur le conseiller de clientèle et l'agence bancaire à un modèle d'interaction multicanal marqué par un accroissement spectaculaire de la part des canaux digitaux et notamment du canal mobile.

L'étude de mars 2016 du Board of Governors of the Federal Reserve System[1] illustre bien le chemin parcouru depuis le lancement de l'iPhone qui a marqué le début de la révolution des smartphones. Elle montre qu'en 2015, les Américains accèdent à leurs services bancaires au moyen d'un mix multicanal au sein duquel le recours à Internet s'est généralisé tandis que le canal mobile est passé devant le canal téléphonique. Ce rapport met particulièrement en lumière la progression de la part de la banque mobile à laquelle ont eu recours respectivement 43 % de l'ensemble des Américains et 67 % des jeunes de 18 à 29 ans en 2015. La part des utilisateurs des services de banque mobile de cette classe d'âge était déjà de 45 % en 2011 contre 22 % pour l'ensemble des Américains. Cette évolution est liée au développement des smartphones dont le taux de pénétration aux États-Unis est passé de 44 % à 77 % entre 2011 et 2015. En Europe, un rapport Forrester[2] de mai 2017 indique que l'usage de la banque mobile concerne respectivement 33 %, 18 % et 3 % des clients pour un usage sur smartphone, tablette et montre connectée pour les principaux pays d'Europe de l'Ouest[3]. Les usages de la banque mobile varient de la consultation des comptes (87 % des cas en Europe pour 94 % aux États-Unis) à la réalisation de transferts (36 % en Europe et 58 % aux États-Unis) et le paiement des factures (28 % en Europe et 47 % aux États-Unis).

---

1. Consumers and Mobile Financial Services, mars 2016.
2. Mobile Banking Benchmark, mai 2017.
3. France, Allemagne Italie et Espagne.

Cette évolution remet le client au centre du modèle opérationnel de la banque de détail avec des bénéfices partagés autant pour les clients que leurs établissements bancaires.

En effet, la digitalisation de la banque permet aux clients de bénéficier d'un accès autonome à leurs informations vitales et à un nombre accru de transactions tout en s'affranchissant des contraintes d'horaire, d'attente et de déplacement propres à un réseau d'agences. Cela fait désormais partie des acquis pour les clients les plus anciens alors que les nouvelles générations n'envisagent même plus le canal physique comme le principal mode d'accès aux services bancaires.

De leur côté, les banques qui proposent davantage de fonctionnalités digitales à leurs clients simplifient leurs processus et augmentent la part du *self care*, c'est-à-dire des opérations ne nécessitant pas d'intervention humaine du côté de la banque. Cela permet des gains de productivité précieux, notamment dans un contexte français où la pyramide des âges laisse prévoir des départs massifs de personnel ayant atteint l'âge de la retraite. Ce mouvement s'est d'ailleurs accompagné d'une incitation tarifaire favorisant le recours aux canaux digitaux pour la réalisation d'un certain nombre de services de consultation de comptes ou de transactions. La donne est claire : les clients déclenchent des processus en fournissant eux-mêmes toutes les données nécessaires de l'authentification aux paramètres des transactions et, en contrepartie, la banque réalise les services demandés pour un prix compétitif. Ceci a définitivement marqué la tarification des acteurs nativement digitaux puis mobiles pour qui la gratuité de certains services et un positionnement de prix agressif font désormais partie des attentes incontournables des clients.

L'omnicanalité dont l'ambition est de proposer des parcours clients intégrant des passages d'un canal à un autre en temps réel sans rupture de l'expérience client deviendra progressivement un standard. Le rebond vers un *chatbot*[1] ou un centre d'appels si le client ne parvient pas à terminer seul une opération ou à souscrire un service sur son application mobile, suppose des outils de CRM intégrant tous les canaux et distribuant toutes les données utiles sur les interactions en cours avec la banque. Cette dernière étape de transformation du modèle de distribution n'est pas encore finalisée alors qu'elle est essentielle pour délivrer une expérience client adaptée.

La promesse du big data reste toujours à concrétiser

La façon d'appréhender la relation au client a aussi profondément évolué. Dans un laps de temps assez court, l'approche consistant à optimiser le ratio de ventes croisées à partir d'un modèle de cycle de vie et s'appuyant sur des campagnes de ventes récurrentes s'est enrichie des concepts d'expérience client et de plans d'actions personnalisés en fonction du contexte propre à chaque client. La digitalisation des échanges entre la banque et ses clients génère en fait un nombre croissant de données que les acteurs bancaires peuvent désormais exploiter pour mieux comprendre leurs clients et leurs attentes et ainsi calibrer leur communication et leurs interactions de façon beaucoup plus qualitative. Les enjeux sont immenses en termes de fidélisation, de recommandation et conquête de clients, d'augmentation des revenus par client et d'économies de coûts marketing qui sont directement influencés par la qualité de l'expérience client.

Cela conduit à un autre enjeu majeur : l'exploitation de tout le potentiel des données rassemblées dans le cadre fixé par la réglementation sur la protection des données des clients. Habitudes de navigation, fréquence de consultation des applications,

---

1. Agent conversationnel animé par l'intelligence artificielle.

historiques de transactions ou des demandes d'information, géolocalisation des clients… La liste des données recueillies ne cesse de croître et ouvre naturellement un débat sur la sécurité des données privées et leur utilisation. Pour autant, si l'accumulation massive de ces données est avérée, leur exploitation efficace est en revanche loin d'être acquise avec pourtant des applications prometteuses dans des domaines tels que l'authentification des clients, les scoring de risques, les modèles comportementaux, les modèles prédictifs. *In fine*, l'enjeu se situe dans une meilleure affinité et surtout une personnalisation des points de contact avec les clients pour mieux les fidéliser.

L'INTELLIGENCE ARTIFICIELLE FAIT JUSTE SON ENTRÉE

L'intelligence artificielle en est à ses débuts. Les *chatbots* sont devenus une commodité. Cependant, ils ne constituent que l'un des premiers champs d'application du *machine learning*[1] et pas seulement dans le domaine bancaire, d'ailleurs. Certes, la façon dont les clients réagiront à l'expérience de conversations opérées par l'IA dépendra de la pertinence des réponses, mais le principe même du *machine learning* est que plus le temps passe, plus la finesse d'analyse des intentions et des émotions des clients s'affine et plus les réponses en langage naturel deviennent pertinentes. Passé les premiers moments de scepticisme, l'expérience client s'enrichit donc continuellement en fonction du volume cumulé des conversations qui représentent autant d'opportunités d'apprentissage des systèmes cognitifs.

Initialement, l'intelligence artificielle a été mise en œuvre comme un auxiliaire des applications mobiles et web. Son retour sur investissement se mesurait essentiellement en termes

---

1. Systèmes d'information ayant des capacités d'apprentissage autonome/intelligence artificielle (IA).

d'automatisation de tâches à moindre valeur ajoutée des centres de contact client. Les premiers cas d'usage se cantonnaient à analyser et répondre à des questions simples mais ils ont évolué vers des réponses contextualisées ou intégrant des modèles prédictifs. L'expansion du champ d'application de l'intelligence artificielle va s'accélérer d'abord parce que les capacités cognitives des systèmes d'IA s'accroissent et ensuite parce que les bénéfices économiques associés vont s'accentuer. En effet, passé le premier stade où l'IA permet d'automatiser des tâches répétitives demandant des capacités d'analyse limitées, ce seront ensuite des activités plus sophistiquées et donc plus coûteuses qui pourront être automatisées. Mais on peut même aller plus loin. Les interfaces web et mobiles que nous connaissons aujourd'hui avec des menus plus ou moins ergonomiques ne seront peut-être bientôt plus qu'un souvenir. Ces menus pourront en effet être remplacés à terme par une conversation en langage naturel au cours de laquelle la transmission des données se fera de façon plus agréable et empathique pour les clients. Ce sera le stade ultime de la simplification de l'expérience utilisateur.

Toutes ces promesses technologiques ont cependant un coût et leur adoption n'est pas sans risque notamment vis-à-vis des clients. Outre une nouvelle approche de l'architecture des systèmes et la mise en œuvre de certaines solutions, quatre domaines concentrent les besoins d'investissements financiers et humains : la sécurité, les infrastructures IT, la transformation agile dans toutes ses dimensions et la montée en compétences des profils.

L'enjeu sécuritaire et de performance des infrastructures IT

Le premier sujet de préoccupation est indéniablement celui de la sécurité des données avec des épisodes de plus en plus fréquents de piratages de ces dernières. Ils interviennent d'ailleurs dans un cadre plus large que celui du monde bancaire ou des paiements, mais ils contribuent à entretenir un climat d'insécurité et un frein à la digitalisation dans un domaine aussi sensible que celui des finances personnelles. D'après le rapport Forrester[1] de mai 2017, le principal obstacle au passage au *mobile banking* reste la sécurité pour 29 % des personnes interrogées. Comme toujours, il s'agit d'une course contre la montre entre les hackers et les organisations bancaires. Ériger les défenses face à des criminels toujours plus créatifs, mais bénéficiant aussi par moment du manque de vigilance étonnant des particuliers, suppose de repenser les infrastructures et leur sécurité en cherchant autant à éviter les intrusions qu'à en accepter l'éventualité mais en organisant un cloisonnement des infrastructures pour en contenir les dégâts.

Au-delà de la sécurité, c'est aussi la performance des systèmes qui devient cruciale pour assurer la promesse de l'accès à distance et à tout moment aux services bancaires. Les banques doivent mettre en place des infrastructures robustes afin de permettre une expérience en temps réel et une accessibilité permanente aux applications et données. La digitalisation de l'ouverture des services est indissociable de l'attente d'une continuité sans faille. Cela suppose l'anticipation et la résolution des incidents dans des laps de temps très courts grâce, entre autres, à l'automatisation des processus de gestion des infrastructures, voire en ayant recours à l'intelligence artificielle comme ont commencé à le faire certaines banques.

---

1. Mobile Banking Benchmark, mai 2017.

COMMENT CALIBRER ET ACCOMPAGNER L'INNOVATION

Les clients sont au cœur des choix technologiques à faire car l'accélération de l'innovation et le rythme de changement du comportement des particuliers ne sont pas forcément synchronisés. La digitalisation des interactions entre les banques et leurs clients atteint ses limites quand ceux-ci commencent à ressentir la frustration de ne pas être en relation avec les bons interlocuteurs, notamment lors de moments de vérité en termes d'expérience client. Une statistique de la société Exton datant de mai 2016 indique que 77 % des Français de 16 à 29 ans réclament un conseiller de clientèle pour les moments clés de leur relation bancaire : ouverture de compte, projets... contre 71 % en Espagne, 62 % en Allemagne et 61 % au Royaume-Uni. S'ajoutent à ces épisodes structurant d'autres moments délicats de tension classique entre une banque et certains de ces clients (refus de dossier, réclamations...) pour lesquels la communication artificielle ou à distance avec la banque ne paraît plus forcément adaptée et avec des conséquences qui pourraient être durablement négatives.

De même, l'accompagnement des clients dans l'apprentissage des nouveaux usages digitaux web ou mobiles n'est pas un acquis automatique. De nouvelles méthodes de formation à ces nouveaux usages intégrées dans les applications en tirant profit de la tendance à la gamification[1] de l'apprentissage permettront de lever les freins à l'adoption des nouvelles fonctionnalités proposées aux clients. La banque pourra s'inspirer des progrès déjà réalisés dans ce domaine par des acteurs issus d'industries aussi variées que celles des télécoms ou de l'édition de jeux vidéo, par exemple.

---

1. Approche ludique de motivation ou d'exécution de certaines tâches popularisée par les usages des jeux mobiles.

Le défi incontournable de l'agilité à l'échelle

L'enjeu qui se dessine est celui de l'équilibre à trouver entre la faculté de tester des usages innovants auprès des clients tout en tenant rapidement compte de leurs réactions à ces propositions afin de les adapter de manière itérative. Il s'agit de trouver les modalités d'expérimentation de nouveaux services digitaux et de leur ergonomie plutôt que d'apporter une réponse binaire à la pertinence de l'innovation. Le droit à l'expérimentation, et donc à l'erreur, requiert d'être en mesure d'analyser rapidement l'accueil que réservent les clients aux innovations et à en tirer rapidement les conséquences pouvant aller de la correction d'éléments de l'*user experience*[1] jusqu'au retrait temporaire ou définitif. Les banques doivent donc se doter des outils analytiques et des processus pour comprendre rapidement les comportements des clients mais aussi adopter une approche agile pour se reconfigurer tout aussi rapidement. Cela devient la source même de l'avantage compétitif. En effet, la digitalisation de la banque se focalise davantage sur l'expérience client que le marketing produit. L'innovation se situe dans la manière de s'enrôler, de s'identifier, de souscrire des produits et services, de les gérer, d'exécuter des transactions, de consulter ces données et de communiquer avec la banque. Dans tous ces domaines, les ajustements seront permanents face à des clients témoins de changements de plus en plus fréquents dans ces domaines, notamment dans des univers différents de la banque où des acteurs digitalement natifs sont déjà leaders et ont adopté d'emblée l'approche agile.

L'agilité à l'échelle ne se limite pas uniquement à la sphère SI et constitue un enjeu important pour le secteur bancaire. Pour les acteurs installés, passer à l'agilité représente une véritable

---

1. Ensemble des étapes des processus impliquant directement les clients.

révolution dans les méthodes de management, l'approche de développement et la gestion des opérations IT. En revanche, pour les challengers digitalement natifs, l'agilité est un standard. L'objectif est la simplification et la fluidification des modes de fonctionnement avec une intégration réelle entre les équipes métiers et SI qui collaborent désormais ensemble au jour le jour. Le point de départ a bien été la transformation de l'approche DevOps[1] autour de *Feature Teams*[2] et des notions clés telles que celles de *Minimum Viable Product*[3], d'intégration continue, d'automatisation des tests et de déploiement continu pour ne citer que les plus importantes. Les bénéfices engrangés sont considérables : un développement plus performant se concentrant sur ce qui crée une valeur réellement perçue par le client et une automatisation des processus de mise en production permettant de réduire les délais de mise en marché. Fondamentalement, l'agilité à l'échelle remet en question les organisations structurées autour de silos spécialisés générant trop de rigidité pour répondre aux attentes du marché.

En revanche, la transversalité et un nouvel état d'esprit pragmatique gommant la frontière entre métiers et IT ne se décrètent pas du jour au lendemain. On le voit, il ne s'agit pas seulement d'un changement se cantonnant au développement et aux opérations IT puisqu'on parle bien d'un décloisonnement qui concerne aussi les métiers. L'agilité a aussi un coût car acquérir ce savoir-faire crée aussi des tensions sur le marché du recrutement pour attirer et fidéliser des profils expérimentés très demandés et donc onéreux. Certes, chaque organisation

---

1. Contraction de « développement » et « opérations SI » désignant l'ensemble de la chaîne de valeur du développement à l'exploitation des systèmes.
2. Équipes de développement agile de base.
3. Produit à développer dont les caractéristiques sont suffisantes pour répondre au besoin des clients.

doit trouver l'approche et le rythme de transformation qui lui convient, mais il ne faut pas perdre de vue que ce changement est urgent dans la mesure où certains acteurs fonctionnent déjà sur ce modèle qui modifie rapidement le jeu concurrentiel tout comme la pression que met la nouvelle Directive européenne sur les services de paiements (PSD 2) sur les établissements bancaires.

L'INVESTISSEMENT HUMAIN

Que ce soit dans le domaine de l'agilité, de l'intelligence artificielle, du *cloud*[1] et de la sécurité, de nouveaux profils ont fait leur apparition. Pour mener à terme une stratégie ambitieuse en termes d'intelligence artificielle, il faut rassembler des compétences telles que celles de spécialistes du langage, *data scientists*[2] et rédacteur des réponses aux questions des clients dans un langage facile à appréhender. Pour l'agilité, il faut se doter de portfolio managers, de *scrum masters*[3], de *product owners*[4], de coachs agiles et DevOps, de développeurs « *craftmanship*[5] », d'ingénieurs « *full stack*[6] » et idéalement de plus en plus des profils polyvalents. Autant de profils rares que les acteurs s'arrachent.

---

1. Exploitation d'infrastructure à distance par le biais d'Internet.
2. Spécialiste de l'analyse des données clients pour un usage opérationnel.
3. Responsables du partage et de la bonne mise en œuvre de la méthode « Scrum » au service de l'équipe de développement, notamment avec une attention particulière portée sur les interactions et rôles des membres de l'équipe.
4. Représentants des clients et des utilisateurs cadrant les travaux de l'équipe agile pour délivrer une valeur client maximale pour une efficacité optimale du travail.
5. Développeurs adhérant aux principes de la conception d'un code de qualité pour une fiabilitié et une facilité de maintenance accrues.
6. Ingénieurs capables d'intervenir au niveau de chacune des couches d'une application.

Il est de ce fait illusoire de créer *ex nihilo* des équipes totalement nouvelles. Cette solution serait coûteuse et difficile à mettre en œuvre à grande échelle au-delà de la création d'un premier noyau de compétence pour accélérer la transformation interne. Le recours systématique à des ressources externes ne permet pas *in fine* d'intégrer de façon pérenne les nouveaux savoir-faire. C'est donc davantage la formation et l'amélioration permanentes des profils existants et la création d'un environnement propice au développement de ces talents et à l'épanouissement des comportements collaboratifs nécessaires qui permettront de pourvoir aux besoins humains induits par les évolutions technologiques. Il s'agit donc d'un investissement à moyen terme qui demande constance et cohérence de la part de l'ensemble du management. Il faudra même dans certains cas investir en amont avec le monde de l'éducation pour initier de nouvelles filières de formation répondant à ces nouveaux besoins.

Les atouts des banques de réseau face au risque d'ubérisation

Olivier Klein

Le mot « ubérisation », pris de façon assez large, peut désigner la menace d'un modèle établi par une série d'innovations et par de nouveaux acteurs. La question qui est posée aujourd'hui est de savoir si le secteur bancaire connaît une ubérisation et, dans ce cas, de quels atouts les banques disposent pour pouvoir lutter contre. Il est possible d'établir certains raisonnements qui répondront à ces interrogations de manière assez sûre.

La banque de détail est à priori plus touchée par le phénomène de l'ubérisation que la banque d'entreprise. Les innovations digitales, qui peuvent trouver un champ d'application dans le domaine bancaire, sont de divers ordres : la robotisation, la digitalisation des process, des contrats et des signatures, le big data, l'intelligence artificielle, les paiements et bien d'autres. À l'évidence, ces innovations provoquent beaucoup de ruptures et créent de nombreuses possibilités de révolutions à analyser et à intégrer dans les stratégies bancaires.

Deux types de rupture consécutive à cette révolution technologique sont particulièrement intéressants à étudier : la possible évolution vers un modèle quasi unique de banque en ligne, dite « néo-banque », et l'apparition de nouveaux acteurs, notamment de start-up telles que les Fintech, venant concurrencer les banques commerciales sur des segments rentables de leur chaîne de valeur.

Ces deux questions sont importantes et différentes, même si les réponses que l'on peut y apporter peuvent parfois se rejoindre.

Peut-on imaginer un monde de banques sans agence ?

Certains analystes qualifient la banque de « Kodak de demain », ou moins radicalement de « la prochaine sidérurgie ». Ce sujet mérite des éléments de réponse fondés sur de solides analyses. Il faut d'abord bien distinguer la question du digital de celle des taux d'intérêt. Nous assistons à la conjonction des deux phénomènes, mais ils n'ont pourtant rien à voir l'un avec l'autre. D'un côté se trouve une courbe de taux d'intérêt très plate qui abîme la rentabilité des banques de détail. On peut raisonnablement espérer que ceux-ci remonteront, avec notamment à nouveau un écart suffisant entre taux courts et taux longs, et une banque centrale qui sortira progressivement du *quantitative easing,* puisqu'elle a déjà commencé à recalibrer son action en la matière.

D'un autre côté, il existe le digital et son effet sur la rentabilité. Répondre par le digital à des questions de taux d'intérêt en pensant que les taux bas changent structurellement le modèle serait une erreur. Les taux d'intérêt à un instant t ne changent pas le modèle en soi mais abîment transitoirement la rentabilité, ce qui est différent.

La banque de détail : une banque du « quotidien » et une banque des « projets de vie »

Le raisonnement suivant consiste à revenir aux fondements : Qu'est-ce que l'essence même d'une banque de détail ? Qu'est-ce que l'essence de la relation bancaire ? Il faut ici bien distinguer les invariants des points contextuels qui évoluent en fonction de la technologie en vigueur et de leur utilisation par les clients. Dans la banque de détail – dont le modèle peut d'ailleurs être différent suivant les pays en fonction des us et coutumes qui sont propres à chacun –, il y a deux grands domaines : la banque transactionnelle, celle du « quotidien », et la banque relationnelle, celle des « projets de vie » et du conseil. Ce sont bien deux demandes de banques assez distinctes, même si naturellement elles se croisent souvent.

La banque au quotidien est celle des transactions courantes : retrait d'un chéquier, réalisation d'un paiement, retrait ou dépôt d'argent liquide, etc. Le développement d'Internet, des smartphones et des automates implique que cette banque transactionnelle n'a pratiquement plus besoin de réseau pour réaliser ces opérations courantes. La baisse de fréquentation y est globalement très forte, il y a donc une diminution constante de la demande en « guichetier ».

La banque relationnelle, quant à elle, est celle des projets de vie et du conseil, mais aussi celle qui accompagne les moments difficiles que chacun peut rencontrer tôt ou tard. Elle caractérise la relation la plus profonde des particuliers avec leur banque, bien au-delà de la gestion des moyens de paiement. Cette banque est celle qui traite du temps long avec les clients. Ce temps long est lié au fait que l'on s'occupe de leurs projets de vie, dans leur préparation comme dans leur déroulement. Ces projets peuvent être très importants : financer ses études, sa première installation professionnelle, acheter un logement, préparer sa retraite, etc. Il peut aussi s'agir de petits projets de vie qui s'enchaînent comme préparer un voyage ou acheter une voiture. Une longue et forte relation de confiance se crée entre le client et le banquier. L'univers de besoin auquel répond la banque relationnelle est donc celui du temps long, de même que les produits qu'elle propose, à savoir le crédit, l'épargne ou l'assurance, sont des produits de temps long.

Les polarisations de la pensée sont courantes dans une société. À la fin des années 1990 et dans le courant des années 2000, beaucoup d'interrogations portaient sur le fait de savoir si la grande distribution allait remplacer la banque. À cette époque, nombreux étaient ceux qui écrivaient savamment que la grande distribution allait accaparer des pans entiers de revenus à la banque. Or, cela n'a pas été le cas, pour la simple raison que dans la grande distribution, le temps traité est court, car ce qui s'y achète se consomme quasiment immédiatement. Si le produit ne convient pas au client, il lui est aisé de changer de marque, voire d'enseigne, ce qui n'est pas le cas dans la banque puisque la souscription à un crédit, à une épargne ou à une assurance se fait en règle générale pour une longue durée. Les conseillers bancaires doivent ainsi rester un temps suffisamment long en poste, les clients en expriment d'ailleurs une forte volonté. Dans la grande distribution, pour l'essentiel, il n'y a plus de « commerciaux » dans les magasins. Ainsi, il était à cette époque difficile de croire que la grande distribution puisse prendre des parts de marché importantes à la banque, précisément parce que l'analyse fondamentale de l'essence même de ce qui était la relation bancaire laissait penser que l'épargne ne s'achèterait pas sous blister. Le seul point de rencontre entre la grande distribution et la banque s'est fait sur le crédit à la consommation et la carte de paiement et de fidélité, tous deux en prolongation exacte de l'acte d'achat. Jusqu'à présent, il s'agit du seul champ dans lequel il y a effectivement eu une concurrence entre la grande distribution et les banques.

Par ailleurs, suivant les pays, il existe différents mix entre modèles relationnels et banques au quotidien. Une étude réalisée pour le compte de la FBF en 2010 a cherché à savoir quels étaient les pays dans lesquels les banques avaient un fort modèle relationnel. La France ressortait parmi les pays les plus forts, ce qui ne signifiait pas que les banques françaises n'étaient pas transactionnelles, mais simplement qu'elles avaient mis un poids relativement plus important sur le côté relationnel par rapport à beaucoup d'autres pays. Les pays qui ont des modèles bien plus transactionnels que relationnels ont donc tout intérêt à fermer des agences en nombre, car celles-ci n'ont pas suffisamment d'offres à proposer. Pour les banques relationnelles, les enjeux sont différents et les perspectives plus prometteuses.

La moindre fréquentation des « guichets » : une chance pour les banques

Les personnes se déplacent donc de moins en moins pour la banque au quotidien. Mais auront-elles pour autant une moindre appétence pour la banque relationnelle ? Depuis déjà une dizaine d'années, les modes de relation avec les réseaux bancaires ont évolué : physique, téléphone, e-mail, visio, tchats et autres. Ils ne suppriment cependant pas le besoin du conseiller bancaire. Or, s'il y a toujours autant besoin, voire davantage, de conseillers bancaires, il faut bien savoir où ils peuvent être positionnés. Les clients désirent, à intervalle régulier, voir physiquement leur conseiller, soit pour traiter de sujets structurants, soit par simple réassurance. Avoir des agences plus proches n'est donc pas complètement incongru, d'autant plus qu'elles représentent aussi, en tant que lieu matérialisant la banque, une façon de rassurer bon nombre de particuliers et de professionnels. Alors puisque ces agences en proximité existent déjà, pourquoi se priver de cet atout ? Celles-ci offrent de surcroît des kilomètres de vitrines publicitaires que bien des banques en ligne envient.

Ainsi, les modes de relation évoluent et se complètent, mais ils ne se suppriment pas. *In fine*, ils sont même essentiellement fondés sur la relation avec le conseiller de clientèle. L'essence ne change pas car il n'y a pas de baisse de la demande de banque pour les projets de vie, bien au contraire. Avec Internet, les clients sont de plus en plus exigeants sur la qualité du conseil car ils savent très bien naviguer pour s'informer, comparer et changer s'il le faut. Ils demandent à leur conseiller d'être encore meilleur, plus réactif et plus proactif qu'auparavant.

En réalité, la moindre fréquentation des « guichets » est une chance pour la banque, et ce n'est pas un paradoxe. Premièrement, le digital supprime les tâches répétitives au « guichet » qui ne sont pas rémunérées, des coûts sont ainsi économisés. Bien plus de temps commercial peut également être alloué aux clients qui demandent davantage, et ce en faisant évoluer les personnes qui étaient au guichet en conseillers de clientèle. La plupart du temps, ces personnes sont aisément formées puisqu'il s'agit de jeunes très enclins à progresser. Grâce au digital, le temps commercial est développé et évite aussi les tâches répétitives aux commerciaux aguerris.

En deuxième lieu, conséquence du premier, le temps productif commercial des conseillers peut être amplifié, ce qui entraîne une augmentation de la productivité. Le PNB des banques est ainsi accru par leur capacité à mieux servir et conseiller les clients, et ainsi répondre à leurs besoins.

Troisièmement, le digital facilite grandement le parcours client car certaines opérations sont plus faciles à traiter à distance ou par les automates. La satisfaction du client est donc augmentée par une meilleure praticité de la banque.

Enfin, le digital est aussi une chance car il permet d'améliorer le modèle relationnel lui-même. Le big data et l'intelligence artificielle, qui sont progressivement intégrés, permettent une bien meilleure compréhension des clients et de leurs besoins. Il s'agit ici de productivité commerciale intelligente, et les clients sont beaucoup plus satisfaits car ils ne sont appelés que pour des sujets qui concernent leurs véritables besoins.

POUR SORTIR PAR LE HAUT : INVESTIR MASSIVEMENT À LA FOIS DANS LA MONTÉE EN COMPÉTENCE ET LA DIGITALISATION

Augmenter la praticité des banques et la qualité du conseil sont donc deux clés fondamentales de succès. Deux axes le permettent pour la banque de réseau : la formation et le digital lui-même.

Si les banques de réseau assurent la même praticité que les banques en ligne mais sans pour autant pratiquer des tarifs aussi bas, il faut qu'elles se différencient par autre chose : un conseil de qualité. Même si elles sont parfaitement légitimes, les banques purement digitales ne disposent pas de conseillers.

En réalité, les clients en France demandent les deux : une banque au quotidien très pratique et un conseiller attitré qui puisse leur apporter de la valeur ajoutée. Ils ne chercheront donc à dissocier banque transactionnelle et banque de conseil, ou même à se satisfaire d'une seule banque au quotidien low cost, que si leur banque usuelle n'excelle pas dans les deux registres.

Les banques de réseau disposent donc d'un avantage comparatif certain, mais ce à deux conditions. D'une part, elles doivent continuer à investir afin d'être aussi performantes que les banques en ligne dans la praticité de la banque au quotidien, et il n'y a rien d'impossible à cela. D'autre part, il leur faut s'assurer une capacité à produire des conseils de qualité, dont la valeur ajoutée justifie une rémunération. Des investissements importants sur le digital et sur la formation constituent donc bien deux clés de succès pour répondre au risque d'ubérisation.

Toutefois, l'organisation agile du réseau et de chaque agence, ainsi que l'optimisation de l'utilisation des moyens pour les affecter aux plus producteurs de PNB est aussi cruciale. Dans certains cas, les banques peuvent supprimer des agences car le besoin en guichets transactionnels disparaît. En conséquence, il n'est plus indispensable de disposer d'une agence tous les 200 mètres dans les grandes villes, même si elles restent essentielles pour assurer le conseil. Ainsi, suivant la configuration des banques d'aujourd'hui, le nombre d'agences à réduire peut être assez différent.

Par ailleurs, la banque en ligne n'est à cette heure pas ou seulement très peu rentable, puisqu'elle a précisément beaucoup de difficultés à équiper les clients. En outre, pour acquérir de nouveaux clients, elle doit assumer un coût considérable correspondant au besoin de faire beaucoup plus de publicité que les autres banques. Puisqu'elle ne dispose pas de vitrine, il lui faut impérativement attirer le client avant qu'il ne rentre spontanément dans les agences. Dans le même registre, la banque en ligne doit proposer un grand nombre de cadeaux et d'offres gratuites. À titre d'exemple, 80 euros sont généralement accordés à l'ouverture de comptes, mais beaucoup d'étudiants se rendent successivement dans plusieurs banques afin de les obtenir à tour de rôle. La fidélisation n'est donc pas aisée. Par construction, la banque en ligne *low cost* doit essentiellement se concentrer sur la banque transactionnelle. Rentabiliser ce type de modèles et capitaliser sur les clients devient ainsi assez difficile, sauf à élargir l'offre et à nommer des conseillers, ce qui commence d'ailleurs à apparaître. Par définition, les offres *low cost* ne peuvent donner l'accès à un conseiller attitré. Il leur faut donc faire spécifiquement payer au client chaque accès à un conseiller. Par ailleurs, lorsque l'offre *low cost* émane d'une banque de réseau déjà installée, le client, dès lors qu'il a à gérer des difficultés personnelles ou qu'il doit se faire conseiller pour la préparation et la réalisation d'un projet de vie, est obligé de changer de catégorie pour ne plus bénéficier de cette offre *low cost*. Une telle évolution, encore rare, est très inspirante, car elle peut annoncer un monde où certaines banques traditionnelles se digitaliseraient en partie tandis que des banques en ligne ouvriraient leur jeu en nommant des conseillers. Les deux registres de banque commenceraient alors à se rapprocher de manière intéressante.

Peut-on se passer d'humain dans le conseil ?

La question se pose alors : le conseil lui-même peut-il être digitalisable ? Partir de la réflexion suivante serait chose simple : avec un big data bien fait et avec une bonne intelligence artificielle, une automatisation des « *pushs* » (par SMS ou par e-mails) aux clients rendrait le conseiller humain inutile. Le client pourrait recevoir des propositions intelligentes, parfois même plus intelligentes que celles du conseiller qui n'a pas été suffisamment formé ou aidé. Pourquoi demain aurait-on donc besoin de conseillers bancaires puisque tout serait digitalisé ? Même s'il est impossible de se projeter avec certitude dans dix ou vingt ans, se passer d'humain dans le conseil paraît difficilement envisageable.

La machine est certes capable de battre l'homme dans beaucoup de domaines, mais l'homme et la machine ensemble battent la machine seule. Il faut toutefois rester très modeste, car qui sait aujourd'hui ce que sera capable de faire l'intelligence artificielle demain ? Les experts en intelligence artificielle restent eux-mêmes très prudents. Quelques éléments de réflexion sont cependant à prendre en compte.

Le premier élément est que la confiance est une clé de la relation bancaire, et ce pour une raison simple : les clients confient leur argent et la co-construction de leurs projets de vie, ce qui fait entrer les banques dans l'intimité et dans la sécurité des personnes et de leur famille. Avoir une relation interpersonnelle permet aujourd'hui de dégager infiniment plus de confiance qu'avec un robot, même « intelligent ». Les plus jeunes qui ont une habitude extraordinaire du digital demandent par exemple aux banques d'avoir des conseillers de clientèle attitrés, et ce même s'ils se déplacent bien moins dans les agences. La BRED a mené une expérience : des propositions commerciales ont été faites par SMS ou e-mails à des groupes de clients connaissant des situations identiques. Comme toujours lorsqu'un mailing est effectué, le retour fut de 2 à 3 % de réponses positives. Dans un second temps, les envois ont été réitérés à d'autres personnes aux caractéristiques identiques, mais à la différence que des conseillers de clientèle les ont ensuite appelées sur le même sujet. Les retours et transformations ont été multipliés par dix. Cette expérience modeste, mais bien réelle, fonde un réel espoir quant à la sauvegarde de l'humain au cœur de la relation bancaire.

Le deuxième enjeu tient au fait que la base de la confiance réside aussi dans la réputation de l'institution, qui représente une valeur ajoutée et un atout pour les banques.

Par ailleurs, les sciences cognitives montrent aujourd'hui que dans la capacité de décision, il y a besoin d'intelligence rationnelle, mais aussi d'intelligence émotive. Des études présentent certains cas de personnes ayant été blessées et ayant perdu l'usage d'une partie du cerveau qui servait à l'intelligence émotive. Ces personnes sont alors totalement incapables de prendre des décisions, alors même que leurs capacités de raisonnement et d'analyse restent intactes. Les avancées de la science cognitive démontrent ainsi que pour prendre une bonne décision, il faut avoir l'intuition de la solution doublée de la bonne analyse. La relation humaine peut donc être un puissant facteur d'aide à la décision. Dans le même ordre d'idée, des études économétriques constatent que l'apprentissage d'un cours est plus performant en « présentiel » avec un professeur qu'avec un MOOC (*Massive Open Online Course* : une formation en ligne gratuite ouverte à tous). Même si l'intérêt extraordinaire des MOOC dans la diffusion du savoir et la capacité de toucher bien davantage d'étudiants n'est pas remis en cause, le professeur présent en salle de cours dispose toujours d'un avenir.

Enfin, chaque jour, la population est davantage sollicitée par des personnes ou par des organisations inconnues, et ce sous forme de « *pushs* », d'e-mails ou de SMS. Si ce n'est pas déjà le cas, ces sollicitations vont entraîner très prochainement une saturation chez les individus. La différence se fera alors sur les humains qui seront capables d'apporter une valeur ajoutée à ces « *pushs* ».

Ainsi, pour toutes ces raisons, les banques de réseau ne sont probablement pas menacées d'extinction par ce qui s'apparente à une possible ubérisation.

LA RÉVOLUTION TECHNOLOGIQUE PEUT-ELLE PERMETTRE À CERTAINS ACTEURS DE VENIR CONCURRENCER LES BANQUES COMMERCIALES ?

La seconde approche qui concerne l'ubérisation consiste à se demander s'il y a des possibilités de perte de segments de marché rentables pour les banques, dues à l'arrivée d'intervenants extérieurs tels que les Fintech qui fleurissent partout.

En effet, les Fintech développent de plus en plus de services qui concernent les certifications et les authentifications, la biométrie, la gestion budgétaire, les coffres-forts électroniques, les agrégateurs, les paiements, la blockchain, etc. La question est donc : les banques courent-elles le risque de se faire désintermédier sur des portions rentables de leur chaîne de valeur ?

Le modèle qui pourrait légitimement être inquiétant est celui des agrégateurs externes qui ont aujourd'hui des possibilités d'accéder aux données, de proposer des virements, donc d'initier des paiements. Ces agrégateurs ont par exemple la capacité de présenter des services de gestion de budget. Il est alors naturel de se demander ce qui les empêcherait demain d'analyser les données des clients pour pouvoir leur proposer les meilleurs produits et services bancaires. De tels acteurs pourraient notamment présenter des crédits à la consommation en s'appuyant sur des courtiers et en proposant le moins disant − mais pas obligatoirement le plus approprié − qui peut ne pas être la banque traditionnelle du client. Cette hypothèse de désintermédiation partielle des banques est parfaitement envisageable, mais les dangers qui y sont liés peuvent être atténués par un certain nombre d'éléments.

En premier lieu, de nombreuses Fintech n'auront pas accès aux données des clients, celles qui par exemple proposeront des logiciels de gestion de budget. Celles-ci ne seront que difficilement en mesure de prendre des parts de marché sur certains segments aujourd'hui opérés par les banques. Deux solutions s'offrent à ces Fintech : la coopération avec des banques spécifiques, par achat des premières par les dernières ou par partenariat plus ou moins exclusif, ou la création de plateformes collaboratives avec plusieurs autres banques de façon à proposer des services qui peuvent être partagés. En agissant de la sorte, ces Fintech s'invitent et s'intègrent dans la chaîne de valeur des banques, mais sans pour autant perturber leur modèle. Elles contribuent même à l'enrichir en obligeant les banques à élargir leurs services pour devenir encore plus performantes dans le modèle global avec leurs clients. À titre d'exemple, le groupe BPCE est allé chercher des Fintech pour proposer aux clients professionnels des solutions de CRM reliés aux paiements. Ainsi, soit les banques ont la capacité d'investissement informatique nécessaire et peuvent enrichir leurs services elles-mêmes, soit elles cherchent à sous-traiter. La solution repose en réalité sur un mélange entre ces deux branches de l'alternative. Le changement s'opèrera sur le fait que jusqu'ici la banque avait l'habitude de tout faire par elle-même, alors que demain elle sera probablement aussi un métier d'assemblage, et plus seulement un métier totalement intégré. Assembler n'est en rien mauvais si cela permet aux banques d'élargir leur base de relation globale ainsi que leurs revenus.

Le second cas, qui peut évidemment poser problème, est celui où les Fintech auront accès à une partie des données. Le *web scratching* – qui sera peut être interdit prochainement ou tout du moins très encadré – et plus généralement la DSP 2 et les API posent la question de l'ouverture des données des banques et des comptes des clients. Aujourd'hui, toutes les banques ont construit leur propre agrégateur afin de permettre à leur clientèle de ne pas sortir de leur univers pour accéder à leurs comptes dans leurs autres banques. Demain, réglementairement, l'accès aux données sera assorti de fortes autorisations, ce qui rendra beaucoup plus difficile le traitement des données par les interlocuteurs externes à la banque du client, et ce, qu'il s'agisse de banques ou non.

La discussion porte sur le fait de savoir à quelles données il sera possible d'accéder. Il y a aujourd'hui une prise de conscience croissante des clients, des citoyens, sur le danger de laisser utiliser leurs données sans contrôle. La tendance va probablement s'accélérer, on le constate notamment chez les jeunes. Cette prise de conscience constitue un frein à l'intrusion.

En outre, le réglement général sur la protection des données (GDPR), applicable en mai 2018, rappelle que les données appartiennent aux clients et que toute utilisation doit faire l'objet de son approbation. Cette réglementation s'applique non seulement aux banques, mais aussi à tous les utilisateurs de données, ce qui permet également de limiter l'arrivée de tiers voulant utiliser les données de façon cavalière. La banque doit rester ce tiers de confiance qui traite les données intimes des personnes, et il ne faut évidemment pas les laisser les dévoiler sans que les clients n'expriment leur consentement.

La condition de la survie des banques de réseau : une sortie par le haut basée sur une stratégie offensive

La capacité des banques à faire vivre et à améliorer leur modèle de relation globale avec leurs clients particuliers, en proposant et en intégrant de nouveaux services, sera donc décisive pour résister à l'ubérisation.

Si les banques investissent abondamment dans la formation et dans le digital, et conduisent parallèlement les changements indispensables de leurs organisations, il n'y a aucune raison de penser que le modèle de banque de détail en réseau disparaisse. En revanche, comme dans tous les modèles qui durent, il ne faut plus qu'il soit chimiquement pur mais il doit au contraire devenir intimement associé à celui du digital. Aujourd'hui, dans tous les domaines de la distribution, les modèles purs digitaux ont du mal à vivre et les modèles purs de distribution physique sont en train de mourir. L'avenir se fera donc dans le bon mix entre modèle traditionnel et modèle digital, et les bonnes voies de réponse se trouvent dans la compréhension de ce qu'est l'essence même de la relation bancaire.

Dans le domaine bancaire comme ailleurs, le risque d'ubérisation aura provoqué une forte stimulation concurrentielle, essentielle dans un secteur très réglementé et peu propice aux changements rapides. Outre cet effet stimulant qui aura entraîné une amélioration du modèle bancaire au bénéfice de ses clients, l'ubérisation risque également de provoquer une baisse de rentabilité due à de nouveaux entrants exerçant une pression sur les prix. Pour répondre à cette menace et accroître les revenus, d'autres domaines peuvent être développés en parallèle à l'activité récurrente des banques commerciales.

Le risque d'ubérisation doit être évalué en profondeur à l'aune des atouts mobilisables par les banques commerciales. Une sortie par le haut paraît alors possible, mais sous réserve de la juste appréciation des nécessaires mutations à réaliser et de l'adoption d'une stratégie délibérément offensive.

Biographie des auteurs

Annette Bertrand

Ingénieur civil des Mines, diplômé de Sciences Po Ecofi, ancien auditeur du CEPP.

Aujourd'hui : Lyncas, associé, co-fondateur. Stratégie et transformation, Finance et performance, Gestion des risques et réglementaire, Relation client et distribution

Précédemment :
- Crédit Agricole Consumer Finance : directeur des risques du Groupe, membre du Comité de Direction ;
- Sofinco : directeur du contrôle permanent, de la conformité et de la sécurité financière du Groupe, membre du Comité Exécutif ;
- Sofinco : directeur de projets ;
- Sofinrec : président directeur général ;
- Finalion : directeur financier, membre du Comité de Direction ;
- Crédit Lyonnais : responsable du contrôle de gestion de la banque commerciale France ;
- Crédit Lyonnais : responsable de la planification financière du Groupe ;
- Compagnie bancaire : contrôleur de gestion.

Et aussi :
- membre du Centre des professions financières ;
- membre de la DFCG (comité de pilotage du club prestige) ;
- membre du collège de l'écosystème de financement participatif France ;

- membre du comité pédagogique de l'European Institute of Financial Regulation ;
- animateur de tables rondes (DFCG, assises des technologies financières).

Blanc Pierre

Diplômé de l'École nationale supérieure des arts et métiers (ENSAM).

Aujourd'hui : Athling, associé-fondateur.

Précédemment : plusieurs postes dans des sociétés de conseil.

Et aussi :

- rédacteur d'un rapport sur l'intelligence artificielle dans la banque (emploi et compétences) pour le compte de l'Observatoire des métiers de la banque (décembre 2017) ;
- rédacteur de trois rapports sur le crédit à la consommation pour le Comité consultatif du secteur financier (CCSF) en 2008, 2012 et 2016 ;
- coordinateur d'un livre collectif sur la banque de demain vue par des non banquiers (octobre 2015) ;
- auteur de notes de réflexion et de tribunes sur l'évolution des services financiers spécialisés et, entre autres, sur l'effet des NBIC (nanotechnologies, biotechnologies, informatique, sciences cognitives) ;
- organisateur des déjeuners-débats annuels d'Athling ;
- auteur de l'ouvrage *On manage comme on nage* aux Éditions du Palio, octobre 2014 ;
- speaker TEDx (Belfort 2016, Issy-les-Moulineaux 2017).

Bouet Etienne

Polytech Montpellier 2002.

Aujourd'hui :

– Wavestone : Financial Services Senior manager ;

– responsable Service Line Compliance et Risk management ;

– porteur de l'offre GDPR (General Data Protection Regulation) pour le secteur financier.

Précédemment : Deloitte, manager contrôle interne et IT Advisory (2002-2009)

Chambon Jean-Louis

– Ancien Élève de l'Institut de haute finance (IHFI), de l'Institut des hautes études de protection sociale (IHEPS) et de l'Institut supérieur de la banque.

– Président du Conseil d'Orientation de la Déontologie des Dirigeants Salariés.

– Président d'honneur et fondateur du Cercle Turgot.

– Président du Prix Turgot.

– Past-président de la Fédération nationale des cadres dirigeants et supérieurs (FNCDS).

– Conseiller civil au cabinet du ministre des Armées (MIRVOG).

– Past-directeur du Groupe Crédit Agricole.

– Chroniqueur économique à Canal Académie (Institut de France) – RCF – *Finyear* et différentes revues financières.

Chesneau Dominique

– Diplômé de l'ESSEC et ingénieur ETP.

– A été trésorier d'Air France et a dirigé une salle des marchés avant d'être associé services financiers de PWC et Deloitte.

– Préside une société de conseil en financement et gestion de risques financiers.

- Expert Fintech auprès du pôle national de compétitivité « Finance innovation ».
- Directeur de thèses professionnelles, enseigne à HEC et à l'université de Paris-Dauphine.
- Auteur et co-auteur de cinq ouvrages et de nombreux articles de presse professionnelle.
- Membre de la commission Économie et financement du MEDEF et du comité de lecture du prix Turgot, administrateur de la DFCG.

Coumaros Jean

Diplômé de l'ESCP Europe.

Aujourd'hui : Capgemini, Group Head of Transformation, membre du Group Executive Committee.

Précédemment :

- Capgemini Consulting : Global Head of Financial Services ;
- Oliver Wyman : Global Co-Head of Retail & Business Banking ;
- Bossard-Gemini Consulting : consultant services financiers.

Et aussi :

- experts du crédit à la consommation. Auteur de plusieurs rapport sur le secteur du crédit à la consommation (“Consumer Finance in Europe: Riding the Wave” en 2005 ; “Consumer Finance in Europe: Back to Reality” en 2008). Chairman ou speaker dans de nombreuses conférences internationales sur le crédit à la consommation (Eurofinas Annual Conventions, conférences EFMA, tables rondes ECRI…) ;
- expert de la numérisation des services financiers. Auteur de plusieurs rapports sur le sujet (“The Future of Bank Branches: Coordinating Physical with Digital” en 2013 ; “Backing up

the Digital Front: Digitizing the Banking Back Office" en 2014 ; "Big Data Alchemy: How can Banks Maximize the Value of their Customer Data?" en 2015 ; "Smart Contracts in Financial Services: Getting from Hype to Reality" en 2016…).

– Chairman ou speaker dans de nombreuses conférences sur la banque digitale et les Fintech (« Voilà La Fintech » à Londres en 2016 ; « La French Touch Conference » à New York en 2017).

Dumora Renaud

Renaud Dumora est diplômé de l'École Polytechnique, de l'École nationale de la statistique et de l'administration économique et de l'Institut des actuaires.

Il démarre sa carrière à la Compagnie bancaire en 1990 où il occupe les fonctions de responsable des études statistiques puis de contrôleur de gestion international.

Il prend la responsabilité de l'actuariat Assurance des emprunteurs de Cardif de 1994 à 2000. Directeur de l'actuariat de BNP Paribas Assurance (devenu BNP Paribas Cardif en 2011) en 2000, puis directeur de la ligne de métier Prévoyance de 2004 à 2007, avant d'être nommé co-directeur de l'International de 2007 à 2009. En 2009, il prend en charge les directions Finance et Risques.

Renaud Dumora devient directeur général adjoint en 2012. À partir de 2014, il pilote les directions Finance, Risques et Juridique. En janvier 2015, il est nommé directeur général délégué.

Renaud Dumora est membre du comité exécutif de BNP Paribas Cardif depuis 2007. Depuis janvier 2016, il est administrateur et directeur général de BNP Paribas Cardif. Il est également membre du comité exécutif de BNP Paribas.

Herlin Philippe

Philippe Herlin est économiste et docteur en économie du Conservatoire national des arts et métiers. Il a publié aux Éditions Eyrolles : *Finance, le nouveau paradigme* (2010), *Repenser l'économie* (2012), *France, la faillite ?* (2010, 2012), *L'or, un placement d'avenir* (2012, 2017), *La révolution du bitcoin* (2013), *Apple, Bitcoin, PayPal, Google : la fin des banques ?* (2015), *J'achète du bitcoin* (2018). Il a obtenu le Prix spécial du jury du Prix Turgot 2011 pour son premier ouvrage. Il se reconnaît dans l'école libérale autrichienne (Hayek) et dans les penseurs du risque extrême comme Benoît Mandelbrot et Nassim Taleb (l'auteur du *Cygne noir*). Il est aussi chroniqueur à GoldBroker.com et à Économie Matin, et il intervient régulièrement dans les médias.

Jamaï Seddik

Diplômé de l'ESSEC Business School.

Aujourd'hui : Capgemini Consulting, vice-président, en charge des activités banque digital en France.

Précédemment : Capgemini Consulting, consultant services financiers en Europe, au Moyen-Orient et en Asie.

Et aussi :

– expert du secteur des Fintech et néo-banques ;

– pionnier des approches de développement rapides s'appuyant sur des équipes mixtes de praticiens de la banque, consultants, designers, architectes et *data scientists*.

Klein Olivier

Diplômé d'HEC et de l'ENSAE, titulaire de diplômes de langues russe et anglaise.

Aujourd'hui : BRED Banque Populaire, directeur général.

Précédemment :

- BPCE : directeur général banque commerciale et assurance, membre du directoire ;

- Caisse d'Épargne Rhône-Alpes : président du directoire ;

- Caisse d'Épargne Ile-de-France Ouest : président du directoire, président de la Commission nationale banque de détail du groupe Caisse d'Épargne ;

- Caisse d'Épargne de Picardie : membre du directoire en charge des affaires financières et des risques puis président du directoire ;

- banque régionale de l'Ain (groupe CIC) : directeur commercial du réseau et des risques, directeur général de la filiale banque d'affaires ;

- BFCE et BFCE – Crédit national (Natixis) : directeur régional, responsable de la banque d'affaires, responsable du département Entreprises et instruments de marché financier ;

- Ets Klein et SPPM : secrétaire général en charge des finances, du développement et du personnel ;

- Insee et Coopération : enseignant d'économie à l'université de Port-au-Prince.

Et aussi :

- professeur d'économie et de finances à HEC depuis 1985 ;

- administrateur de Natixis Asset Management ;

- co-responsable de la majeure HEC Managerial and Financial Economics et du master spécialisé du même nom.

Mateu Jean-Bernard

Diplômé de l'École Polytechnique et de Télécom ParisTech.

Aujourd'hui :

- Arenium Consulting : président fondateur

Précédemment :

- Orange : directeur de la banque mobile Europe et France ;
- Compagnie Financière d'Orange Bank : administrateur directeur général ;
- Optiverse Consulting : président fondateur ;
- Caisse d'Épargne Rhône-Alpes : président du directoire ;
- Natixis Financement : directeur général ;
- Caisse Nationale des Caisses d'Épargne : directeur de l'animation commerciale puis directeur du logement social et de l'économie sociale ;
- Caisse d'Épargne de Picardie : membre du directoire en charge du développement commercial et du réseau d'agences ;
- Banque Directe : secrétaire général puis directeur des opérations ;
- Crédit du Nord : directeur du développement commercial puis directeur des études informatiques ;
- Compagnie Bancaire : responsable des systèmes d'aide à la décision.

Et aussi :

- secrétaire général du Cercle Turgot ;
- administrateur de la Ligue Européenne de Coopération Économique – Section française ;
- administrateur secrétaire général du Conseil d'Orientation de la Déontologie des Dirigeants Salariés ;
- membre du Forum Francophone des affaires ;
- maître de conférences à l'École Polytechnique pendant 10 ans.

Meunier François

Économiste vivant entre le Chili et la France. Avant cela, directeur général de l'assureur crédit Coface pour la France. Longue expérience comme banquier d'investissement. Économiste à l'Insee en début de carrière.

Par ailleurs, auteur d'ouvrage (dont récemment *Comprendre et évaluer les entreprises du numérique*, Eyrolles, 2017), chroniqueur régulier dans la presse française. Enseigne l'économie et la finance à l'ENSAE. Rédacteur en chef de la revue internet Vox-Fi.

Monssu Frédéric

Diplômé de l'IAE de l'université de Dijon Bourgogne.

Aujourd'hui :

– At-Ypique Consulting : président fondateur ;

– Synéthique coaching et co-mutation : directeur associé.

Précédemment :

– Nexity services aux particuliers : directeur général ;

– Guy Hoquet l'Immobilier : directeur général ;

– Caisse nationale des Caisses d'Épargne : directeur du marché des particuliers puis directeur de la banque de détail ;

– Meilleurtaux : directeur général puis administrateur ;

– Crédit Foncier : directeur du développement et directeur général de Foncier Assurances ;

– Caisse d'Épargne de Côte d'Azur : directeur marketing et communication ;

– Caisse d'Épargne de Bourgogne : directeur marketing et directeur de groupe ;

– Sorefi Bourgogne : responsable communication.

Et aussi :

- Senior Advisor de sept start-up dont deux Fintech ;
- membre du réseau NC Partners : speed consulting collaboratif ;
- chargé de formation à l'ENFI : École nationale du financement de l'immobilier.

Nadjar Joël

IEP de Paris (Sciences Po) 1984.

Aujourd'hui :

- Wavestone : Financial Services Worldwide Executive Partner ;
- VP Wavestone USA.

Précédemment :

- 1987-2012 : Accenture, Executive Partner Financial Services (2001) ;
- membre du Comex Accenture FS Gallia (France et Benelux) ;
- responsable du programme d'innovation sur la distribution bancaire d'Accenture Europe « next generation bank & payment innovation » (2003-2012) (Sophia Antipolis).

Et aussi :

- création en 2009 d'une start-up de coaching santé sur Internet et accompagnement de son développement : Linecoaching.com

Pluchart Jean-Jacques

Diplômé de Sciences Po (Ecofi) et de l'IHFI, docteur ès sciences économiques, HDR de sciences de gestion.

Aujourd'hui :

- professeur émérite de l'université Paris I Panthéon Sorbonne (membre du labex Régulation financière et du laboratoire PRISM) ;

- membre de la Compagnie des conseils et experts financiers (CCEF).

Précédemment :

- maître de conférences puis professeur des universités (Paris Sud, Paris II, Amiens, Paris I) ;

- professeur associé de l'ESC Clermont ;

- président directeur général de l'Omnium européen de distribution ;

- chef du département Plans – études de Total France ;

- contrôleur de gestion puis manager financier de la Française de raffinage.

Et aussi :

- administrateur du cercle Turgot ;

- animateur du club de présélection du prix Turgot ;

- auteur ou co-auteur d'une quarantaine d'ouvrages économiques, dont *L'ingénierie financière de projet* (prix spécial Turgot 2001) et *De quoi le capitalisme est-il le nom ?* (prix Turgot-DFCG 2017).

Ricordeau Vincent

En 2013, auteur de l'ouvrage *Le Crowdfunding bouscule l'économie*, Éditions FYP.

Président et co-fondateur de KissKissBankBank (leader européen du crowdfunding) : 100 millions d'euros collectés pour plus de 28 000 projets créatifs ou entrepreneuriaux depuis 2009.

Vice-président chez Sportfive (leader mondial du marketing sportif) entre 2003 et 2008.

Directeur commercial chez VNU Publications France (éditeur) entre 2000 et 2003.

Fondateur de R2 Communication et LRD : régie spécialisée dans la formation professionnelle depuis 1998.

Voyages autour du monde (1993 à 1997).

Fondateur de Feat : agence d'événementielle (1990 à 1993).

Cofondateur des Rats Musqués : organisateur d'événements estudiantins (1987 à 1990).

Sampieri Olivier

Diplômé de l'École nationale des ponts et chaussées et de Sciences Po Paris (DESS Finance d'entreprise).

- Entré en 1999 au Boston Consulting Group (BCG), Olivier Sampieri a accompagné de grandes banques européennes dans leur croissance externe et leur transformation opérationnelle

Aujourd'hui :

- Senior Partner & Managing Director au bureau de Paris de BCG

- responsable du Centre d'expertises Institutions financières de BCG à Paris ;

- responsable global du Centre de compétences sur les Paiements Retail de BCG ;

- Co-auteur de nombreuses publications sur la situation et les perspectives des activités de paiement dans le monde, notamment : *Global Payments 2017: Deepening the Customer Relationship*, BCG Perspective, février 2018 ; *Global Payments*

2016: Competing in Open Seas, BCG Report, Septembre 2016 ; *Global Payments 2015: Listening to the customer voice*, BCG Report, septembre 2015 ; *Global Payments 2014: Capturing the Next Level of Value*, BCG Report, septembre 2014 ;

– co-responsable mondial du développement des offres de personalisation pour les banques, co-auteur de *Making Big Data Work in Retail Banking*, BCG Focus, novembre 2015 ;

Précédemment :

– membre de l'équipe de Direction de BCG Paris, Tel-Aviv et Casablanca, en charge des ressources humaines (2012-2015)

– responsable du Centre d'expertises Marketing & Ventes de BCG à Paris (2011-2013)

– Partner & Managing Director de BCG depuis juillet 2009.

Sekkaki Nicolas

Président d'IBM France depuis le 1er juillet 2015.

Il était auparavant vice-président de la division System & Technology Group pour l'Europe.

Diplômé de l'École nationale supérieure de l'aéronautique et de l'espace, c'est un passionné des technologies, porté par les enjeux de la nouvelle ère cognitive avec Watson.

Nicolas Sekkaki a rejoint IBM en 1991 en tant qu'ingénieur commercial, en charge du secteur aéronautique puis assurance. Il a ensuite successivement occupé diverses fonctions de management y compris en tant que vice-président, System and Technology Group entre 2002 et 2006 avant de prendre le poste de directeur général, Global Technology Services pour IBM France.

Entre 2010 et 2012, Nicolas Sekkaki était directeur général SAP France et Maghreb.

Son parcours lui a permis d'acquérir une profonde connaissance de l'entreprise, de ses métiers et de ses marchés. En plus de 25 ans de carrière, il a assumé de nombreuses responsabilités commerciales et managériales, tant en France qu'au niveau international (États-Unis, Royaume-Uni, Espagne).

Nicolas Sekkaki est actuellement membre du Conseil d'orientation stratégique du MEDEF, membre du cercle des présidents de l'AFEP (Association française des entreprises privées), membre du conseil d'orientation de l'Institut de l'entreprise, membre de l'Institut Montaigne, du Forum francophone des affaires, et administrateur, trésorier de la Fondation Saint-Cyr. Membre de l'agence Entreprise et Handicap.

Signataire du mouvement #JamaisSansElles, il s'engage activement en faveur de la diversité et de l'inclusion en entreprise. Il s'est impliqué sur la 4e promotion de l'association Les Déterminés, pour l'entrepreneuriat dans les quartiers populaires.

Steiner Rémi

Ancien élève de l'École Polytechnique, ingénieur général des mines et titulaire d'une maîtrise de droit des affaires, il a exercé des responsabilités variées dans différents établissements bancaires, notamment en tant qu'administrateur et Directeur général délégué des banques Hervet et UBP (Union de Banques à Paris), dont la fusion avec le CCF a donné lieu à la naissance de HSBC France.

En 2011, il a rejoint le Conseil général de l'économie, dans le contexte où le champ d'expertise de cette entité, présidée par le ministre de l'Économie et des Finances, était étendu à l'ensemble des services financiers et aux activités qui s'y rattachent.

Yoo Emmanuel

Diplômé de l'École des hautes études commerciales (HEC) Paris.

Aujourd'hui : Orange, directeur des systèmes et processus des services financiers mobiles Europe et France.

Précédemment :

- EYVA (Paris) : gérant fondateur ;

- Banca Comerciala Romana (BCR)/Erste Group (Bucarest) : Deputy COO ;

- Bain Middle East (Dubaï) : Partner de la Practice services financiers et amélioration opérationnelle EMEA ;

- A.T. Kearney (Paris) : Partner de la Practice services financiers ;

- Telesis (Paris) : membre de l'équipe services financiers.

Merci d'avoir choisi ce livre Eyrolles. Nous espérons que sa lecture vous a été utile et vous aidera à mener à bien vos projets.

Nous serions ravis de rester en contact avec vous et de pouvoir vous proposer d'autres idées de livres à découvrir, des nouveautés, des conseils ou des événements avec nos auteurs.

Intéressé ? Inscrivez-vous à notre lettre d'information mensuelle.

Pour cela, rendez-vous à l'adresse **go.eyrolles.com/newsletter** ou flashez ce QR code (votre adresse électronique sera à l'usage unique des éditions Eyrolles pour vous envoyer les informations demandées) :

Vous êtes présent sur les réseaux sociaux ? Rejoignez-nous pour suivre d'encore plus près nos actualités :

 Eyrolles Business

 Eyrolles Business

 Eyrolles Business

Merci pour votre confiance.
L'équipe Eyrolles.

P.S. : chaque mois, 5 lecteurs sont tirés au sort parmi les nouveaux inscrits à notre lettre d'information et gagnent chacun 3 livres à choisir dans le catalogue des éditions Eyrolles. Pour participer au tirage du mois en cours, il vous suffit de vous inscrire dès maintenant sur **go.eyrolles.com/newsletter** (règlement du jeu disponible sur le site)